天津市高等学校人文社会科学研究项目"核心素养视域下的天津市小学科学教师课程决策研究"（2019SK041）研究成果

新课程下
小学科学课程实施个案研究

李水霞　著

吉林大学出版社

·长　春·

图书在版编目（CIP）数据

新课程下小学科学课程实施个案研究 / 李水霞著. ——长春：
吉林大学出版社，2020.3
ISBN 978-7-5692-6244-5

Ⅰ.①新… Ⅱ.①李… Ⅲ.①科学知识－教学研究－小学
Ⅳ.① G623.62

中国版本图书馆 CIP 数据核字（2020）第 048270 号

书　　名：新课程下小学科学课程实施个案研究

XINKECHENG XIA XIAOXUE KEXUE KECHENG SHISHI GE'AN YANJIU

作　　者：李水霞　著
策划编辑：朱　进
责任编辑：朱　进
责任校对：马宁徽
装帧设计：王　强
出版发行：吉林大学出版社
社　　址：长春市人民大街 4059 号
邮政编码：130021
发行电话：0431-89580028/29/21
网　　址：http://www.jlup.com.cn
电子邮箱：jdcbs@jlu.edu.cn
印　　刷：三河市嵩川印刷有限公司
开　　本：787mm×1092mm　　1/16
印　　张：16.75
字　　数：270 千字
版　　次：2020 年 3 月第 1 版
印　　次：2023 年 4 月第 2 次
书　　号：ISBN 978-7-5692-6244-5
定　　价：66.00 元

序

　　李水霞博士的《新课程下小学科学课程实施个案研究》是其在攻读博士期间的汗水结晶，是从 2010 年到 2014 年长达四年实践学习和研究的成果。从作者刚刚踏入研究之路开始，就比较关注学校课程实施问题，经常会到小学听课，参加老师的教研活动，与教师们一起直面新课程改革带来的挑战。攻读博士期间，作者的研究范式坚持面对复杂而现实的教学实践，以课程实施的理论为基础，走进教师的课堂教学，走进科学教师的学校生活，关注学校鲜活的教学实践，从个案研究入手，对小学科学课程实施问题做出了理论和实践密切结合的研究。

　　课程是学校教育的基础，课程改革一直是教育改革的核心。小学科学课程是在我国新一轮的课程改革中诞生的，该课程把培养小学生的科学素养作为科学教育的根本宗旨。2001 年《国务院关于基础教育改革与发展的决定》颁布后，《全日制义务教育科学（3—6 年级）课程标准（实验稿）》开始在全国 38 个国家级实验区进行实验。然而，在我国小学科学课程改革的十多年来，许多学校在实施小学科学课程时常常是举步维艰的。小学科学课程改革方案在学校实际运行过程中究竟是怎么样的？是什么因素导致了小学科学课程实施的举步维艰？我们应该如何改变这种现状？这些问题的回答都是小学科学课程改革走向成功，使全面提高小学生科学素养要求真正落到实处而不容回避的问题。因此，小学科学课程实施的研究是进一步推进小学科学课程改革的关键所在。

　　作者立足于学校场景研究小学科学课程实施的样态，探寻当前小学科学课程实施的本来面目，是本书的一大特色。在该研究中根据研究的目的和研究者所关注的焦点,以质化研究为取向,以"工具性"个案研究为策略,综合运用访谈法、观察法、文件分析法等多种具体的研究方法,对小学科学课程实施的真实样态做了还原。作者在研究过程中主要选取了一些有代表性的学校为个案,以某市五所学校个案中的23名科学学科教师为主要研究对象,主要采用了质化的研究范式深入实践,全程跟踪教师的课堂教学过程。以教师的课程决策为切入点,深入考察小学科学课程实施的现状,了解影响小学科学课程实施的影响因素,揭示新课程下小学科学课程实施的特征,为小学科学课程实施的进一步推进提供依据。

为了能在研究小学科学课程实施问题时审视运作的课程与课程方案中的课程究竟有多大差距?作者在有关课程与课程实施相关理论研究成果的基础上,对小学科学课程的文件课程进行了深入解读,并以文件课程为依据,以教师的课程决策为切入点,在对小学科学课程实施现状深入把握的基础上,对文件课程的要求与实施课程的状况做了相应对照,以便我们真正地了解到小学科学课程实施究竟走到了哪个阶段?

研究课程实施的一个重要问题就是发现并分析影响课程实施的因素。影响课程实施的因素是多方面的,课程改革对课程实施的影响往往是难以控制的。但总的来说,影响课程实施的基本因素还是存在着一致性。在该研究中作者关注了课程本身的因素,主要关注的方面是地方、学校、教师对改革的需要,实施者对改革的清晰程度、文件课程——课程标准、教材、教学参考等的实用性。教师层面的影响因素主要包括教师的个人特征、教师的知识、信念、培训等。学校的特征因素,主要包括来自学校层面的对该学科的支持,如校长的工作支持、学校行政的工作支持、学校的支持系统、学校的环境、学校文化、学生的学习等。学校外部的特征,主要来自社区与家长的影响,政府部门的影响,社会各界的理解、支持和帮助等因素。

作者通过对小学科学教师课程实施现状的分析以及影响小学科学课程实施因素的分析,总结出了小学科学课程实施的特征。研究发现,目前小学科学课程实施的特征如下:第一,实施者对小学科学课程价值的认同度高、使用教材的难度大。第二,实施主体的认识和行为相悖离。第三,实施课程与文件课程的要求差异明显。第四,目前小学科学课程的实施环境并不能满足课程需要。第五,影响小学科学课程实施的核心因素主要为校长对小学科学课程及对小学科学教师的专业性、小学科学教师的培训支持、小学科学课的社会评价导向等因素的重视程度。

作者通过研究对进一步促进小学科学课程的实施提出如下建议：第一，我们要加强科学教育的政策法规建设。第二，努力解决小学科学教师的专业化问题，教师自身也要树立终身学习的理念以适应小学科学课程教学的需要。第三，要增强学校校长对该课程的重视程度。第四，改进现有小学科学课的评价体系。第五，在修订课程内容时要提高修订内容与教师的适切性。第六，通过多方力量合作提升课程实施水平。

本书在对课程实施理论把握的基础上，对小学科学课程实施的真实样态进行了细致入微的体察。本书既适合课程理论研究者借鉴，同时也适合活跃在课程改革第一线的教师、教研员以及关心小学科学课程改革的所有同仁学习与借鉴。

当然，学术研究是一条艰辛的路，搞学术研究需要研究者不断经历磨练并进行深入探索，同时，作为本书关键词的"课程实施"和"小学科学课程"也需要进一步引起广大中小学教师和理论研究工作者的关注和重视。

熊 梅

2019 年 8 月

（熊梅，东北师范大学教授、博士生导师，贵州师范大学特聘教授，原东北师范大学附属小学教育集团理事长，贵阳乐湾国际实验小学教育顾问，梅林书院院长，全国人大代表。）

目　录

第一章　　绪论

第一节　研究缘起

一、科学教育的重要性

联合国教科文组织在 2000 年的巴黎会议上指出："从小就为和平学习科学知识是所有人受教育权利的一部分,科学教育对于人的发展,培养自身的科学能力和造就富有进取心和有知识的公民都是至关重要的。一个日益重视科学的社会会在更大的范围内需要科学的最广泛普及,以使人们深入地了解科学和恰当地调整公众对科学及其应用的见解及态度。各国应高度重视改进各级的科学教育,提高公众对科学的认识和促进科学的普及。面对变化的形式,需要采取措施促进教师和教育工作者的业务进修。各国的教育系统应根据社会不断变化的教学需求,搞好新的课程设置,采用新的教学法和教学资料。"[1] 鉴于科学教育所具有的长远意义,世界各国竞相展开科学教育改革研究,可以说科学教育关系到国家、民族的发展与振兴,关系到每一个人的生存和发展。

二、小学科学教育的启蒙作用

人类社会迎来的 21 世纪,是以知识的创新和应用为重要特征的知识经济时代。在我们可以预见的未来里,知识的创新和应用将是推动社会变革和

---

[1]陈蓉,徐学福. 小学科学课程实施与案例分析[M]. 广西师范大学出版社,2005:8.

经济发展的最强大动力,我们将置身于一个发展更为迅猛的时代;国民现代科学素质养成和创新人才培养将成为决定一个国家综合实力的重要因素。中华人民共和国成立后,教育得到了高速的发展,国民现代科学素质虽然得到极大提高,但与提高国家综合实力的要求和未来发展目标仍有一定的差距。现代心理学家认为一个人对周围事物的态度不是与生俱来的,而是在认识经历的过程中逐步建立起来的。今天我国小学科学教育的质量将决定明天我国全体公民的科学素养。成功的科学启蒙教育能为公众科学素养的形成奠定基础。在小学阶段,儿童对周围世界有着强烈的好奇心和探究欲望,他们乐于动手操作具体形象的物体,这一时期是培养科学兴趣、体验科学过程、发展科学精神的重要时期。

三、基础教育课程改革的不断深化

课程在学校教育中处于核心地位,教育的目标、价值主要通过课程来体现和实施。1999 年 6 月,《中共中央关于深化教育改革全面推进素质教育的决定》提出,要"调整和改革课程体系、结构、内容,建立新的基础教育课程体系";2001 年 6 月,《国务院关于基础教育改革和发展的决定》进一步明确了"加快构建符合素质教育的基础教育课程体系"的任务。新一轮基础教育课程改革在世纪之交启动。2001 年 6 月 8 日,教育部印发的《基础教育课程改革纲要(试行)》提出,基础课程改革要"以邓小平同志关于'教育要面向现代化,面向世界,面向未来'和江泽民同志的'三个代表'重要思想为指导,全面贯彻党的教育方针,全面推进素质教育"。在课程结构方面,整体设置九年一贯的义务教育课程,在小学阶段以综合课程为主。从小学中高年级开始开设思想品德与社会、语文(含写字)、数学、外语、综合实践活动、体育、艺术(或音乐、美术)等课程。其中,原小学将自然课改为科学课,是本次课程改革的一个重要方面。

四、小学科学课程实施举步维艰

课程是学校教育的基础,课程改革一直是教育改革的核心。[①]因此,通过

---

①陈菊,徐学福. 小学科学课程实施与案例分析[M]. 广西师范大学出版社,2005:42.

改革现有的科学课程,可以为实现科学教育的价值追求创造条件。小学科学课程是在我国新一轮的课程改革中诞生的,该课程把培养小学生的科学素养作为科学教育的根本宗旨。小学科学课程(3—6 年级)的核心目标是培养小学生的科学素养。《科学(3—6 年级)课程标准》作为小学科学课程实施的纲领性文件对科学课程进行了整体设计和统筹规划。学者们发现,许多重大变革之所以遭遇失败的结局,其重要原因不在于课程方案的设计完美与否,而在于实施上的种种问题。[①]2001 年《国务院关于基础教育改革与发展的决定》颁布后,《全日制义务教育科学(3—6 年级)课程标准(实验稿)》开始在全国 38 个国家级实验区进行实验。[②]

然而,在我国小学科学课程改革十多年来,许多学校在实施小学科学课程时仍旧举步维艰。"变革的倡导者过多地沉迷于描绘改革的理想蓝图,很少关心实施过程,这使得许多改革并未在教育实践中得到深入的贯彻实施,甚至他们都停留在口头上、文件中,根本没有被采用或实施。"[③]小学科学课程改革方案在学校实际运行过程中究竟是怎么样的?是什么因素导致了小学科学课程的实施遇到困难?我们应该如何改变这种现状?这些问题的回答都是小学科学课程改革走向成功,从而使全面提高小学生科学素养要求真正落到实处所不容回避的问题。因此,小学科学课程实施的研究是进一步推进小学科学课程改革的关键所在。

五、课程领域研究范式的转向

20 世纪 70 年代以来,西方教育科学领域发生的"范式转换"开始由探究普适性的教育规律转向寻求情境化的教育意义。这种"范式转换"在课程与教学研究领域有突出表现。课程研究领域开始超越以"泰勒原理"为代表的具有理性主义性格的"课程开发范式",走向"课程理解范式"——把课程作为一种多元的"文本"来理解的范式。施瓦布根植于实践的课程开发理论使课程

---

①谢月光. 普通高中技术课程实施个案研究——学校水平的特征和归因[D]. 长春:东北师范大学,2007.
②刘德华. 小学科学课程与教学[M]. 中国人民大学出版社,2009(9):130.
③谢月光. 普通高中技术课程实施个案研究——学校水平的特征和归因[D]. 长春:东北师范大学,2007.

研究走向"实践理性"。多尔的"4R"课程模式折射出对后现代范式课程的憧憬,体现了对工具理性性格的"泰勒原理"的超越。在国际上课程研究范式发生转向的背景下,我国的课程与教学理论应该怎样确立自己的生长点?有学者认为我们必须立足中国课程与教学研究领域的现实问题与世界其他文化体系中的课程与教学话语展开真正意义上的对话。[①]纵观世界课程改革的历史,人们会发现,大多数课程方案实施后却没有实现预期的理想,我们不得不思考课程改革的理想为什么会在实施过程中偏离理想的轨道?影响实施的因素是什么?这些因素究竟对于实现课程改革的目标产生了哪些作用?这一系列问题正是我国课程与教学的现实问题,也是我们新课程改革必须进行深层次探讨的问题。

六、研究者的机遇

与小学科学课程的结缘始于 2005—2008 年我在天津师范大学攻读硕士研究生期间的学习。2005 年我考取天津了师范大学初等教育学院的硕士研究生,专业方向为小学科学教育。在读硕士的三年期间,阅读了一些科学教育的理论书籍,多次参与了天津市小学科学课的教研活动,结识了许多在学校教科学课的教师,与教师们一起感受着新课程改革给小学科学课程课堂教学带来的挑战。2008 年留校工作以来,在学院所教课程是小学科学课程与教学论,经常有机会带着学生在小学实习,然而小学科学课程实施的情况给我的感觉却不容乐观。随着科学技术的迅猛发展,在义务教育阶段科学教育对于培养学生科学素养的重要性已经不容置疑,但是为什么在学校中小学科学课程的实施却是举步维艰?为什么科学课教师普遍感觉到科学课难教?正在进行着的鲜活的教学实践、每日发生的日常教学生活,不会因为理论的不严密而停止它前行的脚步。日常的教学生活在变化、在发展,它需要我们以开放的态度去真切地关注。当下之时,转换教育研究范式,了解复杂而现实的教学实践,是教育研究应该做的事情。(新华,2003)因此走进学校,走进教师的课堂教学,走进科学教师的学校生活可以为我们这些问题的解答打开一扇窗户,为我们到达目的地找到一条捷径。

---

①忻叶. 为什么要用课程标准代替教学大纲——郝京华访谈录[J]. 南京. 江苏教育,2001 (20):3-11.

第二节 研究目的与问题

一、研究目的

本书主要研究的目的是通过分析小学科学课程的实施主体教师的课程实施现状深入地认识小学科学课程实施的特征，找到文本课程与实施课程的差异，并且对影响小学科学课程实施的因素进行深入分析,发现影响小学科学课程实施的主要因素，为小学科学课程的有效实施找到路径，为我国小学科学课程实施情况的进一步改善提供理论指导,为小学科学课程方案的修订提供借鉴意义。

二、研究问题

本书研究的目的是立足于学校场景研究小学科学课程实施的样态，探寻当前小学科学课程实施的本来面目。根据本研究的目的和研究者所关注的焦点，研究者期望能够走进现场，扎根田野，以质化研究为取向，以"工具性"个案研究为策略，综合运用访谈法、观察法、文件分析法等多种具体的研究方法，还原小学科学课程实施的真实样态。因此,本研究选取了一些有代表性的学校为个案，以科学学科教师为主要研究对象进行全程跟踪与深入调查。作为一项质性的个案研究，明确研究问题，确立研究方向是此项研究开展的前提条件。Stake（1995）将个案研究问题区分为"基本研究问题"和"具体研究问题"。根据课程实施的相关理论以及许多学者做个案研究的方法，本研究的基本研究问题为小学科学课程的学校实施。研究该问题的基本思路为立足于几所有代表性的学校，深入学校教师的课堂教学，从教师的课程决策入手，全程跟踪教师的课堂教学过程，关注校长、教研员、教师对科学课程的认识和看法、想法、从学校的实际教学环境,行政部门对小学科学课的支持程度等角度来深入认识学校小学科学课程实施呈现的特征、影响小学科学课程实施的因素，找到改善小学科学课程实施情况的策略。

根据该研究需要，围绕基本研究问题，本书将基本研究问题分解为以下几个主要研究问题，每个主要研究问题之下又提出一些具体研究的问题。

主要研究问题 1：现行小学科学文件课程的基本特点是什么？

教学目标在文件课程中具有什么特点？

教学内容在文件课程中具有什么特点？

教学方法在文件课程中具有什么特点？

教学评价在文件课程中具有什么特点？

主要研究问题 2：教师在课程实施中的表现状况？

教师在课堂教学前的决策？

教师在课堂教学中的决策？

主要研究问题 3：教师的实施课程与文件课程的差异？

主要研究问题 4：影响教师课程实施的主要因素是什么？

教师知识对决策产生的影响？

教师信念对决策产生的影响？

教师是如何对学生的学习进行评价的？

学校及教师的文化积累对决策产生的影响？

课程资源对决策产生的影响？

学生状况对决策产生的影响？

社会和家长对决策产生的影响？

教育行政政策对决策产生的影响？

以上所列问题是对研究思路的进一步厘清，同时也是在实际研究过程中进行观察、访谈、寻找问题间联系的基础，在实际的研究中研究者还要根据实地研究情况的变化有所调整。根据研究需要，我们还可以进一步使得研究问题具体化，如问题 2 中，教师在课堂教学前的决策还可以分解为教师对教学目标的决策、教师对教学内容的决策、教师对教学方法的决策等。

第三节 研究意义与价值

一、研究意义

1. 有利于深入认识小学科学课程实施中的问题,形成对小学科学课程实施的指导

《全日制义务教育科学(3-6年级)课程标准(实验稿)》指出小学科学是以培养学生科学素养为宗旨的科学启蒙课程,其目的是培养学生的科学素养,通过现代科学知识及其社会价值的教学,让学生掌握科学概念,学会科学方法,培养科学态度。小学科学课程的价值目标究竟在学校的实际中落实得怎么样?存在的问题是什么?这些问题的回答都需要我们走进学校去了解该课程实施的真实样态,找出小学科学课程实施存在的问题,为小学科学课程的实施提供指导。

2. 有利于进一步认识课程实施的影响因素,为小学科学文件课程的调整和修订提供依据

实施过程不等于简单地重复课程方案,也不应该是课程方案的照搬,实施过程是一个动态的过程。实施者可能忠实地按照规定的课程方案去执行,也可以用自己的观点来认识和理解课程方案,或者根据当地的具体情况对课程方案进行调适。[1]有研究表明:"采用一项新方案并不意味着如方案计划和规定的那样实施。同样,一种好的教育效果也绝非仅仅因为好的方案,即使不太好的方案,对于高水平的实施者也可以取得较为理想的成效。"[2]通过对学校情境下小学科学教师课程实施过程的研究,可以更深入地认识小学科学课程实施的状况,深刻揭示出影响教师课程实施的因素,为小学科学文件课程的调整修订提供依据。

3. 有利于进一步深化小学科学课程改革

从国际教育发展的趋势来看,世界上许多发达国家都高度重视科学教

---

①马云鹏. 课程与教学论[M]. 北京:中央广播电视大学出版社,2005:145.
②李臣之. 课程实施:意义与本质[J]. 课程. 教材. 教法,2001(9):14.

育。如，1996年美国颁布的《国家科学教育标准》，为学生制订了一整套学习目标。国际教育的发展对我国小学科学课程的改革产生了积极的影响。《科学（3—6年级）课程标准》作为小学科学课程实施的纲领性文件对科学课程进行了整体设计和统筹规划。小学科学《全日制义务教育科学（3—6年级）课程标准（实验稿）》于2001年9月开始在全国38个国家级实验区进行实验。小学科学课程标准研制组负责人郝京华教授介绍："新的课程标准与《自然教学大纲》相比，内容更加丰富，课程目标表述更加科学，内容标准更加精炼。"（忻叶，2001）然而，小学科学课程改革十多年来，为什么许多学校在实施小学科学课程时仍然感觉举步维艰。正如有学者所言，变革的成败并不总取决于方案的完美与否，而在于实施中的种种问题。因此，关注小学科学课程实施中的问题，深入学校了解小学科学课程实施究竟是什么样子的，可以为小学科学课程标准理念的进一步落实找到依据，对进一步深化小学科学课程改革具有重要的意义。

二、研究价值

回顾历次课程改革，每次课程改革国家在课程编制过程中都投入了大量的人力、物力，但课程改革的结果却总是与最初对课程的愿景有很大差距。为了把课程的愿景变成现实，我们必须关注课程实施。2001年我国开始新一轮的基础教育课程改革，新一轮基础教育课程改革对于小学科学教育来讲具有非常重要的意义。在这次课程改革中，第一次在我国小学学制中明确设立"科学"课程，并颁布了第一个《科学（3—6）年级课程标准》，然而小学科学课程实施处在一种什么样的状况中，教师在课堂教学中是否实现了科学课程标准的理念，教师的课堂教学状态与我们对小学科学课的课程愿景有什么差距，笔者从中国知网查阅的有关小学科学课程研究方面的资料来看，这方面的研究很少，目前研究者大都把关注点放在该课程的理论研究上面。运用课程实施的理论，对小学科学课程实施做深入的研究目前还没见到，因此本书的研究有利于弥补小学科学课程实施的空白，并在一定程度上完善小学科学课程实施的研究。同时，对小学科学课程实施做深入的质性研究对于我们提高小学科学教育的质量，促进小学科学课程实施具有非常重要的现实意义。

第二章　文献综述

本书是针对小学科学课程在学校中如何实施,教师如何将小学科学课程转化为教师中的实际课程这一过程展开的。笔者试图通过这项研究能够进一步认识目前小学科学课程在学校中的实施现状,找到影响该课程实施的因素究竟有哪些,揭示目前小学科学课程实施的特征,为小学科学课程改革的进一步推进提供借鉴。所以,本书是一个有关具体课程问题的研究,研究范畴属于课程实施领域。根据本书的目的和该研究的问题属性,需要从现有的有关课程实施理论研究成果中获得启示和相关的理论指导。

第一节　关于课程实施的相关研究

课程实施(Curriculum Implementation)是课程研究领域中一个较新的概念。最早对课程实施问题进行比较系统研究的是 Fullan 和 Pomfret。他们认为,为了知道已经发生了什么变化,为了理解为什么如此多的教育改革会失败,为了不把实施过程忽略或与其他的改革过程混淆(如对改革的采纳),为了对学习的结果和相关的决策作出解释,必须对课程实施进行单独的研究。(Fullan&Pomfret,1977)[①]

---

① Fullan: M.and pomfret, A.(1977).Research on curriculum and instruction implementation. Review of Educational Research. 47(1): 335-397.

一、课程实施的含义

从 20 世纪 70 年代开始,学者们逐渐对课程实施的问题重视起来,对实施问题的研究也越来越深入。人们从不同的角度来认识和理解课程实施的概念。目前有关课程实施的概念有几十种。概括起来,学者们对课程实施的理解主要集中在以下几方面。

1. 课程实施是将方案付诸实践的过程

Fullan(1991)认为"实施是将一个想法、方案或一组活动付诸实践的过程,实施给那些正在或者希望进行改革的人们带来新的东西。这种改革可能是外来的或者是自愿进行的;可能是详细进行的或者是需要使用者发展和调适的;可能是非正式的设计或者是经过深思熟虑的,因此,使用者可能按照他们的实际情况进行修正。"Goodlad(1979)等认为"教师对于课堂中应该做什么的观点与实际教学中所发生的情形可能有很大不同。实施课程是在日常学校和课堂中所发生的事情。"施良方(1996)认为"课程实施是把编制好的课程计划付诸实际的过程,是实现预期的课程理想、达到预期课程目标的基本途径。对课程实施的研究所关注的焦点是课程计划在实际上所发生的情况以及影响课程实施的种种因素。[①]汪霞(2003)认为课程实施是把新的课程计划付诸实践的过程,或是把书面的课程转化为具体的教学实践的过程。[②]以上学者的观点,尽管对课程实施的理解不尽相同,但在一些方面是一致的。课程实施的研究不是简单地对课程方案本身的研究,重点是对具体的课程改革在实际中的表现的研究。研究的焦点是在实际中发生了什么以及哪些因素影响实施的进行。课程实施的研究一方面要看改革方案中哪些东西在实际中执行了,另一方面也要看在执行的过程中实施者做了哪些调适。[③]

2. 课程实施就是教学

有学者认为:"教学过程就是对课程计划的实施过程",认为凡是依照教育部颁布的课程标准进行的教学就是正常化的教学,否则就不是,是应该加

[①]施良方. 课程理论——课程的基础、原理与问题[M]. 北京:教育科学出版社,1996:128.
[②]汪霞. 课程实施:一个值得关注的问题[J]. 教育科学研究,2003(3):5-8.
[③]马云鹏. 课程实施探索——小学数学课程实施的个案研究[M]. 长春:东北师范大学出版社,2001:30.

以改变的。①这种观点打破了 20 世纪教育研究领域课程与教学、内容与过程、目标与手段的二元对立的思维定势,有助于教育过程的展开,但课程实施不可能与教学完全重叠,因为彼此都有对方不可以包容的范畴。②

3. 课程实施是缔造新的教育经验的过程

有学者认为课程实施并不是在实施前就固定下来的,真正的课程是教师和学生联合缔造的教育经验,因此,课程实施本质上是师生在具体的教育情境中共同缔造新的教育经验的过程,既有的课程计划和教学策略,只是提供给这个经验缔造过程所选用的资源和工具而已。(尹弘飚,李子健,2005)

本书中笔者比较认同的是对课程实施理解的第一种观点,课程实施是将课程方案付诸实践的过程。在本书中课程实施侧重于教师对计划好的课程方案的执行情况,在执行的过程中,教师有可能按照原有的课程方案进行,也有可能受各种因素的影响对原有的课程方案做出调适。

二、课程实施的取向

课程实施的不同取向研究反映了人们对课程实施不同的认识和价值观,是我们进行课程实施研究的基础。辛德(Snyder)等在 1992 年对课程实施问题的研究综述中归纳了课程实施研究的三种取向:③

1. 忠实取向

课程实施的忠实观(Fidelity Perspective)。这种研究取向假定所期望的课程改革结果应当是忠实于原计划的。当教师执行了规定的课程变革,实施就是成功的。

这种研究取向中,研究者试图测量课程改革在实际中的实施程度。课程实施的问题就是如何将固定的、由专家设计好的内容具体化,以达到所要求的课程目标。这种思路将课程的设计者与实施者完全分开。这种取向指导课程实施的方法基本上以量化为主,将文件规定的预期课程进行定义、分类,尽

①黄政杰. 多元社会课程取向[M]. 台北:师大书苑发行,1995:131.

②李臣之. 课程实施:意义和本质[J]. 课程. 教材. 教法. 2001(9):16.

③SnyderJB,Zumwalt K.Curriculum Implementation.In ：Iackson P W,ed.Handbook of Research on curriculum.New York：Macmillan Publishing Company ,1992.Charpt15.pp.404-418.

量将其分解为可以测量的部分,然后用与之相关的量表来测量课程在实际中的实施情况。

2. 互动调适取向

课程实施的互动调适（Mutual Adaptation）是将课程实施看作一个连续的动态过程。互动调适是一个由课程设计者和执行课程的人共同对课程进行调适的过程。这种取向是对课程实施的忠实观所主张的价值和假设的一种挑战。这种取向中,"不仅要描述人们在学校中的感官和行为,而且还关心在学校实践中的基本假设和社会价值,以及它们是怎么样对改革产生影响的。"[①]在互动调适取向中更多的是对特定条件下所发生事件的描述。采用互动调适的研究者是将实施过程中主动对课程方案研究的修正作为实施的一部分,而且是成功的实施所必须的。以这种取向研究课程实施,需要研究者本身有较高的专业水平,对研究课题有深入的了解,以及对实际的教学情境有较高的认识。研究者需要采取与忠实取向相比更宽广的方法论,既包括量化研究,又包括质化研究,以便更深刻地把握课程实施的深层机理。

3. 参与制订观

课程的参与制订观（Curriculum Enactment）的研究取向认为课程并不是在实施前就固定下来的,课程实施过程也是制订课程的一部分,课程是由教师和学生共同参与的教育实践的结果。教师的作用是课程的开发者,教师和学生一起来创造课程。这种研究取向将课程的实施过程看作课程形成过程的一部分,认为在教学之前,并没有一种完整的、规定好的课程。教师和学生的教学实践是修正和制订课程的过程。这种研究取向能最大限度地发挥教师和学生在制订课程中的作用。这种研究思路,可能与教学实际有一定差距,但是让教师更多地参与课程的制订过程已经成为国际课程改革的一种趋势。[②]参与制订取向的研究的基本内容是对教师和学生共同参与教育实践的过程进行有意义的深入考察,以理解课程创造过程的实质。研究的方法更加注重"质的研究"的运用。研究的宗旨更在于为课程实施过程中的个性发展和主体

---

① SnyderJB,Zumwalt K.Curriculum Implementation.In : Iackson P W, ed.Handbook of Research on curriculum. New York:Macmillan Publishing Company, 1992. Charpt15. pp.412.

②马云鹏. 课程实施探索——小学数学课程实施的个案研究[M]. 长春：东北师范大学出版社,2001:36.

的解放提供指导。[①]在本研究中,我们是以目前使用的文件课程为一个样板去了解教师如何对文件课程进行执行的情况。研究的目的不是以实际的实施程度来评价实施的好坏,而是找出实施课程与文件课程的差异,并对引起差异的原因进行分析,结合学校现实的情境找出共性的影响因素。

三、影响课程实施的因素

研究课程实施的一个重要问题就是发现并分析影响课程实施的因素。影响课程实施的因素是多方面的,课程改革在实施层面的问题表现在影响课程的因素可能是难以把握或难以控制的。但总的来说,影响课程实施的基本因素还是存在着一致性。

1. 影响课程实施的因素的主要观点

纵观国内外有关课程实施影响因素的研究成果:Fullan 是最早明确地对课程实施问题进行研究的学者之一。Fullan(1991)将课程实施的因素分为三大类九个因素。Synder(1992)综合 Fullan 的研究成果和其他一些研究实例,将课程实施的影响因素分为四类十三个因素。[②]以下是国内外一些有影响的学者对课程实施影响因素的研究和分析。

---

①解月光. 普通高中技术课程实施的个案研究——学校水平的特征与归因[D]. 长春:东北师范大学,2007.

②马云鹏. 课程实施探索——小学数学课程实施的个案研究[M]. 长春:东北师范大学出版社,2001:30.

表 2-1　课程实施影响因素分析框架

Fullan（1991）	Snyder（1992）	施良方（1996）	马云鹏（2004）	汪霞（2003）
A 改革的特征 1. 需要 2. 清晰度 3. 复杂性 4. 质量与实用性	A 变革的特征 1. 需要性与相关性 2. 清晰度 3. 复杂性 4. 计划的质量和实用性	A 课程计划本身的因素 1. 可传播性 2. 可操作性 3. 和谐性 4. 相对优越性	A 课程本身的因素 1. 地方、学校与教师对改革的需要 2. 实施者对改革的清晰程度 3. 改革本身的复杂性 4. 改革方案的质量和实用性	A 课程计划的特征 1. 合理性 2. 明确性 3. 复杂性 4. 实用性
B 地方特征 5. 校区 6. 社区 7. 校长 8. 教师	B 校区层面的因素 5. 校区的革新史 6. 采用过程 7. 管理部门的支持 8. 教师发展与参与 9. 时间与信息系统（评价） 10. 社区及委员会的特征	B 交流与合作 5. 课程编制者与实施者之间的交流与合作 6. 课程实施者之间的交流与合作	B 学校内部的因素 5. 校长 6. 教师	B 教师的特征 5. 教师的参与 6. 教师的课程决策 7. 教师的态度 8. 教师的能力 9. 教师间的合作

续表

Fullan（1991）	Snyder（1992）	施良方（1996）	马云鹏（2004）	汪霞（2003）
C 环境特征 9. 政府和其他机构	C 学校层面的因素 11. 校长 12. 教师之间的关系 13. 教师的特点与取向	C 课程实施的组织和领导 7. 教育行政部门的组织和领导 8. 学校领导的负责程度与实效	C 学校外部的因素 7. 社区与家长的影响 8. 政府部门的影响 9. 社会团体的影响	C 学校的特征 10. 校长的工作 11. 学校的行政工作 12. 学校的支持系统 13. 学校的环境（物质的和心理的） 10. 学生的学习
D 外部环境 14. 政府机构 15. 外部协助		D 教师的培训 包括正规与非正规培训		D 校外环境的特征 15. 学区或地区的支持程度 16. 社会各界的理解、支持与帮助
		E 各种外部因素的支持 9. 家长的理解和支持		

　　除此之外，陈侠（1989）将课程实施的因素分为人和物两方面，人的因素主要指的是教师和学生在课程实施中的作用；物的因素主要指的是教科书和教学设备在课程实施中的地位和作用。[①]黄甫全（2003）把影响课程实施的因素归纳为文化背景、实施的主体、实施的对象、实施的管理、实施的环境与实施的理论等六方面。[②]

---

①陈侠. 课程论[M]. 北京:人民教育出版社,1989:266-275.
②黄甫全. 课程与教学论[M]. 北京:高等教育出版社,2007:332-339.

从各位学者对影响学校课程实施的因素的观点来看,以上这些因素都在不同水平上,不同程度地影响课程的实施。在考虑影响课程实施的因素时,要从具体课程实施的特征以及这个课程在具体环境下的实施历史来综合考虑,以确定哪些因素可能对课程实施产生比较大的影响。在小学科学课程实施的研究中为了研究的方便笔者主要借鉴马云鹏教授对课程实施影响因素的分析,把课程实施的因素分为课程本身的因素、学校外部的因素、学校内部的因素。

2. 课程实施的主要影响因素

(1) 课程本身的因素

一项改革本身的性质、改革方案的清晰程度和复杂程度、学校对改革的需要是影响程实施的直接因素。首先,地方、学校和教师对改革的需要程度会影响人们实施课程的积极性和主动性。同时,课程实施的主体——学校和教师关于改革的目的、方法以及其他方面问题的清晰程度是影响课程实施的重要因素。有研究发现许多教师并不能够明确他们正在进行的改革的基本特征,如果改革的内容较复杂,实施起来也会非常困难。改革方案中采取的措施、方案中规划的实用性会对实施产生很大影响。有研究表明,实用性越强的改革方案,越会得到实施者的理解和接受。

(2) 学校内部的因素

一个改革方案可能会在一所学校成功,而在另外一所学校能否成功,会与学校内许多因素有密切关系。学校教育改革的基础,学校的教育理念、学校的文化底蕴都会影响学校课程的实施,在各种因素中,学校和教师是重要的和起决定作用的因素。对于一所学校来说,校长无疑起着重要的作用。校长观念的转变往往比教师观念的转变要难。在学校水平上,校长是否在面对新的课程改革时做好了准备,就会非常有利于改革的理念和措施得到贯彻。一所学校的教师总是比另一所学校的教师具有更强的改革意识和动力。教师个人的特征和集体的因素都会影响课程的实施。教师自身的素质、教师观念的转变、教学方式的改革等,都会直接影响课程实施的进程。

(3) 学校外部的因素

我们对课程实施的影响因素进行研究时必须将学校外部的因素考虑进来,这其中有学校与教育行政部门的关系、学校与外部机构和家长之间的关系,因为这些关系会直接影响学校的课程实施,学校的教育活动如果能够取得这些部门和群体的理解和支持,那么教学活动会进行得更为顺利,这种影响会表现在财政、物质和政策方面,不仅如此,这些部门和群体的评价也会对课程实施产生比较大的影响。

因此,我们在考虑小学科学课程实施的影响因素时,要从课程实施的具体实践中,来确定哪些因素对课程实施产生了比较大的影响。

第二节　关于教师课程实施的相关研究

一、教师在课程实施中的核心作用

在前面对课程实施的内涵以及影响课程实施的诸多因素分析中,可以发现课程实施的因素虽然涉及许多方面,但是在学校实施课程的过程中,教师是课程实施的核心因素,特别是在课堂层面,教师的作用举足轻重。1902年杜威在《儿童和课程》一书中,论述了教师的指导和对课程的理解是实现教材心理化的重要条件,突出了教师在课程组织和课程编制中的重要作用。[1]进入 20 世纪 90 年代,越来越多的学者开始探讨教师在课程变革中的重要作用和角色。如里德从不同视角分析了教师与课程的关系,从系统视角看,教师是课程的实施者;从激进视角看,教师是霸权的工具;从存在主义视角看,教师是个体生长的促进者;从审议的视角看,教师是制度和实践的调解人。米勒用"三棱镜"比喻课程研究,提出了教师作为课程创造者的重要角色。[2]有研究者指出,改革的方案可能是理想的,最后能否达到改革的目标要看教师是否按照规定的内容去执行。作为任何一个具有专业知识的教师都有自己对教育、儿童、社会发展等方面的认识。他们在执行课程方案的时候,都不可避免地将自己的信念和对课程的理解在执行课程方案的时候表现出来。这样就会形成不同的教师在执行同一课程方案的过程中出现差异。可见,教

---

①杨明全.革新的课程实践者[M].上海:上海科技教育出版社,2003:15-31.
②解月光.普通高中技术课程实施的个案研究——学校水平的特征与归因[D].长春:东北师范大学,2007.

师在课程实施的过程中是一个不可忽视的,起着重要作用的因素。[①]有研究表明,教师履行着与课程材料创造和实施有关的多种功能。不论教师是自己编制课程还是运用现有的课程材料,教师总是一个"课程决策者",因为课程的发展和运用总是要依靠教师的思维和行动,每一位教师都是自己教室内的课程决策者,教师对具体的课程的实施过程是一个再创造的过程。[②]因此,在研究课堂层面的课程实施问题时,教师在课程实施过程中的决策以及影响教师课程决策的因素就成为我们研究中的一个非常重要的突破口。在我们的研究中,首先是以教师的课程决策为突破口来认识小学科学课程实施的现状,因此,我们在梳理教师课程实施的相关研究时有必要从课程决策的内涵和影响教师课程决策的因素方面做一些梳理。

二、教师课程决策的内涵

"课程决策"是人们对有关课程问题所做的判断和选择。课程设计与实施的复杂性决定了在课程发展的不同水平和阶段都伴随着不同的人所做出的决策。

1. 决策

"决策"一词最早出现在管理学和心理学研究领域。同时,"决策"还是政治学、经济学、社会学等很多学科和领域的研究对象。"现代决策理论之父"西蒙认为,决策的内涵可以表述为:"人们对行动目标和手段的探索、判断、评价直至最后选择的全过程。"[③]纵观许多学者的观点,我们能够得出决策的几个关键性的因素即决策是一种选择的过程,决策需要做出决定,决策具有超前性,决策有一定的目标性。

2. 课程决策

国外学者 Obger 认为,课程决策是对有关教育或社会化的目的和手段的一种判断,往往在学校范围内采用,并且以教学大纲为中心(而不是以人事、

---

①马云鹏. 课程实施探索——小学数学课程实施的个案研究[M]. 长春:东北师范大学出版社,2001:41.

②Ben, A, & Sigsworth, A. (1987). The small Rurral Primary School:A matter of Quality.London:The Falmer Press.

③鲍宗豪. 决策文化论[M]. 上海:上海三联书店,1997:50.

预算等）。判断是一种有意识思考的结果,代表了以一种特殊形式去行动或产生一个预期结果的意向。[①]国内学者车伟艳（2011）认为课程决策是指为了实现一定的课程目标,在占有一定信息和经验的基础上,根据客观条件与实施的可能性,用科学的理论和方法,系统地分析主客观条件。按评价目标提出标准,提出各种预选方案,并从中选择出作为人们行动纲领的最佳方案付诸实施。

3. 课程决策的层次和类型

课程决策包括不同的层次与类型。一般而言,课程决策可以划分为自上而下的课程决策、自下而上的课程决策和示范型课程决策三种类型。[②]这三种类型的课程决策表明了课程决策可以在不同的层次上进行,因此,有学者将课程决策分为三层次说和四层次说,课程决策的三层次说分别是课堂教学层次的决策、教学机构的决策以及社会层次的决策。课堂教学层次的决策是由教师在课堂上作出的,教学机构的决策主要由学校作出,社会层次的决策是由教育机构、政府部门和其他有兴趣的人作出的。课程决策的四层次说主要由 McNeil（1996）提出,即社会层次的决策、机构层次的决策、教学层次的决策、个人层次的决策。其中,社会层次的决策主要是各级教育行政部门、政府机构、出版商、国家课程改革委员会等所做的决策。机构层次的决策主要是学校管理者所做的决策。教学层次的决策是教师根据学生的具体情况以及课程目标的要求作出的决策。个人层次的决策者认为学生在学习的过程中并不只是被动消极地接受所学的课程,学生在学习过程中对学习目标和意义的认识也是一种决策。[③]课程决策的不同层次也决定了决策所涉及范围和侧重点的不同,社会层次上的决策侧重于课程标准的制订、课程目的和目标的确定以及教科书、教学材料的编写。教学层次的决策主要是具体的教学目标、内容和方法的决策。McNeil（1996）认为不同层次的课程决策都会涉及确定目的,对有关结构、内容、活动、材料和责任等方面做决策,不同层

① Ober.A.A(1985).Curriculum decision..InT.Husan&T.N.Postlethwaite(ed.). The International Encyclopedia of Education. (pp. 1154-1159).Oxford: Pergram on Press.

②杨明全. 革新的课程实践者[M]. 上海:上海科技教育出版社,200:126-127.

③马云鹏. 课程实施探索——小学数学课程实施的个案研究. [M]. 长春：东北师范大学出版社,2001:44.

次的决策根据具体环境的不同侧重点也有所不同。从课程基本要素的角度来分析,课程决策涉及课程目标的决策、课程内容的决策、学习经验和教学策略的决策。[①]

4. 教师课程决策

从以上对课程决策内涵分析中,我们了解到课程决策的三层次说和四层次说,在教学层次上的决策主体是教师,因此,教师课程决策是课程决策的下位概念。查阅已有文献,目前关于教师课程决策内涵的理解主要有以下几种观点:Carson（1978）认为教师课程决策是教师根据自己的专业知识,参与课程编制委员会的教材编写,以实践其学识,同时保护其职业利益的过程。[②]Peterson(1978)认为教师课程决策是一种信息活动过程,即教师确定问题,从情境中抽取相关线索,评价不同策略的优劣,挑选出一个相对标准,然后做出最适合的行为。[③]陈允成（2007）等认为教师课程决策就是教学决定,即教师在教学过程中从两种或两种以上的教学行动方案中所做的意义性选择。马云鹏教授认为在课程实施过程中,教师应是一个主动的决策者,教师需要对随时可能出现的课程问题作出专业的课程判断,这种专业判断就形成了教师课程实施过程中的决策。[④]

综合国内外学者的观点,教师课程决策可以蕴含多重涵义,Carson 的观点主要是把教师的课程决策置于社会系统中,去关照社会和课堂之间的联系,在教师的决策中体现出社会或国家的课程决策。Peterson 的观点更多地是从心理学的视角强调教师怎么样学习和实施决策,如何使用信息资源。陈允成和马云鹏教授把教师的课程决策视作课程实施的一部分,关注教学计划的逐步实现和课程决策、教学计划、课程内容之间的适切问题。在本书中,所关注的重点是教师在教学层面上的决策,透过小学科学教师在教学过程的不同

---

①汪山野. 简明国际教育百科全书:课程[M]. 北京:教育科学出版社,1991:143.

② Carson R.B., Friesen. J. W. Teaccherparticipation:A Second Look[M]. Washington D. C:University Press of American.Inc, 1978.

③ Peterson, P.L. & Clark, C.M..Teachers Reports Rof their cognitive processes during teaching. [J]. American Educational Research Journal, 1978(15).

④马云鹏. 课程实施探索——小学数学课程实施的个案研究. [M]. 长春:东北师范大学出版社,2001:44.

阶段所做的决策来深入认识小学科学课程实施方面的问题。

5. 教师课程决策的范围

本书主要关注小学科学教师在教学过程的不同阶段所做的决策,那教师在教学过程中的决策究竟包括哪些呢?有研究者认为教师的课程决策主要发生在课堂层面,是教师在对课程文件、课程标准和教科书等进行理解的基础上为更好地实施教学而进行的课程调适。教师的课程决策贯穿于课程实施的整个过程。[①]Jackson(1968)认为教师的课程决策不只是课堂教学中发生的互动决策,他将教师的教学活动分为前行动教学(Preactive)和互动教学(Interactive)。教师课程决策可以分为不同的阶段和类型,在制订教学计划过程中所做出的决策叫作反映式决策(Reflective),发生在课堂教学师生互动中的决策称为自发式决策(Spontaneous),一般来说,不同阶段的决策也有其不同的特点和制约因素。在制订教学计划阶段所做的决策都是经过教师认真思考的,通常是教师深思熟虑后得出的。在教学互动过程中所做的决策往往会表现出复杂性的特点,由于在课堂教学中做决策的过程十分短,教师经常来不及深思熟虑。另外,有些教学常规是教师根据自己头脑中对行为的反映,不需要过多思考就能做出的。在教学计划阶段的决策和课堂教学师生互动中所做的决策都是教师课程决策的一部分。因此,教师的课程决策不仅是在课前做出的各种有意义的、影响教学进程的行为,同时也包括课堂中做出的各种有意义的行为。关于教师在课堂教学层面上决策的范围有学者指出教师在教学计划阶段和课堂教学阶段都要面对以下五方面的问题,即有关学习和行为目的或目标、现有的状态、可选择的教学行为、学生要达到的结果、教师对这些结果的应用。

综合各位学者的观点,在本书中我们把教师课程决策理解为教师在课程教学的各个阶段针对教学情境中的具体问题在众多可能性选择中做出的选择和判断,而教师的这种选择和判断直接决定了新课程实施的实效性。在探讨小学科学课程决策问题时,我们从两个方面探讨,一方面,是在实际教学前的计划阶段,教师制订的年级计划、课时计划等不同层次的教学计划,在教学计划中都可以反映出教师对教学目标、教学内容、教学方法以及教学

---

①杨明全. 革新的课程实践者[M]. 上海:上海科技教育出版社,2003:132.

过程中时间分配等一系列的决策。这些决策是教师制订教学计划的基础,一般经过了教师的深思熟虑。教学计划阶段的决策是文件课程转化为实施课程的基础。另一方面,是在课堂教学阶段,教师是否按照教学计划中所做的决策进行教学。是在面对教学中出现的具体情况时,教师如何根据实际情况做出相应的决策。在考察小学科学课程实施的教师因素时,对教师在教学过程各个阶段所做决策的观察和访谈可以为我们认识小学科学课程实施的特征提供依据。

三、影响教师课程决策的因素

有研究表明一项新的课程改革会提倡一种新课程理念和教师文化,只有这种新理念和文化被大多数教师接受,并变成他们的自觉行为,新课程的实施才能变为现实。因此,教师是决定课程的实施是否成功的一个非常关键的因素。教师在课程实施中的作用主要体现在对课程的教学转化过程——课程准备阶段和课堂教学的实施过程——课程的运作阶段。

纵观关于教师课程决策的研究成果,其中,发现影响教师课程决策不同层次的因素的研究较少,但对课堂教学阶段教师决策的影响因素有许多学者做过研究。如国内学者马云鹏教授在对小学数学学科的课程实施研究中对影响教师课程决策的因素做过研究,认为影响教师在课堂教学过程中的因素主要有教师知识、教师信念、学校文化、教学资源等。张迎凯(2007)在以一般意义上的教师为研究对象时,认为影响教师课堂教学决策的因素主要有教学经验、教学知识、教师的情绪、学生的行为等。综合国外学者 Smylie(1994)、Calderhead(1996)、Woods(1996)、Stephanie(2007)等对不同学科影响教师课程决策的因素分析可以得出教师知识、教学信念、学生行为、学校惯例、教科书与教参等因素都是主要因素。综合国内和国外学者对不同学科的研究来看,在教学层面影响教师课程决策的因素有很多,综合起来大致可以分为教师因素、学校因素、学生因素、家长与社会因素等。

1. 教师因素

在影响教师课程决策的教师因素中,从以上学者的研究分析中可以得出,教师因素对课程决策的影响主要在教师知识、教师信念方面。

(1)教师知识

20 世纪 70 年代以来,由于教师思维研究与教师专业化的推进,教学领域内重新提出了"教师需要具备哪些知识类型"的问题。[1]教师知识是一个复杂的综合体，是由教师角色的特征决定的。教学作为一项复杂的活动，教师是否能够进行有效教学，在很大程度上教师的知识起着基础性的作用。教师知识意指教师在教学情境中，为达到有效教学与促进学生发展而具有的概念、原则与策略以及在实践经验中形成的对教学的个人化看法。[2]近些年来，许多学者都对教师知识进行过专业的研究，其中，Shuman 做了开创性的研究。

Shulman（1987）提出教师应该掌握如下七种知识，这七种知识分别是：学科知识（Subject Matter Knowledge），包括内容知识（Content Knowledge），如具体的概念、规则；实体知识（Substantive Knowledge），如学科内的范式；句法知识（Syntactic Knowledge），如学科内部间的联系以及对特定学科的看法（Beliefs），如哪些教学内容是重要的。一般教学法知识（Gerenal Pedagogical Knowledge），意指如何教的知识；各种教学法知识，包括如何激发学生学习动机，如何有效地管理课堂，如何设计与实施测验的知识等；课程知识（Curriculum Knowledge），意指对教学媒体与教学计划的熟练掌握。与具体教学内容有关的教学法知识（Pedagogical Content Knowledge），意指如何专门针对具体要教的内容施教的知识，包括如何给学生解释某一个科学概念，如何用实例来说明，这些知识是体现教师所特有的专业形式。学生及其发展特点的知识，包括学生个体发展与个体差异的知识。教育背景的知识（Knowledge of Educational Context），包括小组或班级的活动状况，学区管理与资助，社区与地域文化特点等知识。最后还有关于教育宗旨、目的、价值与其哲学、历史背景的知识。[3]Shulman 对教学知识的分类研究为关于教学知识研究的领域奠定了非常重要的基础，特别是 Shulman 提出的"学科教学法知识"的概念，引起了研究者们的广泛评论。学科教学法知识远远超过了学科知识的范畴，是教师将所教的学科知识按照学生的学习特点重新组织，以适合学生理解的方式予以表征的一种知识形式，反映了特定内容的学科知识与一

[1] Holmes Group.(1986).Tomorrow teachers.East lansing,Mi:Athor.

[2] 李琼. 教师专业发展的知识基础——教学专长研究[M]. 北京：北京师范大学出版社，2009：27.

[3] Shulman, L.(1987). Knowledge and teaching:Foundation of the new reform. Harward Educational Review, 57, 1-22.

般教学法知识的一种整合。[①]

　　Elbaz（1983）指出，教师面临教学问题时，要依赖于五种知识。其中一门学科的学科知识与课程知识是教师应该具备的两种最基本的知识。另外的三种知识分别是实践知识、互动知识和个人知识。实践知识主要指教师在实际教学工作中的知识，例如，课堂管理、教学常规、学生特点等。互动知识指的是教师在学校环境中与他人进行的互动，如教师与教师、学生、行政人员的互动。个人知识主要指教师在教学经验中形成的自我感觉、需要、价值以及信念等。[②]Elbaz 从教师知识中提炼出实践知识，主要强调了教师从教学实践中发展出来的个人观点和看法。正如 Connelly 与 Clandinin 提出的个人实践知识（Personal Practical Knowledge），实践性知识具有难以言传的特点，存在于教师的以往经验中，存在于现在与未来的计划中，贯穿于教师实践的全过程。[③]

　　对教师知识类型的探讨，国内比较有代表性的是林崇德、申继亮、辛涛（1996）他们从知识的功用角度出发，提出一位能够胜任教学的教师应该具备三方面的知识：学科知识，指教师所教科目的内容及其组织；条件性知识：主要涉及如何教的知识，即教师如何对自己所教的学科作出教育学、心理学的解释；实践知识：主要指教师具有的面对课堂教学情境以及处理教学中难题的知识。从以上国内外学者对教师知识的研究中可以看出不同研究者是基于不同的研究角度和侧重点来划分的。如 Shulman 对教师知识的七种分类主要是从宏观的角度进行的，这七种分类涉及了教育所涉及的各种因素，如学科、学生、教学环境等。而 Elbaz、Connelly 等学者提出的个人实践知识，主要是基于教师的视角来探索教师在教学中知道什么，教师需要用自己的观点来解释教学，个人实践知识更加强调教师的实践经验。我国学者申继亮、辛涛等的研究主要立足于课堂教学的视角，强调教师知识在具体情境中的相互作用。无论研究者从哪个视角来研究教师知识，有三类知识是他们在教师教学中的重要性上达到了共识的，即学科知识、教学法知识、学科教学法知识。在教师的

　　①李琼. 教师专业发展的知识基础——教学专长研究[M]. 北京：北京师范大学出版社，2009：40.

　　② Elbaz, F.L. (1983). Teaching thinking:a study of practical knowledge.Londou：Croom Helm.

　　③ Clandinin, D.J., & Connelly, F.M.(1995). Teachers, professionalknowledge landscapes. New York：Teacher College Press.

课堂教学过程中,教师的知识并不是独立存在的,是与教师当时所处的具体环境和情境有很大关系的,因此,我们在认识教师的知识时,可以从教师的学科知识、学科教学法知识、实践知识这几个角度来进行。

（2）教师信念

有关研究表明,在教师教学关注过程的决策中,教师信念是其中重要的影响因素。目前,随着人们对教学工作复杂性的认识,教学研究范式逐步发生了转换,对课堂教学的研究开始从教师课堂中的行为转向关注教师的决策和信念。[①]因此,在本书中,关注教师的信念对于我们认识小学科学课程实施的特征非常重要。信念是一个非常复杂的概念,不同的学者对信念有不同的界定。信念一词与态度、价值、判断、概念、情感等词汇的关系比较密切。"信念（Belief）"一词从语义学的角度讲主要解释为对一个人或事情的信任和信心；对某一事情、事实或结论等认同为"真或真实存在的,所相信的事情；相信为真的一个命题或一组命题,一个观点或一段说明。[②] "信念"一词从心理学的视角讲主要是指人们对待某人、某事或某种思想的心理倾向。[③]国内学者俞国良（2004）认为信念是对于自然和社会的某种评论观点、思想见解坚定不移的看法。[④]可以说,某个人的信念一旦形成,就会给个人的心理和行为带来深远的影响。因此,研究教师的信念是了解教师行为和决定的一个非常重要的方面。对于教师信念的研究尽管近些年逐渐受到了教育学、心理学等研究领域的关注,但是对于教师信念的定义的理解仍然没有达成共识。审视国外学者对教师信念的研究,Pajares（1992）认为教师的信念相对于教师知识来说更能影响其教学行为,信念、假想、观念和个人观念是可以互换的概念。[⑤]Kagan（1992）认为教师信念是一种关于教学情境脉络、学科内容、教师个人独特性的信念

---

①马云鹏. 课程实施探索——小学数学课程实施的个案研究[M]. 长春：东北师范大学出版社,2001：51.

②（英）詹姆斯. 莫雷. 牛津英语大辞典简编本[C]. 上海：上海外语教育出版社,2004：212.

③中国大百科全书心理学编写组,中国大百科全书（心理学）[C]. 北京：中国大百科全书出版社,1991：140.

④俞国良,辛自强. 社会性发展心理学[M]. 合肥：安徽教育出版社,2004：543.

⑤ Pajares, M F, Teachers beliefs and educational research：clearing up a messry construct [J], Review of Educational research, 1992, 62.

与知识。[①]Galderhead(1996)将教师信念总结为以下五个方面,一是关于学习者和学习的信念。研究表明具有关于儿童学习不同信念的教师,会为学生提供不同类型的活动。二是关于教学的信念。即教师具有的有关教学目的和性质的信念。如,有的教师认为教学是知识传递的过程,在教学过程中就会倾向于以传递知识为主,有的教师把教学看作是儿童学习的过程,在教学的过程中就会更加关注儿童。三是关于学科的信念,即教师对一个学科认识方面的信念问题。四是关于学习如何教学的信念,教师关于学习如何教学的经验经常很有限,他们通常会认为可以通过自己的教学经验学习或者通过观察其他教师学习。五是关于自我和教师作用的信念。Nespor(1987)归纳出教师信念的四个主要特征,一是现实中主要存在什么和不存在什么的认识,二是现实中经常存在许多可以选择的东西。三是信念因素对情感与价值因素的依赖。四是情节储存(Episodic Storage)。知识是以语义网络的形式存储的,而信念主要是以个人经验、文化或知识转换成的教学来源而形成的情节的方式储存的。[②]Brog(2001)认为教师信念包括学科知识观、学习观、教学观、课程观、学生观、教师观等,主要是指对学科教学的可以确信的看法。[③]

从以上各位学者对信念和教学信念的解读中,可以知道教师信念的研究是一个非常复杂的问题,这是由教师信念的不可观察性决定的,教师表述出的教学信念经常会与我们观察到的课堂教学的情况有明显的差异。有研究认为,教师的信念往往会反映出老师在对待一个问题的具体处理方法方面。教师的信念与教师如何看待课堂教学中的情境有密切的关系。[④]有研究表明,不管教师对自己教学信念的表述是否清晰,是处于显性状态还是处于隐性状态,教师信念始终支配着教师的计划和决策过程,因此,分析教师的教学信念可以更加深入地认识教师的课程决策。教师对学科教学的看法直接决定着教师的课堂教学行为。

① Kagan, D.M., Implications of Research on teacher belief, Review of Educational Psychologist, 1992, 27, pp65-90.

②马云鹏. 课程实施探索——小学数学课程实施的个案研究[M]. 长春:东北师范大学出版社, 2001:54.

③ Borg.M., TeachersBeliefs [J], ELTJournal.2001, 55(2).

④ Kagan, D.M(1995).Resrarch on teacher cognition.In A.C.Ornstein .Teaching:Theory into Practice. Bsoston:Allyn and Bacon.

教师信念对教师课程决策究竟会产生什么影响？正如 Woods（1996）认为的那样，信念、设想、知识是相互关联的命题，即一个命题包含了另一命题，所以提出融三者为一体的"整合网络"（Integrated Network），并指出这种网络影响着教师诠释教学实践的方式，以及以词为基础的教学决策。[①]教师在课程教学的各个阶段针对教学情境中的具体问题在众多可能性选择中作出的选择和判断便是教师的决策，而教师的这种选择和判断直接决定了新课程实施的实效性。教师在教学过程中决策的范围主要是关于学习和行为目的或目标、现有的状态、可选择的教学行为、学生要达到的结果、教师对这些结果的应用。教师所具有的教学信念不同，便会导致对这些内容具有不同的教学决策。如教师对教学目标的重要性的认识直接决定了教师对教学目标的决策，那些最终会进入课堂的课程内容，一定是，都会经过教师具有的知识和信念所筛选的。

2. 学校文化

Fullan（1991）认为教师个人特征和教师集体的因素对课程实施起着重要的作用。有时，一些学校的教师会比另一些学校的教师有更强的改革意向。文化是一个意义广泛的社会学概念，它是一个群体在长期生活和发展过程中沉积下来的思想观念、行为方式和生活习惯的共同特征。[②]在我们的研究中主要涉及一些与教师课程决策有关的学校文化和教师文化。学校文化是学校中一种特有的现象，是人们长期在一起工作和生活而形成的共同的被成员认可的对问题的看法以及对待事物的方式和习惯。一所学校，学校中的某一群体都会有属于自身的独特的文化，这种文化对于认识这个群体的特征，认识影响这个群体中个人行为的模式是一个非常重要的因素。[③]Bell（1987）认为学校会存在着一种非正式文化，当一组人在一起相处一段时间以后，就会形成一种非正式的文化。Hargreaves（1992）认为："教师并不是独立地发展他的

①Woods, D（1996）. Teacher Cognition in language Teaching. New York：Cambridge University Press, p.196.

②马云鹏. 课程实施探索——小学数学课程实施的个案研究[M]. 长春：东北师范大学出版社，2001：57.

③马云鹏. 课程实施探索——小学数学课程实施的个案研究[M]. 长春：东北师范大学出版社，2001：58.

教学策略和教学风格的。教学策略不是一个完全个人化的东西,也不只是来自直接的具体情境的指令与压力,它来自教师的文化,来自一组教师群体中的信念、价值、习惯和处理事情的方法。我们想要了解教师的做法,就必须理解教师所处的工作环境的文化。"

教师文化是学校文化中的重要组成部分。Hargeaves(1992)认为教师文化主要包括一个更广的教师社团中的态度、价值观、信念、习惯、假设和处理事务的方法。教师文化外显于教师的所想、所思、所做。按照 Hargeaves 对教师文化的分类,主要有四种不同的教师文化形式,个人文化、派别主义文化、人为的合作文化、合作文化。个人文化的表现形式是教师彼此隔离,在个人主义的影响之下,教师间的互动集中在教材、学科、个别活动上,而非课程目标或教师教学问题上。派别主义文化主要是教师之间工作彼此分离,有时会因为权力与资源而相互竞争,教师对待团队有高度的忠诚度和认同感。在各派别内部,教师之间联系紧密,共享一定的观点和追求共同的利益。但派别之间的教师则漠不关心、互不交流。[①]人为的合作文化,教师被要求围绕行政人员的意图与兴趣进行"合作"。合作文化是教师在日常生活中自然生成并在一种相互开放、支持和互信的基础上形成的。[②]

学校文化对教师课程决策的影响表现在许多方面,如有研究者在对影响教师制订教学计划的因素分析时发现,学校系统会对教师教学计划的制订产生影响。教师在教学中是否会有讨论研究的机会是影响教学计划制订的一个非常重要的因素。[③]富兰认为:"教师之间工作关系的质量与实施有很大关系。学院气氛,开放的交流、信任、支持和帮助,在工作中学习、分享成功和工作的满足,获得结果,都是密切相关的因素。新意义、新行为、新观念和新技能的获得,主要取决于教师在工作中是单独行动,还是和同伴交换思想、互相支持、分享积极的情感。"[④]

①辛守涛. 派别主义教师文化研究[D]. 济南:山东师范大学硕士论文,2008.

② Hargreaves A.Culutures of teaching:A focus for changes [C]//Hargreaves A, Fullan M G. Understanding teaching development, Cassell, 1992.

③马云鹏. 课程实施探索——小学数学课程实施的个案研究[M]. 长春:东北师范大学出版社,2001:58.

④赵中建,陈霞,李敏译. 教育变革新意义[M]. 北京:教育科学出版社,2003:17.

美国学者詹姆士认为传统的学校文化和革新的学校文化都具有不同的特点,并对两种文化的特点进行了比较。其中革新的学校文化主要表现为:民主的价值观、以学生为中心、以道德为指导、利益主体之间是以协商和决策为主、合作对话等。[①]在研究的过程中,只有我们深入教师群体的生活,从教师日常活动的细节中,才能体会某种文化的特征。因此,我们在接触学校教师时,要关注教师是否经常对有关小学科学教学中的问题进行交流探讨,是否有机会集体研究问题,注重从文化的角度来考察影响教师课程决策的因素。

3.课程资源

课程资源也称教学资源,就是课程与教学信息的来源,或者说是那些对课程和教学有用的物质的总称。课程资源有广义和狭义之分,广义的课程资源是指有利于课程教学的各种因素;狭义的课程资源是指形成课程与教学的直接因素来源。按照课程资源的功能特点,可以把课程资源划分为素材性资源和条件性资源。知识、技能、经验和方法、情感、态度、价值观等属于素材性资源,课程实施中的人力、物力、场地、设施等属于条件性资源。有研究表明,教师在制订教学计划时,教科书、教师用书和学生用的辅助材料也会影响着教师的课程决策。Nias 指出资源是影响课程改革实施的一个重要因素,缺乏物质资源会对教师的时间、精力、动机产生影响,如果教学缺乏资料,教师常常会抽出时间去课堂之外寻找资料。每个教师的教学时间和精力都是有限的,教师可以找到的资源也是有限的,因此,如果在课程实施过程中,没有充分的教学资源可以利用,就会影响到课程方案的实施。[②]小学科学课的内容领域涉及物质科学、生命科学、地球与宇宙空间,在课堂教学中强调以探究为主,因此,在考察教师课程决策时必须考虑课程实施过程中是否有合适的教学资源。

4. 学生因素

教师的教和学生的学是贯穿教学过程的一对矛盾。没有学生的学,教师

---

①[美]詹姆士·亨德森. 志平,李静译. 革新的课程领导 [M]. 杭州:浙江教育出版社,2005:168.

②马云鹏. 课程实施探索——小学数学课程实施的个案研究.[M]. 长春:东北师范大学社,2001:62.

的教就失去了意义,没有教师的教,学生的学也不会顺利进行。教与学是相互适应的,所以,教师必须在了解学生的基础上教。①因此,教师的课程决策一定要考虑学生的因素,尤其是在制订教学计划时、选择教学内容中必须把学生的需求纳入其中。Merryfield(1998)认为学生的个性,尤其是学生的独特性、社会特性、学习特性、学习特点、生活背景和精力等因素都会影响教师的课程决策。教师在教学计划阶段,无论是教学目标的设定,还是教学内容的选择都必须符合学生的身心发展水平。

因此,教师能否认真地了解学生的特点,是教师进行课程决策的一个重要因素。此外,Larson(1995)通过对两所小学教师的研究发现,校长虽然不直接介入教师的课程决策,但是也会对教师的决策产生重要的影响。同时,教师的有些活动还会受到家长和社区的影响。

第三节　关于小学科学课程实施的相关研究

一、国外小学科学实施相关研究

1. 美国的小学科学课程实施研究

(1)19 世纪 20 年代的小学科学课程实施

美国的小学科学课程实施研究大致经历了三个阶段,即 19 世纪 20 年代的实施阶段,20 世纪 60 年代的实施阶段以及 20 世纪 80 年代以来的小学科学课程实施阶段。

在 19 世纪初,小学主要倡导的是实物教学,学会观察和对自然现象进行研究是实物教学的主要特点。在 19 世纪 20 年代初,"实物教学"逐渐被"自然学习"取代,健康和卫生开始进入小学科学课程,在教学过程中让学生学会解决实际问题的科学方法是杜威的实用主义哲学所重视的。这一时期,以克雷格的博士论文为代表作,分析了儿童比较感兴趣的科学问题,生物学、地

---

①马云鹏. 课程与教学论[M]. 北京:中央广播电视大学出版社,2005:212.

理学、简化了的化学和物理知识被公认为是小学科学课程的核心内容。在 20 世纪 60 年代,实验性小学科学课程在美国比较盛行。SAPA 课程、SCIS 课程、ESS 课程是主要的三种实验课程,[①]在这三类课程的实施过程中,关于小学科学课程的一个大的争论就是实施应该侧重于科学概念还是科学方法。20 世纪 80 年代的小学科学课程注重儿童动手探究能力的发展,强调以探究作为儿童主要的科学过程。《2061 计划：面向美国人的科学》是美国的民间科学团体于 1989 年完成的,在美国的科学教育中,该计划产生了深远的影响。《面向全体儿童的科学——改进小学科学教育的指南》在 1997 年由美国国家科学资源中心和史密森协会出版,该标准是美国小学科学课程的依据,以探究为中心的思想是该课程中反映出来的最主要思想。[②]

反观美国的小学科学课程实施我们不难得出,小学科学课程是整个科学教育计划的一部分。从"2061 计划"和美国《国家课程标准》中可以反映出：在《国家科学教育标准》之下,美国的小学科学教材呈现出多样化的趋势。美国小学科学课程的支持系统较多,教师在课程方面的自主权比较大,在美国 5～8 岁的儿童就有明确的科学课程目标,国家非常重视小学科学课程改革。

2. 英国的小学科学课程实施研究

英国的小学科学课程实施是在 19 世纪后期伴随着第一次工业技术革命之后,课程内容开始重视与个体生活相联系的部分开始的。《初等学校规则》是在 1904 年颁布的,其中科学常识科目内容被增加了进去。《1944 年教育法》中自然学科被规定在小学 4—6 年级的课程中开设,该课程的适用范围为 5～11 岁的儿童。《科学课程计划》与《基础科学学习》在 1970 年后在苏格兰和威尔士实行,目的是希望教师在选用教学材料时要充分考虑到儿童的需要,虽然这项改革最终以失败告终。[③]英国对小学科学教育重视度的提高是在 1981 年《学校课程》颁布后,该文件是由教育和科学部颁布的。随后,《5～16

---

①丁邦平. 国际小学科学教育的发展趋势——兼谈我国小学自然科学课的若干问题[J]. 武汉：教育研究与实验. 1998(3)：31-36.
②[美]国家科学资源中心,国家科学院史密森协会. 面向全体儿童的科学——改进小学科学教育的指南[M]. 北京：科学普及出版社,2005：62.
③汪山野. 简明国际教育百科全书[M]. 北京：教育科学出版社,1991：372-373.

岁科学教育政策性报告》于 1985 年颁布,再一次呼吁了小学科学教育的重要性,并且明确了科学教育的重点,如强调重视科学过程的学习,要学会保护儿童的好奇心,重视儿童的学习兴趣。英国 20 世纪 80 年代后的小学科学课程情况如下:1987 年《国家课程》的颁布,将科学课程列为和英语、数学课程同等重要。1987 年,英国义务教育的课程目标开始由汤姆逊(B.Thompson)教授为中心的课程工作组起草,在 1989 年颁布了《国家课程标准》,该标准提出了六项标准两大内容。对科学概念的理解、科学方法的训练、对科学本质的深入认识等是其主要任务。科学探究、对科学知识和科学的理解是其主要内容。[①]在 2000 年颁布的《国家科学课程》对科学课程内容作出了调适,调整为四个部分即教学目标与要求、课程主要情况、学习的计划。

从不同时期英国小学科学课程的实施我们可以看出英国小学科学课程比较重视国家统一的课程标准,一系列课程改革文件的颁布都是经过较长时间的调查研究,在小学科学课程的目标方面也是注重达到知识性和过程性的平衡,学生在探究活动中探究技能的获得是英国的课程标准中比较重视的方面。

3. 日本的小学科学课程实施研究

日本的小学科学课程的实施开始于《小学校令》在 1918 年修订的,在该文件中对课程进行设置时把科学纳入其中。[③]第二次世界大战后,受日本经济发展的影响,科技教育开始在社会中得到重视。《关于改善中小学教学计划的报告》被日本文部省课程审议会于 1958 年提出。1968 年,日本新的中小学课程计划开始实施,科学开始成为小学新开设的学科课程,令人遗憾的是,此次课程改革的效果并不是很理想。20 世纪 80 年代后,《学习指导要领》在 1989 年颁布,新的教学大纲开始在小学实施,科学课程在三年级设有"日常生活中的科学"和"人体"等新增内容。世纪之交,日本在 1998 年颁布了新的《学习指导要领》,课程改革于 2002 年开始进行,在此次课程改革中确定了科学教育的基本方向和基本方针,以学生能力的培养为核心,提高学生解决问题的能力和注重体验性的学习方式是此次课程改革中最为提倡的,在小学科学的目标和内容方面都提出了相应的要求,其特点是重视观察,培养学生的

①汪山野. 英国学校课程[M]. 石家庄:河北教育出版社,2001:70-75.

能力,把科学方法和态度、知识的学习和学生的生活世界相联系。科学内容共分为三部分,分别为生物与环境方面、物质和能量方面、地球与宇宙方面。

综上所述,日本的小学科学课程实施开始注重学生问题意识的培养,要求学生从发现问题、解决问题的探究活动中来提升科学素养和能力,在科学课程内容方面注重与日常生活的联系,让学生在理解科学概念和知识的基础上来解决生活中遇到的实际问题。

二、国内小学科学课程实施的相关研究

1. 小学科学课程在我国的历史沿革[①]

在我国封建社会的漫长时期里,以四书五经为主是科举考试的主要内容特点。整体来说,这个时期科学教育呈现缓慢发展的态势。[②]自然科学在近代意义上主要以常识课和识字课的类型传承。如《诗经》产生于先秦时期、《急救篇》产生于西汉时期、《千字文》产生于南北朝,此外,还有《三字经》与《幼学琼林》等。这些古代小学教育涉及的科学内容都是一些生活经验方面的常识,范围也比较广,包括了天、人、物、地、用等方面,在教学方式上提倡以机械式的背诵为主。近代科学教育的发展是以癸卯学制在 1904 年的颁布为代表。随着学制的颁布,传统的教育观念开始被动摇,在教育体系里,科学教育开始以立法的形式被纳入其中。在 20 世纪,科学教育的重要性逐步得到认可,其地位也得以确立。

在 1904 年到 1949 年间,科学课在小学的课程计划中所占比例、内容以及教学方法变化过多次,主要表现为设置形式单独或者合并到其他课程中。《格致》和《地理》是单独设置的课程。初等小学课程在 1929 年表现为合并的形式。这时候的科学教学忽视学生实验,唯一的教学方法便是讲演法,学生学习科学知识主要是以机械的学习为主。1929 年后,我国颁布了《小学自然暂行标准》[③]规定了小学自然教学目标,其目标主要为:理解自然的基本知识,

---

①刘德华. 小学科学课程与教学 [M]. 北京:中国人民大学出版社, 2009:36-38.

②四书指《大学》《中庸》《论语》《孟子》。五经指《诗经》《尚书》《礼记》《周易》《春秋》。儒家本有六经,秦始皇焚书坑儒后,《乐经》从此失传。

③课程教材研究所.20 世纪中国中小学课程标准.教学大纲汇编:自然. 社会. 常识. 卫生卷[M]. 北京:人民教育出版社,2001:9-15.

学会利用知识解决问题的方法,要培养学生爱护自然的情感。该标准无论在内容上还是方法上都渗透了杜威的进步主义思想,如在课程设计方面体现了"大单元的设计教学"。

1949年以后,我国的小学自然课程受苏联的影响较大。《小学自然教学大纲(草案)》在1956年制订,其总目标以教给儿童初步的自然常识为主,儿童生活中常见的事物为主要的教材内容,且以主题的形式展开。20世纪50年代末至70年代,在以"强调指导儿童认识自然界和加强人对自然改造,让儿童学会初步的自然常识"思想的指导下,教材内容逐渐远离了儿童的生活经验,学生学习兴趣降低。《小学自然教学大纲》在70年代末颁布,对课程内容做了重新定位,教学内容重新以学生感兴趣的身边的自然事物为主,方法上强调鼓励、学生自己探究知识和情感的均衡发展。80年代初,编写了新的小学自然教材,中国科学课程改革的新局面以"探究式"教学法的引入为代表。"九年义务教育课程与教材改革"在90年代初期进行,此次改革的教学目标注重联系学生的日常生活经验,在课堂教学中,各种动手活动被引入。2001年开始实施新的基础教育课程改革,以培养学生的科学素养为核心是新一轮小学科学课程改革的宗旨,在学习活动方面倡导学生亲身经历为主,注重学生好奇心和探究欲的培养,加深学生对科学本质的了解,为学生未来的生活,终身的学习奠定良好的基础。表2-2是1903—1949年期间科学内容在小学的变动情况。

表2-2　1903—1949年间科学内容在小学的变动[1]

时　间	小学年级层次	科学课程的开设情况
1903年	完全科初等小学	《修身》《历史》《格致》《地理》等
	简易科小学	《历史》《地理》《格致》合为《史地格致》
	高等小学	《修身》《中国历史》《地理》《格致》

[1]刘德华.小学科学课程与教学[M].北京:中国人民大学出版社,2009:36.

续表

时 间	小学年级层次	科学课程的开设情况
1910 年	初等小学	《历史》《地理》《格致》全部并入人文学课本
	高等小学	《修身》《中国历史》《地理》《格致》
1922 年	初等小学	《社会》（包括卫生、公民、历史、地理）与《自然》
	高等小学	《卫生》《公民》《历史》《地理》《自然》
1928 年	小学	《历史》《地理》《卫生》《自然》《三民主义》
1929 年	初等小学	《社会》《自然》合并为《常识》
	高等小学	《历史》《地理》和部门卫生内容合并为《社会》，个人卫生部分并入《自然》
1932 年	初等小学	《常识》
	高等小学	《历史》《地理》《自然》《卫生》

2. 小学科学课程标准设计

（1）小学科学课程标准的研制背景

我国小学科学课程标准的产生受到了政治、社会、文化等多种因素共同作用的影响。邓小平曾经提出提高小学科学教育的质量是我国科学技术方面在国际上立足的重要途径。孩子的科学素养必须从小就开始培养。目前，世界各国都把培养适应社会发展的人才作为努力的目标。从国际教育发展的局势来看，国际社会越来越重视科学课程改革，许多国家都把科学教育摆在了非常重要的地位，如美国《国家科学教育标准》在 1996 年的颁布。实践证明，我国的基础教育课程也必须做出相应的调整和改革以适应当前科技社会的发展。2001 年，《国务院关于基础教育改革和发展的决定》颁布，《全日制义务教育科学（3—6 年级）标准（实验稿）》随即被研制出来。小学科学课程标准的制订成员由大学教师、教研人员和教学专家共同组成，郝京华博士为项目主要负责人，该标准收集了国外许多国家课程标准和教材的资料，同时结合了我国的教材和教学大纲。在国际比较和对国内小学科学发展的现状充分调研和总结经验的基础上,新的小学科学课程标准被研制出来。

(2) 小学科学课程标准的内容

2001 年 9 月,新的小学科学课程标准在全国 38 个地区进行了实验。其内容包括四大部分以及一个附录。如表 2-3 所示,小学科学课程标准的主要内容分为四部分,第一部分前言,第二部分课程目标,第三部分内容标准,第四部分实施建议,如表 2-3 所示。

表 2-3　小学科学课程标准的内容[①]

第一部分 前言	课程背景;课程性质;基本理念;设计思路
第二部分 课程目标	总目标;分目标;各目标之间的关系
第三部分 内容标准	科学探究;情感态度与价值观;物质世界;生命世界;情感态度与价值观
第四部分 实施建议	教学建议;评价建议;课程资源开发与利用;教材编写建议;教师队伍建设建议;关于科学教学设备和教室的建议
附　录	关于具体目标中行为动词的定义;教学活动的类型与设计;案例

（3）小学科学课程的基本理念

在 2001 年颁布的小学科学课程标准中,提出了新课程下小学科学课程的基本理念为以下几点：第一,面向全体学生的小学科学课程,主要指公平的科学学习机会是每一位学生都应该具备的。小学科学课程的实施应该考虑到学生的不同差异,在课程、教材、教学和评价方面具有灵活性。第二,科学学习的主体应该以学生为主。这明确指出了教师在学生科学学习活动中的地位,即教师是学生学习活动的组织者、指导者,同时教师是学生学习的伙伴。在学习科学方面,应该充分发挥学生的主动性,让学生学会自己去解决问题。第

---

①刘德华.小学科学课程与教学 [M].北京:中国人民大学出版社,2009:36.

三,以探究为核心是科学学习的主要思想。探究不仅是学生学习科学的目标,而且是学生学习科学的内容,在学习方式上我们要提倡以学生的亲历活动为主,像科学家那样探究是学生在学习科学方面应该追求的目标。第四,满足社会和学生两方面的需求是科学课程内容的价值所在。学生科学学习的内容要尽可能地贴近他们日常的生活、适应当前社会的发展。第五,开放性是科学课程的特点。科学课程的开放性体现在多方面,如学习内容、组织方式、评价等方面。学生科学课程的学习要尽可能充分利用学校、家庭、社会中的多种资源,尽一切可能丰富学生的学习经验。第六,科学素养的形成和发展是科学课程评价时最为关注的方面。科学课程评价要更为关注过程,评价主体和评价指标应该更加多元。

3. 小学科学教材

在小学科学教材编写方面,其依据主要是《全日制义务教育科学(3—6年级)课程标准 (实验稿)》。当前的小学科学教材为了兼顾不同地区学生发展的需要,其版本有多种,风格也更为多样。目前,我国的小学科学教材版本主要有以下三种,教科版、苏教版、湘版。其中教科版的教材在全国 24 个省市 150 多个实验区使用,为了便于教师更好地使用小学科学教材,教材还有相应的配套资源,如《科学教师教学用书》《科学培训光盘》《科学教师培训教材》等。全套教材共涉及 37 个单元,140 个活动,其中 10 个属于生命世界主题单元,11 个属于物质世界方面,8 个属于地球与宇宙方面,8 个属于跨学科单元。除了以上几种版本的教材外,我国的版本还出现了大象版、青岛版、粤教版等不同版本。总体来说,小学科学教材呈现出了多样化的编写方式。在本书中,个案学校所采用的教材版本是教科版。

4. 小学科学课程实施研究

从 CNKI 中国知网上查阅的 2001—2013 年涉及小学科学课程实施的文献看,小学科学课程实施的基本情况如下:以课程实施为关键词查阅的博士论文中,涉及科学课程实施的博士论文主要有以下几篇,如蒋永贵用量的研究和质的研究相结合的方式对初中科学课程实施的现状、影响因素和环境进行了研究。[①]郝琦蕾是用量的研究和质的研究相结合的方式对初中综合课程

---

① 蒋永贵 . 初中科学新课程实施现状影响因素及环境研究 [D]. 上海:上海师范大学,2008.

的实施进行了两个地区、两种模式的调查研究。[①]王秀红对我国初中综合课程的改革与发展做了个案研究,苏贵民对幼儿园科学课程实施进行了研究,这几篇博士论文都是集中在对初中科学课程实施的研究和幼儿园科学课程实施的研究方面,目前还没有找到与小学科学课程实施相关的博士论文。

以小学科学为关键词查阅到的博士论文只有两篇,一篇是蔡其勇的小学科学课程的科学哲学研究,该论文从科学哲学的视角去审视课程改革的理论基础,有助于广大科学教育工作者理解小学科学的内涵。[②]另一篇论文是邓磊的博士论文《我国高师综合科学教育专业课程设置框架的建构研究》,该论文从理论层面和实证调查层面,对我国综合科学教育专业课程设置进行建构,是对我国科学教育职前教育的关注。

以小学科学为关键词的硕士论文比较多,但以课程实施为主题的硕士论文几乎没有。以小学科学课程实施为关键词在中国期刊网全文检索,一共有五篇文章涉及小学科学课程实施的基本现状。其中,陈木兰认为农村学校的小学科学课程实施存在很大的问题,如对科学课程的重视程度不够、师资力量不足、教学方式单一等问题,提出要转变课程指导思想、加强师资队伍建设、加大教育资金投入等建议。[③]刘景光在对小学科学教育现状的调研中,认为所调研区域科学课程存在上课率极其低下、设施设备严重不足、科学教师基本素养低下等问题,提出配备专职科学教师是开齐、开好科学课程最基本的保证。[④]胡卫平在小学科学新课程实施现状的调查与思考中从新课程实施保障系统、教师教育观念及行为的转变、课程评价制度等三个方面对山西省小学科学课程实施情况进行了调查,认为新课程实施以来,小学科学课程实施存在着很多问题,如师资问题、资源问题、自主、合作、探究方面的问题,并

①郝琦蕾. 初中综合科学课程的实施——基于两个地区、两种模式的调查研究 [D]. 兰州:西北师范大学,2009.

②蔡其勇. 小学科学课程实施的学科学课程的科学哲学研究 [M]. 北京:教育科学出版社,2011:1.

③陈木兰,何冰,郑民. 农村小学科学课程实施现状及其改进措施 [J]. 重庆:安庆师范学院学报(社会科学版),2011(2):2.

④刘景光. 配备专职科学教师是开齐开好科学课程最基本的保证——小学科学教育现状的调查报告 [J]. 福州:福建教育学院学报 [J].2011(2):92.

且提出了有针对性的建议。[①]此外,蔡万玲等对新疆小学科学课程实施的现状进行了研究,她认为科学课程实施中存在着科学教师专业知识不合理、课堂教学方式有待改善、课程资源开发意识淡薄、科学评价滞后等问题。[②]杜艳芳以太原市两所小学为例对小学五六年级学生的科学学习现状进行了调查。

---

① 胡卫平. 小学科学新课程实施现状的调查与思考 [J]. 太原:教育理论与实践,2007(3):58-63.
② 蔡万玲,等. 新疆小学科学课程实施的现状与对策研究 [J]. 重庆:重庆文理学院学报,2009(12):66.

第三章　研究设计与方法

第一节　研究的基本分析框架

一、研究问题的不断聚焦

进入攻读博士论文阶段,选择一个什么样的题目作为论文选题一直是笔者不断思考的问题。2005年9月读研究生时起,学院就让我们到基地小学进行实习锻炼,从中发现一些值得研究的问题,在一线实习期间,笔者听了不少的科学课,和老师们一起研究问题,同时还讲过科学课,通过和老师们的长期接触,笔者发现小学科学教师在教学过程中存在着不少困惑,这种困惑来自多方面和多角度。从2010年读博士开始,在专业课程的学习过程中,接触了一些课程方面的理论,开始读一些与课程理论相关的学术期刊文章,当我翻阅许多学者有关课程实施的相关文章时,对许多学者的观点都很赞同,如有的学者认为"回顾历次课程改革,每次课程改革在课程编制过程中都投入了大量的人力、物力,但是课程改革的成果却不尽如意,虽然课程改革设计编制的新课程构建了我们希望获得的未来愿景,但在实施的过程中,课程实施的现实情况与课程的愿景总有很多差距。为了把这种愿景变成现实,我们必须关注课程实施"。[①]从国内外有关课程实施的研究来看,已经形成共识——"课

---

①贾海菊.课程实施的价值取向研究[J].贵阳:贵州教育学院学报,2008(5):32.

程实施作为课程改革过程中的一个非常关键的环节，有极其重要的作用，它关系到新课程改革的成败，要促进一项改革的顺利推行，缩小理想课程与现实课程之间的差距，就必须重视对课程实施的研究"。[①]《全日制义务教育科学（3—6）年级课程标准（实验稿）》于2001年9月开始在全国38个国家级实验区进行实验。然而在我国小学科学课程改革的十多年来，许多学校在实施小学科学课程时仍然举步维艰。因此，当下之时，转换教育研究范式，了解复杂而现实的教学实践，是教育研究应该做的事情。[②]因而走进学校，走进教师的课堂教学，走进科学教师的学校生活可以为我们回答这些问题打开一扇窗户，为我们到达目的地找到一条途径。因此，本书的研究方向界定为新课程下小学科学课程实施。

二、本书的基本分析框架

在明确本书的基本方向后，笔者进一步明晰了研究小学科学课程实施的具体问题，形成了本书研究的基本思路，在有关课程与课程实施相关理论研究成果的基础上，对小学科学课程的文件课程进行深入解读，从教师的课程决策入手，对小学科学课程实施的问题进行深入研究。本书以小学科学课程在我国的历史变革为基础，以2001年《国务院关于基础教育改革与发展的决定》颁布后《全日制义务教育科学（3—6年级）课程标准（实验稿）》开始在全国38个国家级实验区进行实验为背景，对小学科学课程实施的现状进行深入剖析，找出目前小学科学课程实施的特征，归纳出影响因素，为我国小学科学课程的进一步改革提供理论依据。

目前，小学科学课程的文件课程主要是指《全日制义务教育科学（3—6年级）课程标准（实验稿）》《义务教育课程标准实验教科书》（3—6年级）《科学教师教学用书》（3—6年级）等材料组成的文件，对于这方面的内容，都是作为小学科学课程实施研究的参照和背景，对于文件课程的研究重点应从以下几个方面来确定：第一，小学科学课程在我国的历史演变、各个阶段小学科学课程的特点。第二，新课程标准下小学科学课程的基本理念和特点，新

---

①严先元. 课程实施与教学改革 [M]. 成都：四川大学出版社，2002：5.
②郭华. 静悄悄的革命. 日常教学生活的社会建构 [M]. 北京：北京师范大学出版社，2003：13.

课程标准下小学科学课程标准所建议的小学科学课程的目标、内容、方法和评价的主要特点。第三,在小学科学教材每一课教学参考书上的基本要求。我们可以通过教师的决策表现对比实施课程与文件课程之间的关系,通过我们对课程实施相关理论的理解,可以知道文件课程与实施课程之间有着非常密切的关系,在本书中,我们可以重点研究文件课程是如何转化到实施课程的,小学科学文件课程与实施课程之间的关系如何,教师在其课堂教学的过程中面对文件课程是如何做决策的,教师是按照文件课程的规定来决策还是做了适当的调适。在研究中对课程实施的分析重点关注了个案小学的科学教师的课堂教学过程,以教师在课堂教学过程中的决策为突破口来了解小学科学课程实施的现状,集中研究教师课程决策的过程、与文件课程的差异,同时分析其影响因素。具体的小学科学教师课程实施的分析框架如图 3-1 所示。对于小学科学课程实施的影响因素的分析基于对小学科学教师的课程教学决策深入研究的基础之上,通过图 3-2 来分析。在本书中,对小学科学课程实施影响因素的分析主要立足于以下几方面:首先是课程本身的因素,主要关注的是地方、学校、教师对改革的需要,实施者对改革的清晰程度、文件课程——课程标准、教材、教学参考等的实用性。教师层面的影响主要包括教师的个人特征、教师的知识、教师信念、培训等方面。学校的特征,主要关注来自学校层面对该学科的支持,如校长的工作支持、学校行政的工作支持、学校环境的支持、学校文化的支持。学校外部的因素,主要来自社区与家长的影响、政府部门的影响、社会各界的理解、支持和帮助等方面。本分析框架的确定主要是参考以往众多学者对课程实施影响因素的研究和分析,综合笔者所了解的目前小学科学学科实施所涉及的方面来确定,在具体研究的过程中我们还可以根据实际情况对影响因素的分析有所侧重。

```
              ┌─────────────────────┐
              │  小学科学教师课程实施  │
              └──────────┬──────────┘
                         │
                         ▼
              ┌──────────────┐        ┌─────────────────────┐
              │  文件课程的特点 ├───────►│ 课程标准、教学参考、    │
              └──────┬───────┘        │ 教材分析              │
                     │                └──────────┬──────────┘
                     ▼                           │
              ┌──────────────┐                   ▼
              │  实施课程的分析 │        ┌─────────────────────┐
              └──────┬───────┘        │ 教学目标、教学内容、教   │
                     │                │ 学方法、教学评价等      │
                     ▼                └─────────────────────┘
  ┌─────────────┐   ┌─────────────────┐
  │ 教师的课程决策 ◄──┤ 教师的课堂教学分析 │
  └──────┬──────┘   └────────┬────────┘
         ▲                   │
         │         ┌─────────┼──────────┐
         │         ▼                    ▼
┌────────────────┐ ┌──────────────┐ ┌──────────────┐
│ 教师课程决策影响因素 │ │ 教师课堂教学前 │ │ 教师课堂教学中 │
└────────┬───────┘ └──────┬───────┘ └──────┬───────┘
         ▼                ▼                ▼
┌────────────────┐ ┌──────────────┐ ┌──────────────┐
│ 教学知识、教学信念、 │ │ 教学目标、教学内容、│ │ 教学目标 、教学内容、│
│ 学校文化、教学资源等 │ │ 教学方法、教学评价 │ │ 教学方法、教学评价等 │
└────────────────┘ └──────────────┘ └──────────────┘
```

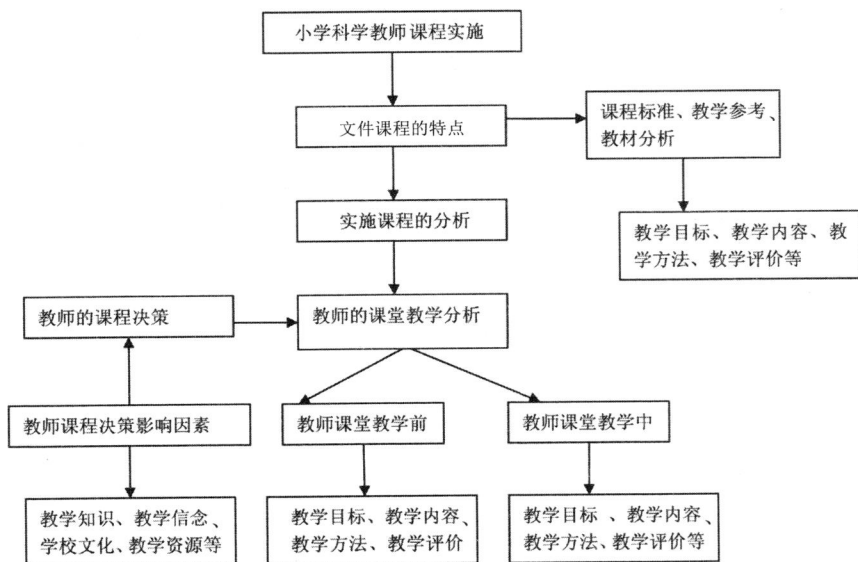

图 3-1　小学科学教师课程实施的基本分析框架

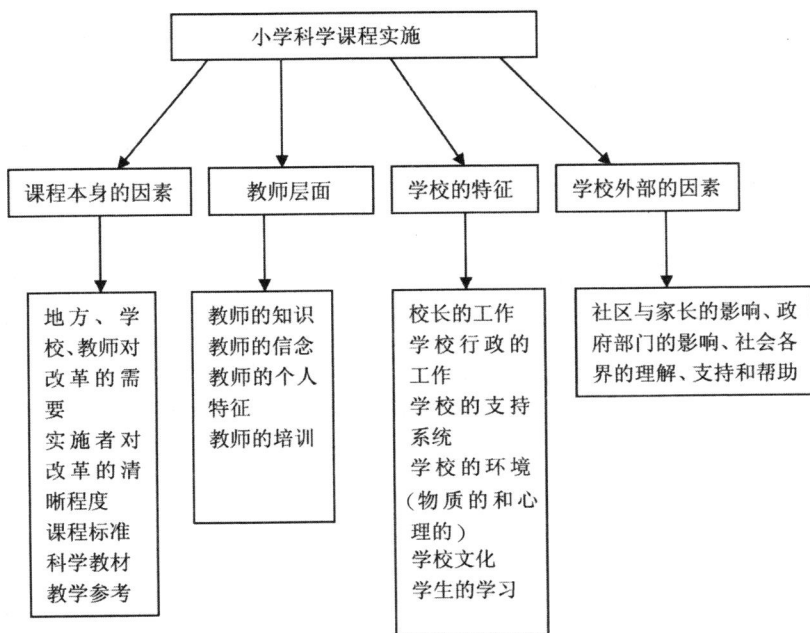

```
                    ┌─────────────────────┐
                    │   小学科学课程实施     │
                    └──────────┬──────────┘
        ┌───────────┬──────────┼──────────┬───────────┐
        ▼           ▼          ▼          ▼
┌──────────────┐ ┌────────┐ ┌──────────┐ ┌──────────────┐
│  课程本身的因素  │ │ 教师层面 │ │ 学校的特征 │ │ 学校外部的因素  │
└──────┬───────┘ └───┬────┘ └────┬─────┘ └──────┬───────┘
       ▼             ▼           ▼              ▼
┌──────────────┐ ┌────────┐ ┌──────────┐ ┌──────────────┐
│ 地方、学     │ │教师的知识│ │校长的工作 │ │ 社区与家长的影响、政 │
│ 校、教师对    │ │教师的信念│ │学校行政的 │ │ 府部门的影响、社会各 │
│ 改革的需     │ │教师的个人│ │工作       │ │ 界的理解、支持和帮助 │
│ 要           │ │特征     │ │学校的支持 │ └──────────────┘
│ 实施者对     │ │教师的培训│ │系统       │
│ 改革的清     │ └────────┘ │学校的环境 │
│ 晰程度       │            │（物质的和心 │
│ 课程标准     │            │理的）     │
│ 科学教材     │            │学校文化   │
│ 教学参考     │            │学生的学习 │
└──────────────┘            └──────────┘
```

图 3-2　考察小学科学课程实施影响因素的框架

第二节 研究方法的确定

关于社会科学的研究方法,目前在学术界产生争论的有"量的研究"(Quantitative Research)和"质的研究"(Qualitative Research),无论是量的研究还是质的研究都各有优势,"量"的研究是通过在特定假设的前提下将社会现象数量化从而研究结果,能表现出"客观性""科学的"结果。"质的研究"强调研究者能够深入社会现象中,了解研究对象的思维方式必须通过其亲身体验,在收集大量原始资料的基础上建立"情境化的""主体间性"(Intersubjective)的意义解释。[①]目前,关于课程研究的方法多种多样,究竟选择什么样的研究方法需要根据研究的问题的具体情况而定。根据本书所着重研究的问题主要采用以下研究方法。

一、采用文献法研究文件课程

本书所研究的重点是小学科学课程实施问题,对文件课程的研究和分析是研究实施问题的前提,只有对有关课程文本进行深入的剖析,找出其在课程理念、目标、内容等方面的特点,才能了解小学科学课程的改革特点,为分析小学科学课程在实施中的样态提供参考。在本书中,分析的文件主要包括:全国中小学教材审定委员会 2002 年初审通过的《义务教育课程标准实验教科书(3—6 年级)上下册》,教育科学出版社;《义务教育课程标准实验教材科学教师教学用书(3—6 年级)上下册》,教育科学出版社;《全日制义务教育科学(3—6 年级)课程标准(实验稿)》,中华人民共和国教育部制订,北京师范大学出版社出版;《全日制义务教育科学(3—6 年级)课程标准(实验稿)》解读,教育部基础教育司组织,科学(3—6)年级课程标准研制组编写,湖北教育出版社出版。

---

①陈向明.质的研究方法与社会科学研究 [M].北京:教育科学出版社,2000:1.

二、采用工具性个案法研究实施课程

在第二章对本书研究问题的表述中,对于教师的小学科学课程实施现状以及影响因素等问题都是对在学校课程实施运行过程中"怎么样"和"为什么"等问题的回答。这些资料的获得都需要我们在深入学校具体学科的教学过程中,通过观察、访谈才能得到,我们需要倾听教师在实施小学课程中的看法、想法,需要了解教师在课堂教学过程中的决策,需要观察学生在课堂教学过程中的表现。综合考虑在本书中研究问题的需要,我们对小学科学课程实施的研究主要采取了质的研究取向和工具性个案研究方法,之所以选取以上研究方法,是因为如下原因。

第一,质的研究的主要特点非常适合该研究问题。虽然社会科学界目前对"质的研究"这一术语的明确定义存在分歧,但是目前研究者已经就质的研究的主要特点达成了共识。质的研究遵循自然主义的探究传统,质的研究认为,个人的思想和行为以及社会组织的运作是和个人所处的社会文化情境分不开的。我们如果想要了解个人和社会组织,就必须在丰富、复杂、流动的自然情境中去考察。研究者必须与研究对象有直接的接触。研究者本人就是一个研究工具,需要在实地进行长期的观察,与当地人交谈,了解他们的日常生活、他们所处的社会文化环境以及这些环境对思想和行为的影响。自然探究的传统要求研究者注重社会现象的整体性和相关性,对所发生的事情进行整体的关联式的考察。我们对一个事件进行考察时,不仅要了解该事件本身,而且要了解该事件发生和变化时的社会文化背景以及该事件与其他事件的关系。质的研究认为,我们对任何事件的理解都要融入其环境中,理解整体中的各个部分之间的关系。对部分的理解必须依赖于对整体的把握,对整体的把握又离不开对部分的理解,这就形成了一个阐释的循环。质的研究非常强调对研究者的个人经验和意义建构做"解释性理解"和"领会",研究者通过自己的亲身体验,对被研究者的生活故事和意义建构作出解释。质的研究认为,研究是一个对多重现实的探究和建构的过程。质的研究的理论建构走的是归纳的路线,从资料中产生理论假设,然后通过相关检验和不断比较逐步得到充实和系统化。[1]

①陈向明.质的研究方法与社会科学研究[M].北京:教育科学出版社,2000:7-8.

在本研究中,研究问题的重点是教师在课堂教学过程中的决策,需要我们深入教师的教学活动中去获得资料,需要研究者深入到教师每天的具体教学活动中,从课堂教学前教师的备课、准备等活动中了解教师的所思、所想。只有研究者在实际的自然情境中去考察,才有可能获得教师在实施该课程时深入、详尽的资料。而质化的研究取向有利于我们对小学科学课程的实施现状做深入的了解。在本研究中,有关小学科学课程实施的研究从目前查阅到的文献资料来看还没有具体的研究成果。这也就意味着对我国小学科学课程实施的特征和影响因素的研究,研究者很难形成研究假设,所以该研究不是一个验证假设的问题,而必须从具体的研究过程中,在对研究资料的描述和分析中归纳出实施的特征。因此对于此问题,选择质的研究策略是非常适合的。

第二,工具性个案研究方法。本研究的重点就是要探究在学校的日常教学过程中,小学科学课程是如何实施的,在教学实际中的小学科学课程是什么样子的,为什么是这样,影响因素是什么? 本研究中,研究者通过观察、访谈、听课等方法,了解实施者的所思所想。这样一个研究的问题重点不是某个个案本身,而是把个案作为一个认识问题的工具。通过对一个或几个个案的研究,运用描述、归纳、解释的方式,总结概括出小学科学课程实施的特征。因此,对这一问题的研究采用工具性个案研究的取向和方法是非常适合的。运用质的研究策略不一定要论证什么,最重要的是发现什么。[②] "质化研究的深度和详尽特征,典型的源于小数目的个案研究,其数目小到不足以做有信心的类推。个案被选择来做研究,乃因其在研究目的之下具有特别的意义。" [③] 个案研究是针对一个个例(可以是个人、机构、团体,也可以是事件)做缜密的研究。个案研究是一种能够提供对教育问题成因的理解,对经纬万端的错综关系做周全的涵盖,对动态变化之时空环境做适当分析的研究方法。[④]解月光博士(2007)曾指出如果你要研究的问题是"怎么样"或"为什么"时,当研究对事件的控制很少时,研究的重点放在一些真实生活中现象上时,个案研

①马云鹏,小学科学课程实施研究 [M]. 长春:东北师范大学,2000:91.
② Patton. M. Qualitative Evaluation and Research Methods[M]. London:Sage, 1990, 53-54.
③白芸. 质的研究指导 [M]. 北京:教育科学出版社,2002:31.

究是很可取的一种策略。[①]Stake（1995）认为个案研究可以分为三种类型，这三种类型分别是本质性个案进行研究、工具性个案研究、集合性个案研究。本质性个案研究为研究者主要研究某个个案，对该个案研究并不是由于这个个案具有代表性或者具有某些特殊的性质，完全是出于对该个案本身的兴趣。如临床诊断、项目评估、人物传记就是典型的本质性个案研究。工具性个案研究，研究者对于一个个案的兴趣放在其后，主要是针对某一问题的研究，将个案当作探讨某种议题、提炼概括性结论的工具。集合性个案的性质同样属于工具性个案，主要是为了探寻多个个案之间的联系，它强调研究者对多重个案研究的深入，通过对多个个案的比较分析，深入地对研究现象进行了解，对现象的本质进行把握。[②]本书致力于深入地了解目前小学科学课程实施的状况，在此基础上提出改进的建议和研究的结论。另外，从一些相关研究中，也可以看出本书运用此方法比较适用。如马云鹏教授（2001）在对小学数学课程进行研究时，也采用了质性的个案研究方法，对小学数学教师的课程决策进行研究，找出小学数学课程实施的特征。解月光博士在研究普通高中信息技术课程实施时也主要采用了质性的个案研究方法。魏薇博士（2011）在对小学语文的课堂教学决策进行探寻时也采用了该方法。因此，本书关注的重点并不是个案学校本身，而是把个案学校作为自己了解和分析小学科学课程实施的工具，因而在本书中将采用质性研究取向的工具性个案的研究策略。

　　从以上的分析中可以确认，在研究小学科学课程实施层面时选用的是质化的个案研究方法。我们主要研究的是学校层面的小学科学课程实施，在分析课程实施的具体情况时，通过教师在课堂教学前和课堂教学过程中所进行的课程决策和影响教师进行课程决策的因素来进行分析。同时充分利用了观察、访谈、文件分析等方法来对小学科学课程实施的条件和影响因素进行全面把握。通过对目前研究的影响课程实施因素的分析，我们发现某门学科课程的实施不仅有来自教师层面的因素，学校所具有的不同的特征在实施课程时也会有不同的区别，不同的学校在进行小学科学课程实施时可能会有一些

---

①解月光. 普通高中技术课程实施的个案研究——学校水平的特征与归因 [D]. 长春：东北师范大学，2007.

② Stake, R.E. (1995). The Art of Case Study Research .Thousand Oaks：SAGE Publications.

独特的表现。为了全面地把握新课程下小学科学课程实施的特征,我们会选择不同类型的学校来进行研究,从不同类型的学校在小学课程实施方面所表现出来的特点来进行总体把握。因此,在本研究中我们以学校为基本的分析单位,在每所学校里我们都从教师的课堂教学入手,关注教师的课程决策,分析其影响因素,从而找出其在课程实施过程中所表现出来的特点,探究影响小学科学课程实施的因素。在收集资料的过程中,我们也涉及不仅要关注教师,同时我们也关注到教研员、教学主任、校长、学生对一些相关问题的认识和看法。根据这样的研究思路,我们选择了某市不同类型的五所学校作为研究对象,在每一所学校里,我们都选择部分教师进行详细研究,这样就形成了本研究的基本架构。如图 3-3 所示。

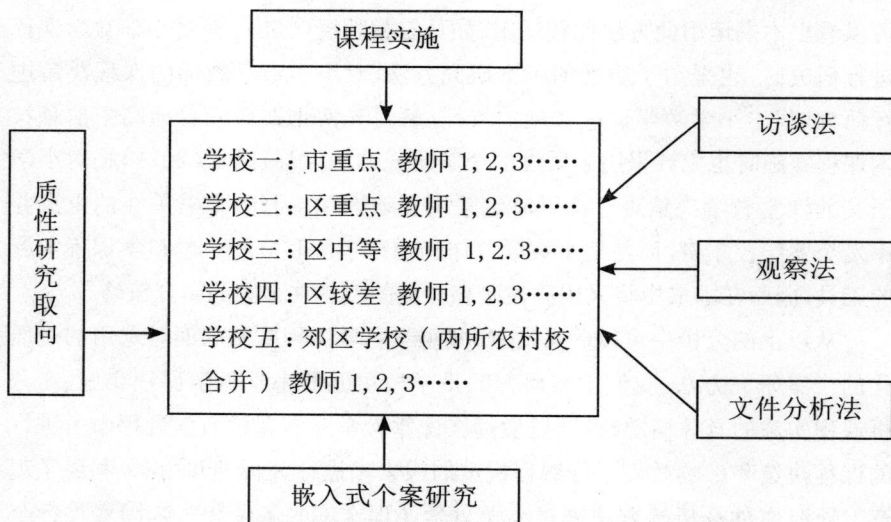

图 3-3 研究设计的基本架构

第三节 研究对象的选择

一、个案选取

本书主要采用了质化研究取向的工具性个案研究方法,主要是通过对个案的考察来分析小学科学课程实施的特征,本书所研究的目标并不是追求概括化的结果。究竟以什么样的标准来选择研究对象呢? 我们在选择研究对象时要以质化的研究对象的选择标准来确定。Stake(1995)认为"我们在选择研究样本时应考虑哪些能使我们学到最多东西,同时应该考虑哪些个案可以使我们理解,使我们能够得出结论,或者得出概括性结论。每个研究者的精力都是有限的,如果可以的话,我们要选择那些使我们更容易研究的个案。"[①]从 Stake 的观点中我们可以得出选取研究对象的一些要点,那就是要能够给我们提供丰富的研究信息,便于我们对研究问题的回答。在研究中,个案所具有的信息越多,就越有意义。Patton(1990)认为质化研究主要采用"立意抽样"或者"目标抽样"的方式,"立意抽样"主要在于选择一些信息丰富的个案(Information—Rich Cases)做深入研究,这样的个案包含有对研究者而言非常重要的问题。[②]

根据本书所研究主要问题的需要和上述质的研究方法选取的工具性个案研究的方法,本书主要采取了目标抽样的方式,目标抽样的逻辑基础是样本个体对所深入研究的情况信息掌握得多且丰富,确信那些被选的样本个体本身就是丰富信息的提供者。[③]因此,在确定研究对象时,主要是根据某市选一个经济条件相对较好的区域里的学校在办学规模、办学经历、学生来源、教师构成等方面比较强、中等、相对较弱的学校里各选一所学校来研究,

---

① Stake, R.E.The Art of case study Research [M].Thousand Oads:Sage Publecations,1995.4.
② Patton, M. Q qualitative Evaluation and Research Methods[M].London:Sage, 1990, 169.
③郑金洲. 质的研究指导 [M]. 北京:教育科学出版社, 2002. 35.

同时又对某市唯一一所市直属的重点小学以及郊区（两所农村学校合并而成）的学校作为个案学校进行了研究。在个案学校的选取上,这些学校基本能够反映出某市小学科学课程实施的基本情况,也能够为本书的研究提供丰富的信息。

这几所学校的简要情况如下:

如图 3-3 所示,5 所学校的基本情况如下:

学校一,SY 小学是某市唯一一所市直属的重点小学,在办学规模和学生生源、教学质量等方面位居全市首位。目前学校占地面积 26500m²,建筑面积 25900 m²,学校现有教学班 64 个, 学生 2270 余人,在岗职工 186 人,退休教师 123 人。SY 小学共有五名专职教师、一名兼职教师负责全校 3—6 年级的小学科学课程的教学工作。一名兼职教师同时还要承担学校信息技术课程。

学校二,SH 小学是某市市内一所经济相对发达市区的区属重点学校。占地面积 11205m²,建筑面积 10745m²,具有先进的教学设备,现有学生 2792 人,教师 172 人,教学班 69 个。目前有四名专职科学教师、1 名实习专职科学教师承担全校 3—6 年级的小学科学课程教学工作。该校在办学规模、教学质量等方面,位居全区首位。

学校三,SF 小学位于某市市区,属于中等水平的区属学校,现有学生 1300 余人,教职工有 87 人,任课教师 53 人。学校 1—6 年级教学班共有 24 个,目前该校有两名专职的小学科学教师负责全校 3—6 年级的小学科学课程的教学工作。

学校四,BH 小学位于某市市区,属于中等偏下水平的区属学校,现有学生 643 人,教师 58 人,教学班 21 个。目前该校有一名专职小学科学教师、两名兼职教师负责全校 3—6 年级的小学科学课程的教学工作。五年级和六年的小学科学课由两名兼职教师承担,他们同时还承担英语课和体育课的教学。

学校五,SS 小学位于某市郊区,属于郊区镇里的一所相对较好的学校,这所学校刚刚建成五年左右,是由附近的三所农村学校合并而成,该校拥有学生近 2000 名,教职工 116 名,现在学校共有教学班 48 个,目前该校有 30 多位兼职的小学科学教师负责该校 3—6 年级的小学科学课程教学工作。在该校中,所有的科学课都由数学教师兼任。

二、研究对象选择

以下五个图表中包括的所有教师都是本研究的研究对象,在五所学校中共有23名教师参与了本研究。其中包括 SY 小学的六名小学科学教师(五名专职、一名兼职),SH 小学的四名专职小学科学教师,SF 小学的两名专职小学科学教师,BH 小学的两名小学科学教师,SS 小学的九名兼职小学科学教师。以下的表 3-1、3-2、3-3、3-4、3-5 分别是各校所有参加研究的教师的基本信息表。在五所学校中,由于小学科学课程教师相对于其他学科的教师而言人数比较少。所以在对某市的四所学校的研究中我们基本上确定了样本学校的所有教师都参与了研究。在对某市郊区的一所学校进行研究时,由于该学校的前身是三所农村学校的合并校,而且在该校中几乎 3—6 年级的 30 余名数学教师都分别跨年级兼其他年级的小学科学课,因此在本研究中,研究者重点选取了兼四年级小学科学课的教师作为研究对象,同时对兼任其他年级科学课的部分教师进行了研究。按照质的研究的取向,在对小学科学课程实施这一问题研究时,要对每一位教师做深入细致的研究。这五所学校使用的教材都是由教育科学出版社出版的经过全国中小学教材审定委员会 2003 年初审通过的义务教育课程标准实验教科书。

表 3-1　SY 小学科学教师情况一览表

教师	性别	教龄	原学历	现学历	所教年级	职称
SYT1	女	25	中师	大专	三	小高
SYT2	女	7	本科	本科	四	小高
SYT3	男	8	本科	本科	五	小高
SYT4	男	8	本科	本科	五	小高
SYT5	男	8	本科	本科	六	小高
SYT6	男	20	中师	硕士	六	中高

表 3-2　SH 小学科学教师情况一览表

教师	性别	教龄	原学历	现学历	所教年级	职称
SHT1	女	8	本科	本科	三	小高
SHT2	女	实习期	本科	本科	四	无
SHT3	女	25	高中	大专	五	小高
SHT4	女	18	幼师	本科	六	小高

表 3-3　SF 小学科学教师情况一览表

教师	性别	教龄	原学历	现学历	所教年级	职称
SFT1	女	26	中师	大专	三、四	小高
SFT2	男	实习期	本科	本科	五、六	无

表 3-4　BH 小学科学教师情况一览表

教师	性别	教龄	原学历	现学历	所教年级	职称
BHT1	女	23	中专	本科	三、四	小高
BHT2	男	25	中师	大专	六	小高

表 3-5　SS 小学科学教师情况一览表

教师	性别	教龄	原学历	现学历	所教年级	职称
SST1	男	18	中师	大专	三	小一
SST2	男	20	中师	本科	四	小高
SST3	女	30	中师	大专	五	小高
SST4	男	20	中师	本科	五	小高

教师	性别	教龄	原学历	现学历	所教年级	职称
SST5	男	20	中师	大专	五	小高
SST6	女	21	中师	大专	五	小高
SST7	女	6	本科	本科	五	小三
SST8	男	18	中师	大专	五	小一
SST9	女	18	中师	大专	五	小一

第四节　资料收集的方法与过程

一、进入现场

在界定完研究问题，确定完研究方法之后，如何能够进入研究现场，为收集资料的进行做好准备就成了研究过程中必不可少的一个步骤。陈向明认为我们在设计进入研究现场的方式时要考虑如下问题："我如何进入研究现场？我如何与被研究者取得联系？我应该如何向对方介绍我自己的研究？我为什么要这样谈？他们会如何看我？他们会对我的研究有什么反应？他们为什么会有这些反应？在研究的过程中我如何与被研究者保持良好的关系。"①

作为研究者的我进入研究现场基本比较顺利，主要得益于我的实习指导教师的身份。我目前在天津师范大学工作，我们学院的专业建设主要针对的是小学教育这一方向，可以说学院与某市的小学都保持着非常密切的关系，因为小学教育专业的学生在大二和大四阶段要到一些小学去见习和实习。作为指导教师的我，借助这一身份非常有利于进入研究现场。在联系学生实习

---

① 陈向明．质的研究方法与社会科学研究 [M]．北京：教育科学出版社，2002：94．

事宜的过程中,指导教师要经常和校长沟通,这样我就很自然地有和学校校长的接触机会,也使得自己的研究会取得研究学校"守门人"的同意。根据自己研究论文的需要,在选择自己所指导学生实习的学校时,我尽量让学院将我安排到我选择的样本学校之中,为自己论文实证工作的进行提供便利。身份的便利使得我和"守门人"的接触更加容易,也为自己能够顺利进入研究现场打下了良好的基础。

一般来说,如果研究中要对某一社会机构进行深入的个案调查,那么我们就必须获得所在机构领导的批准。(Lincoln & Guba, 1985)如果在研究的过程中,我们只是获得所在机构中被研究者的同意,而没有征求领导的意见,我们的研究就有可能受挫。[①]因此,本研究如果能获得个案学校校长的同意,对于能够研究学校教师的课堂教学来说非常重要。所以,每次在我和校长谈完工作上的事情后,都会向校长提出我想在该校进行研究的要求。基本上我在所接触的每一所学校都获得了校长的支持。以下是我四月份带学生在郊区实习时和校长的对话。

研究者:张校长,我非常希望在你们学校做一项研究,想得到您的支持。

SS校长:不知道李老师是想做哪方面的研究呢?

研究者:我做的论文题目是小学科学课程实施,需要对学校科学老师的课堂教学进行一下研究,因此需要听一下老师的课。

SS校长:那没问题,这个事我让我们管教学的刘主任给安排吧,教学的事情都是他来负责,我一会就跟他说。

研究者:太感谢您了,张校长,我们的研究都是保密的,纯属是作为研究之用。

......

在该研究获得学校领导的支持后,学校的教学主任负责把我介绍到教小学科学课的学科主任那里去,一般来说,学科主任都会简单地给我介绍一下该学科的教学情况,我从学科主任那里开始了我和这门学科教师接触研究的进程。一般来说在每所学校进入现场收集资料的流程均如图3-4所示。

---

① 陈向明. 质的研究方法与社会科学研究 [M]. 北京:教育科学出版社,2002:152.

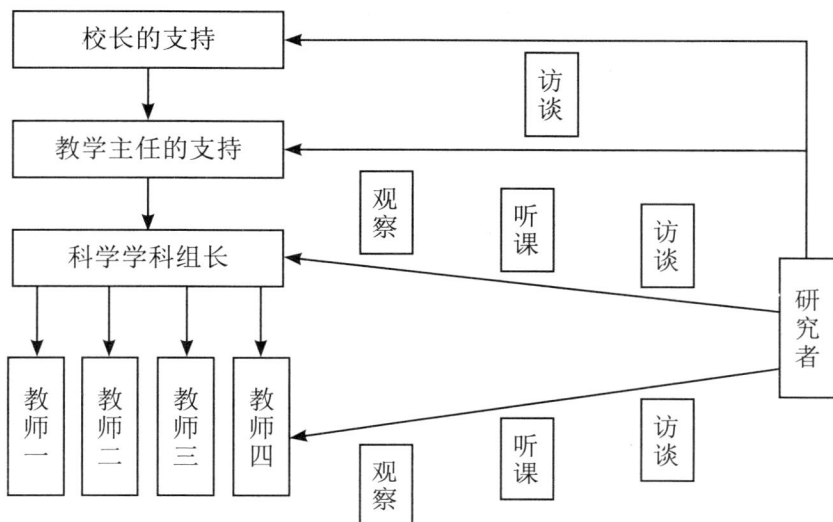

图 3-4 一所学校的现场收集资料基本流程

二、收集资料的基本过程

虽然大多数情况下,我们在进行研究时必须考虑到权力高位者的意见,但有时候如果我们首先接触被研究者的上级,获得了他们的批准后才接触被研究者,后者也可能感到不快。他们可能会感到不受尊重,因此会产生抵触情绪。有时,被研究者还有可能怀疑研究者与他们的上级有某种"默契",企图通过研究来对他们的工作进行"检查"或"评估"。[①]为了在研究的过程中尽可能地获得教师的合作,研究者进入学校在取得校长的支持后,通常都会在学校待一周和教师熟悉后才开始进行研究。这样做,可以在一定程度上消除教师的顾虑,在一定程度上避免权力的不平等,在最大限度上得到教师的合作。因此在进入学校第一周时,我都会在学科主任的帮助下,认识其他从事该学科教学的教师,向教师介绍自己的研究,消除他们对自己的陌生感,熟悉一下该校的小学科学教学的基本信息,观察教师们每天的活动,向教师要他

---

① 陈向明. 质的研究方法与社会科学研究 [M]. 北京:教育科学出版社,2002:152.

们的课程表,为能够融入他们的课堂教学做好准备。第二周开始听课,在听课之前我会事先根据教师的课程表确认听课的时间,和教师联系,取得教师的同意后再去听课。在每节课听课之我都会提前了解老师要讲的内容,提前对教师要讲的内容进行熟悉。在教师进行课堂教学之前都会对这节课详细的教学设计进行了解,并且在了解的过程中对一些问题进行课堂教学前的访谈。在听课的过程中尽可能观察记录得详细一点,课后针对一些问题和教师一起讨论。对于人数比较多的学校,如 SS 小学(有 30 多位兼职科学教师的学校)我们尽可能地选择以一个年级的教师为主(以兼任四年级科学课的教师为主),同时在其他年级各选择一名教师作为研究对象,这样可以了解该校实施科学课的总体情况。对于其他四所学校的科学教师(共有 14 位教师),因为每所学校的科学教师相对来说人数比较少,我们对每一位教师都做了详细的研究。基本上我们对每位教师都能保证至少听一节课,对大多数教师都听两节课,对部分教师听三节课。

根据研究的进度,我们对个案样本学校进行实地研究的情况如下:我们用三个星期的时间对 SY 小学进行研究,对 SF 小学和 BH 小学的研究各用了两周时间,对 SH 小学的研究用了三周时间,对 SS 郊区学校的研究用了四周时间。在研究的过程中,在对每一所学校进行研究时,都会对资料进行及时整理。最后再对这五所学校的资料进行总体分析。对实地学校的研究,共用了 14 周时间。在研究时基本上是按照研究计划来进行,在 2013 年的上半年,对郊区学校进行了四周的研究,之所以把这个学校的研究安排在上半年,是因为我们学校的学生实习指导是上半年在郊区学校进行,下半年在市里的学校进行。在 2013 年的下半年从 9 月份开始到 12 月份,共用了 3 个月时间对 SY 小学、SF 小学、SS 小学、BH 小学进行了研究。

三、收集资料的主要方法

在质的研究中,收集资料的方法可以有很多种,这是因为在研究的过程中,任何东西只要是为研究目的服务都可以成为"资料",因此,几乎任何方法都可以成为收集资料的方法。[①]在该研究中,主要应用了质的研究最主要的

---

① 陈向明. 质的研究方法与社会科学研究 [M]. 北京:教育科学出版社,2002:165.

三种方法,访谈法、观察法、实物分析法。

1. 访谈法

"访谈"就是研究者"寻访""访问"被研究者并且与其进行"交谈"和
"询问"的一种活动。"访谈"是一种研究性交谈,是研究者通过口头谈话的方
式从被研究者那里收集第一手资料的一种研究方法。陈向明认为通过访谈,
我们可以了解受访者的所思所想,包括他们的价值观念、情感感受和行为规
范;了解受访者过去的生活经历以及他们耳闻目睹的有关事件,并且了解他
们对事件的意义阐释。通过访谈我们可以对研究的现象获得一个比较广阔、
整体性的认识,从多重角度对事件的过程进行比较深入、细致的描述。另外,
访谈可以帮助研究者与被研究者建立人际关系,使双方的关系由彼此陌生变
成相互熟悉、相互信任。[1]在本书中,访谈是运用得比较多的方法。通过访谈,
我们可以了解学校里校长、教学主任在实施课程时的一些真实的想法、看法,
能够了解一些事情的来龙去脉。通过访谈可以知道教师在上一节课的过程
中,为什么会如此设计该课程,了解影响教师做法的因素,了解学校的具体做
法等一系列的问题。就研究者对访谈的控制程度而言,访谈有封闭型访谈、开
放型访谈、半开放型访谈。在封闭型访谈中,研究者对研究的走向和步骤起着
控制作用,按照自己设计好、局域固定结构的统一问卷进行访谈。开放型的访
谈鼓励研究者用自己的语言发表自己的看法,了解受访者自己认为重要的问
题、他们看待问题的角度、对意义的解释等。在开放型的访谈中,访谈者只起
一个辅助的作用,要尽量让受访者根据自己的思路自由联想。在半开放型的
访谈中,研究者,对访谈的结构具有一定的控制作用,但同时也允许受访者积
极参与。研究者所准备的提纲是粗线条的访谈提纲,研究者一般是在访谈之
前准备一个粗线条的访谈提纲,根据自己的研究设计,鼓励受访者提出自己
的问题,访谈中,研究者可以根据自己的情况做灵活的调整。[2]在本书中,主
要应用的是封闭性访谈,同时也有少量的开放式访谈和结构式访谈。结构式
访谈在本书中主要用于对研究对象背景信息的了解方面。对教师的访谈在听
课过程中多放在听课之前和听课之后,这样可以以具体的课堂教学情形为依

---

① 陈向明. 质的研究方法与社会科学研究 [M]. 北京:教育科学出版社,2002:170.
② 陈向明. 质的研究方法与社会科学研究 [M]. 北京:教育科学出版社,2002:171.

托,容易将某些研究进行得更为深入,同时对于有关该课程实施的其他问题在教师有时间时进行单独访谈,每位教师参与访谈的时间加起来多在2小时之上。有几位教师善于言谈,我就利用教师的业余时间,比如中午吃饭之后的休息时间,多访谈一会。在单独访谈每位教师之前,我都会提前跟教师约好时间、约好地点,把自己的访谈提纲让被访谈教师提前看一下,再根据事先设计的粗略的访谈提纲进行访谈。

访谈问题的设计主要是根据研究的主要问题和具体问题展开的。通过此研究我们要了解教师在课堂教学阶段对小学科学课程的决策以及决策的影响因素。在课堂教学前,教师在备课过程中是如何做的,在教学目标、内容、方法、手段方面究竟有什么决策以及决策的原因是什么? 在具体的教学过程中,教师的决策特征是什么? 如何表现? 在具体问题的设计中,我们同时参照在文献研究中影响教师课程决策的主要因素,如教师知识、教师信念、课程材料、学校支持以及在课程实施过程中的主要影响因素来展开研究。同时为了全面地了解学校中小学科学课程实施的情况,我们还针对校长、教学主任、教研员设计了访谈提纲。

2. 观察法

观察法是质的研究中另一种收集资料的方法。观察是人类认识周围世界的一个最基本的方法,也是从事科学研究(包括自然科学、社会科学和人文科学)的一个非常重要的方法。在质的研究中,观察被分为参与性观察和非参与性观察两种。在参与性观察中,观察者与被观察者一起工作、生活,在密切的相互接触和直接体验中倾听和观察他们的言行。参与性观察的情境比较自然,观察者不仅能够对当地的社会文化现象得到比较具体的感性认识,而且可以深入到被观察者工作和生活的具体情境中,了解他们对自己行为意义的解释。在操作上,研究者也可以随时问自己想了解的问题,并且可以通过观察被观察者的行为而发问。一般来说,当研究者需要对社会现象进行深入的个案调查时,研究者可以将所研究的个案放到当时当地的社会文化情境中,对事件的发生过程以及社会成员之间的行为互动关系获得较为直接、完整和全面的了解。非参与性观察不要求研究者直接进入被研究者的日常活动。观察者通常置身于被观察者的世界之外,作为旁观者了解事情的发展动态。非参与性观察的长处是研究者可以有一定距离对被观察者进行"客观"的观察,操作起来比较容易一些。[①]

在本书中的观察主要是参与性观察和非参与性观察的结合。正如有的研究者所言,参与性观察和非参与性观察不一定是两个相互截然分开的类型,它们之间还有很多结合的形态。建构主义者认为,从某种意义上来说,所有的社会科学研究都是一种"参与性"观察,研究者只有成为社会世界的一部分,才有可能理解这个世界,真正意义上的"局外人"是不存在的。在本书中的观察主要体现在课内的观察和课外的观察。课内的观察主要体现在对教师教学过程的观察,教师是否按照原有的教学计划来进行,在哪些方面做了改变,教师主要的教学环节是什么,在教学中学生的表现如何?教师在各个教学环节的时间安排等。课外观察主要用于与小学科学课程课堂教学相关活动的观察。包括学校对小学科学课程支持环境的观察、进行教学的实验室的环境和条件、教师对教学的准备、教师的备课情况、教师的教研活动、学校举行的与该学科相关的教学活动、教师之间的相互交流情况、教师之间互相听课的情况等。

3. 实物分析

质的研究中,另外一个收集资料的方法是实物分析。"实物"包括所有与研究有关的文字、图片、音像、物品等,这些资料可以是人工制作的东西,也可以是经过人加工过的自然物。这些资料可以是历史文献(如传记、史料),也可以是现实的记录(如信息、作息时间表、学生作业),也可以是文字资料(如文件、教科书、学生成绩单、课表、日记),也可以是影像资料(如照片、录像、录音、电影、广告),也可以是平面的资料(如书面材料),也可以是立体的物品(如陶器、植物、路标)。[②]在本书中除了观察法和访谈法外,我收集了许多文件资料作为研究的辅助性资料。这些资料对于我们从整体上了解有关小学科学课程实施的信息帮助很大,这些资料来源的途径有教师和学生。如:教师的教学计划、教案、教学进度表,教师教学用的文本资料(教科书、教学参考书等),学生的作业、教师参加培训的笔记本记录、教师参加各种会议的资料、学校的规章制度文件等。除了文件资料外,我也收集了教师许多参加活动

---

① 陈向明. 质的研究方法与社会科学研究 [M]. 北京:教育科学出版社,2002:230.
② 陈向明. 质的研究方法与社会科学研究 [M]. 北京:教育科学出版社,2002:257.

的照片、公开课的视频资料等。这些资料对进一步深入地认识小学科学课程实施有着非常重要的作用。

第五节　资料的整理和分析

资料收集上来之后，研究者需要对资料进行整理和分析。"整理和分析资料"指的是研究者根据研究的目的对所获得的原始资料进行系统化、条理化加工，然后用逐步集中和浓缩的方式将资料反映出来，其最终目的是对资料进行意义解释。[①]

一、录音转换整理

在研究者对资料整理的过程中，首先是将访谈的录音资料进行整理。对访谈资料的整理，主要分两步进行，第一步是把访谈的录音转换为文字。第二步是在转化录音的过程中，将重要内容加以标记，同时把研究者的想法和感受标记到旁边，为资料的分析提供方便。在整理录音的过程中，对于研究对象给予的信息丰富的录音多次听、反复听，并且结合上听课笔记和听课过程中的观察笔记，详细转录教师每一课的教学过程，在教学的各个环节教师的时间分配等信息。在转录听课记录的过程中，对听课记录作出初步分析。

二、资料分类编码

在具体资料的分类过程中，我们可以事先给每一份资料编号，在这个基础上建立一个编号系统。编号的系统通常包括以下几方面的信息：1. 资料的类型，如访谈、观察、实物；2. 资料提供者的姓名、性别和职业等；3. 收集资料的时间、地点和情境；4. 资料的排列序号，如对某人的第一次访谈等。[②]在本书整理资料的过程中，按照资料的来源和属性进行分类和编码时，主要涉及以

---

① 陈向明. 质的研究方法与社会科学研究［M］. 北京：教育科学出版社，2002：272.
② 陈向明. 质的研究方法与社会科学研究［M］. 北京：教育科学出版社，2002：273.

下几类,访谈类型为 F(1,2,3……),观察资料为 G(1,2,3……),文件资料为 W(1,2,3……),听课记录资料为 T(1,2,3……)。每种资料的编号都取资料类型拼音的第一个首字母。如 SYT1F1,其中 SY 代表学校名称,T1 代表某学校一名教师的标号为 1,F1 代表这名老师的其中一个访谈编号。

三、资料分析

我们如果把资料分析作为一个环节来看的话,具体步骤主要体现在以下几个方面:1.阅读原始资料;2.登录;3.寻找本土概念;4.建立编码和归档系统。第2、3步骤可以同时进行,也可以有意识地将步骤3分出来重点分析。[①]

在我们对研究资料进行分析时第一步就是仔细阅读整理后的资料,在阅读资料时,研究者暂时将自己的前设和价值判断悬置起来,去仔细体会资料所传达的信息。在分析资料的过程中,进一步将自己要研究的问题和影响教师课程决策的因素与考察课程实施基本特征的框架进行关联,找出资料中有价值和有意义的信息,同时把这些内容标注出来,在这个阶段所标注的内容尽可能要广泛。阅读完原始资料后,要对资料中有意义的内容进行登录。登录是资料分析时最基本的一项工作,是一个将收集的资料打散,赋予概念和意义,然后再以新的方式组合在一起的操作化过程。登录要求研究者具有敏锐的判断力、洞察力和想象力,研究者不仅能够很快地抓住资料的性质和特点,而且要能够很快地在不同概念和事物之间建立联系。对于选择哪些资料进行登录,我们应该选取那些最容易回答研究问题的资料。[②]在对研究资料进行归类登录的过程中,研究者应尽可能地结合当前课程实施的影响因素分析框架和教师课程决策的主要内容、影响教师课程决策的因素来归类。在登录的过程中,一个非常重要的工作,就是设置分析的码号。寻找登录资料中的码号的标准就是有关词语和内容出现的频率。如果某些现象在资料中反复地出现,这些现象就应该被重点登录,研究者应该重点关注。

在对所收集的资料进行长时间的归类分析后,要对每一类问题进行仔细分析,找出不同学校教师在这些问题上表现出来的主要特征,根据研究者对这

---

① 陈向明.质的研究方法与社会科学研究 [M].北京:教育科学出版社,2002:277.
② 陈向明.质的研究方法与社会科学研究 [M].北京:教育科学出版社,2002:279.

些问题的理解对这些特征分类整理,探寻出有意义的内容。在分析的过程中,要结合自己观察到的内容和收集到的实物资料从多角度对一些问题进行认识,最后对个案学校影响教师课程决策的因素进行综合性的分析,同时从整体上分析不同主体在课程实施中的影响,揭示出小学科学课程实施的特征。

第六节　研究的效度问题

社会科学家在对社会现象进行研究时,一般要用"效度"这一概念来衡量研究结果的可靠性。在质的研究中,"效度"的定义和检验不如在量的研究中那么清楚、确定。总的来说,在质的研究中,"效度"这一概念是用来评价研究结果和实际研究的相符程度,而不是像在量的研究中那样是对研究方法本身的评估。在具体的研究过程中,很多种情况可能导致效度"失真",即研究时的"真实性""可靠性""确切性"较低。通常情况下,引起研究的效度"失真"主要有以下原因:记忆问题,人们记不得当时的情况了,需要通过回忆来叙述大概的情况。研究效应,当研究在一个人为的环境进行时,被研究者的表现都与平时不一样,结果导致效度的失真。文化前设,研究者与被研究者的文化前设不一致,如果研究者与被研究者来自不同的文化,使用的是不同的语言,他们之间很容易产生误解。间接资料来源,被研究者提供的资料来自间接来源,他们并不知道这些信息,而是从别人那里获得的二手资料。[1]

为了保证自己的研究能够尽可能地减少"效度威胁",本书采取了一些措施来保证效度。例如在具体研究方法的使用上确保资料来源的多样性。在资料整理的过程中采用三角互证法来提高研究的信度。同时,研究者在研究的过程中非常注意从以下方面做出努力。在研究的过程中必须重视研究者个人因素和个人身份对研究的影响。研究者的个人身份,如性别、年龄、社会地位、受教育程度、性格特点、形象装饰以及研究者从事研究的目的、角色意识、

---

① 陈向明. 质的研究方法与社会科学研究 [M]. 北京:教育科学出版社,2002:397-340.
② 陈向明. 质的研究方法与社会科学研究 [M]. 北京:教育科学出版社,2002:151.

看问题的视角、对自己生活经历的体验等都会在研究中产生影响。[②]在研究的过程中,我在和教师接触时,常把自己定位为"学习者",尽量以一个中立的研究者的身份融入研究对象的生活世界,去理解他们行为背后的意义。同时,在正式研究之前,都会有一段时间和教师们相互熟悉,通过和教师们接触时间的延长,来消除彼此之间的陌生感,增强互相之间的信任,这些都为研究资料的真实性提供了基础。在访谈研究对象的过程中,认真倾听和记录,同时对于一些关键性的问题及时追问。在研究的过程中遵循研究的伦理原则,事先都和教师们说明自己研究的目的及保密原则,以便最大限度地得到教师们的合作。

由于笔者工作和学习的原因,在研究之前就和部分学校的教师在一起相处过很长时间,本人也是一名教师,同样能够理解教师在教学过程中的困惑及在专业发展中的问题,因此在研究过程中,更是他们的知心"朋友",能够和他们一起探讨遇到的问题。遵循质的研究的互惠性原则,尽可能地帮助我的研究对象做一些事情,在访谈占用他们时间之后,都会给他们送去温馨的小礼物。如一盒美味的饼干、一篮鲜美的水果等。在交往的过程中,教师们都把我看作朋友,都愿意向我展示学校该课程实施的真实"面貌"。

第四章 教师课程实施的表现状况

为了使科学课程的目标不再是口号,教师把科学课程的总目标落实到每一节课,使得每一节课成为聚沙成塔的沙,滴水穿石的水。

——科学（3—6 年级）课程标准

在课堂教学中,科学教师要真正领悟刘默耕老师曾经讲过的,我们的小学科学教育,就是需要在老师精心的指导下,在正确的教育思想和教学方法的干预下,让孩子们在 40 分钟内跨越人类几十年、几百年的科学历程的真谛。科学教师要用新的教育理念把握教学的起步；能在探究过程中和学生一起经历、总结和分享成功的经验；能丰富学生童年的生活,引领他们走进大自然,放飞探究的心灵,实实在在地去"搞科学"；能精心选择、压缩、改变那些对于人类而言已经认识,而对儿童而言是未知的、经典的"再次认识过程",让孩子去经历、体验；让课堂教学进入苏霍姆林斯基所描绘的"学生带着一种高涨的、激动的情绪从事学习和思考,对面前展示的真理感到惊奇甚至震惊；学生在学习中意识和感觉到自己智慧的力量,体验到创造的欢乐,为人的智慧和意志的伟大而感到骄傲"的境界。当然要实现这样的科学课理想，对科学教师科学素养的要求是相当高的。[①]

根据研究的基本架构,我们从课程实施的主体教师在课程实施中的表现——教师的课程决策这一层面来深入认识小学科学课程的实施问题。在具体的分析过程中,主要是通过教师对教学内容、教学目标、教学方法、教学评

[①] 张红霞. 小学科学课程与教学[M]. 北京:高等教育出版社,2006:226.

价、教学时间安排等的想法和做法来分析课程实施方面的问题。按照本研究的思路，对五所学校取得的观察、访谈和文件资料进行了分析，从了解小学科学课程实施的现状。

第一节　教学内容决策的基本特点

一、备课阶段教学内容的决策

《礼记·中庸》有："凡事预则立，不预则废。"任何一件事情的成功，都是基于事先的准备和周密的计划。否则，尽管你忙忙碌碌，可能大多是盲目行动，难以成事，上课也是如此，必须有预先的备课。

教学内容是指为实现教学目标，要求学生掌握的知识、形成的技能和体验的学习经历的综合。通俗地说，教学内容是要解决学生"学什么"的问题。据对教师备课的一项调查表明，教师将近 90% 的时间用在对教学过程方法的选择和教学内容的分析上。可见，教师在备课阶段对教学内容的决策在教师的备课阶段具有举足轻重的位置。从对学校教师在三年级学生备课阶段的访谈资料和教学设计案例分析中可以看出：教师对教学内容的决策主要表现出以下典型的特征。

1. 教学内容的结构安排与教材一致

长期以来，大部分教师已经习惯于把掌握教材内容作为教学的目的，在教学中更是生怕遗漏教材上的每一点知识，把教学内容当成是教材内容的代名词。一般来说，在小学数学、语文课程中，如果教师完全把教材内容当成是教学内容还可以合理运用；适当讲解。然而科学教师在备课时究竟要给学生安排什么样的教学内容成了许多教师在备课阶段比较发愁的一件事情，因为教材上的教学内容只给定了基本的教学结构安排，没有具体地明确教师想要的"知识点。"在访谈五所学校 3—6 年级教师对教学内容的结构安排时，表现出了和教材一致的特点。以下是五所学校 3—6 年级教师对教学内容安排的基本情况，以及各年级的部分访谈教师的访谈实录。

三年级：从五所学校三年级科学教师在备课阶段对教学内容结构安排的

访谈中,发现教师们在教学内容大的结构方面都是和教材上的结构一致,也就是说教师们在对教学内容的安排方面,都是按照教材上大的环节来进行。如 SYT1 要讲的《我看到了什么》《校园里的树木》《大树和小草》;SFT1 要讲的《蜗牛》《金鱼》;BHT1 要讲的《动物的共同特点》《哪种材料硬》;SHT1 要讲的《比较水的多少》《水和食物油的比较》;SST1 要讲的《磁铁的磁性》。

研究者:张老师,您能谈谈讲《我看到了什么》这一课时的教学内容安排吗?

SYT1:在讲这一课时,我基本上是按照教材上的内容结构来进行教学的。(张老师把教材拿过来给我看。)这一课的基本结构是这样子的,首先是我看到了什么,教材上出示的是照片上的大树,在这一部分只写了从图上看大树,我看到了什么?第二部分是看到过的大树,让学生回忆一下,在一颗真正的大树前,我看到过什么?让学生再去看一看,看能不能看到更多的内容?第三部分是观察真正的大树。教材上只有这样的提示——如果我来到一颗大树下,我观察什么?我们怎么样才能观察到更多的内容?把观察的信息,用简短的词语记录下来。最后让学生明白观察可以让孩子们获得很多的信息,观察会使得我们发现大树原来是一个生机勃勃的生命世界。在组织大体的教学内容时,我是按照教材上大的基本结构进行的。但是具体每一部分都要给学生一些什么样的内容,我是真的不知道。新教材往往对每一部分没有固定的答案。所以我们还得自己去弄明白究竟这部分编者想要说明什么,我在教学时究竟应该怎么样引导学生。(2013 年 9 月 7 日 SY 小学科学组)

研究者:张老师,您能谈谈《大树和小草》这节课您的教学内容安排吗?

SYT1:(张老师拿着这一课的教材给我详细地讲她这一课的教学内容准备)总的来说,这一课的教学内容安排我大体还是和教材上的内容结构安排一致。这一课主要是通过观察和比较来帮学生认识小草,扩大学生的认识视野。这一课的一部分是让学生认识常见的小草,在认识小草这部分内容时教材上出现了几幅小草的图片,是要让学生了解的。另外在这部分里要让学生观察的狗尾草,我已经从校园里面拔了一些,给学生准备好了,让学生观察。第二部分主要是让学生在前面观察大树的基础上,能够比较出大树和小草的相同和不同。我就让学生交流了对大树和小草异同处的认识。这节课我大体上也是按照教材上面规定的结构走的。(2013 年 9 月 11 日,SY 小学科学组)

研究者：严老师，您能跟我谈谈《蜗牛》这一节课，您的教学内容安排吗？

SFT1：《蜗牛》这一节课，主要就是给学生讲讲饲养蜗牛的方法。我基本上是按照教材上的顺序来讲的。（2013 年 10 月 11 日，在 SF 小学实验室让学生观察蜗牛，首先是让他们讨论一下蜗牛生活的环境，然后再让他们观察蜗牛的身体，蜗牛是怎么运动的。）

四年级：在对五所学校的四年级小学科学教师课前准备阶段进行观察和访谈时发现，各个学校四年级课堂教学前对教学内容的结构安排大体与教材保持一致。如：SYT2 要讲的《天气日历》，SFT1 要讲的《风向与风速》，BHT1 要讲的《水能溶解一些物质》，SHT2 要讲的《声音的传播》《我们是怎么样听到声音的》，SST2 要讲的《认识几种常见的岩石》。在准备讲新课时，只有一位教师在讲《温度与气温》时对教学内容的结构安排与教材内容不大一致。

研究者：李老师，您能和我说一下在讲《温度与气温》这一课时，您计划怎么安排教学内容吗？

SYT2：我计划在讲《温度与气温》这节课时，对教学结构安排做点调整。我一般情况都会按照教材上的结构安排来进行，但这一课不行，在这一课的第一部分是让学生进行室内外温度的测量和比较，让学生选择在教室内外的不同地点来测量温度。在测量室外温度时要求把学生带到室外去进行测量。这根本不行，如果把学生带到室外去，学生就完全乱了，秩序根本控制不了。现在就连体育课把学生带到外面都要考虑一下呢？何况是我们科学课了。所以在第一部分我计划把这部分内容调整为室内活动，让学生回忆一下温度计该如何使用，观察一下温度计，测量一下教室里的温度。最后再让学生测量一下体温。（2013 年 9 月 13 日，科学教研室）

五年级：在访谈的五所学校的五年级课上，教学的基本结构安排几乎与教材内容的结构安排一致，如在 SYT3 上的《蚯蚓的选择》《食物链和食物网》，SYT4 上的《食物链和食物网》，SFT2 上的《光和影》《光的反射》，SHT3 上的《我们的小缆车》《运动和摩擦力》，SST3 上的《热是怎样传递的》、SST4 要上的《制作一个保温杯》，SST5 要上的《时间的流逝》，SST6 要上的《太阳钟》，SST7 要上的《单摆运动》，SST8 上的《金属的热胀冷缩》，SST9 上的《用水测量时间》等课上，教学内容结构安排都和教材上的大的环节一致。下面是我和五年级教师的访谈记录。

研究者：孙老师，您在上《蚯蚓的选择》一课时，这一课的教学内容主要是什么啊？

SYT3：这节课的主要目的就是为了让学生了解蚯蚓生活需要的环境条件，同时让学生掌握对比实验的方法。在这节课上，大体的内容安排和教材上是一致的，我们如果不按照教材上的讲也不行，领导万一听课的话，如果知道我们不是按照教材上的讲，他们会问我们原因的。这节课的第一部分是蚯蚓与环境，这一部分内容其实孩子们在三年级的时候就已经接触过了，三年级有一课就是观察蚯蚓。现在这一课就是利用实验来引导学生认识究竟蚯蚓喜欢什么样的环境，蚯蚓是喜欢黑暗的还是明亮的环境，蚯蚓是喜欢干燥的还是湿润的环境。做完这两个实验估计时间就差不多了，最后再简单给学生讲讲第二部分的内容。（2013 年 9 月 18 日，SY 小学实验室）

六年级：在访谈的五所学校的六年级课上，教学的基本内容结构安排与教材内容结构基本保持一致，在 SYT5 上的《轮轴的秘密》《定滑轮与动滑轮》，SYT6 上的《做框架》，BHT2 上的《斜面》，SFT2 上的《电和磁》，SHT4 上的《轮轴的秘密》《电能和能量》等课上，教师的教学内容结构安排都和教材保持了一致。以下是我和 SH 小学一位六年级教师的访谈记录。

研究者：付老师，您能给我谈谈您要讲的《轮轴的秘密》这节课的大概教学内容吗？

SHT4：我大体内容就是按照教材上的内容结构讲啊！我觉得上课不就是按照教材上的内容为主吗？有时候让学生做实验的话，教材上的内容往往还上不完呢？这节课主要是通过实验让学生认识轮轴省力原理。第一部分是让学生认识到轮轴有什么作用？首先让学生通过游戏深刻地感受到轮比轴省力，然后再用轮轴实验装置来证明一下原因。第二部分是在第一部分实验的基础上，研究如何可以更省力。大体我就是按照这样的内容结构讲的。（2013 年 12 月 4 日，SH 小学科学实验室）

2. 对具体教学内容的增加

小学科学课的教学内容与其他学科的不同，教材上对教学内容环节的安排更确切地说是告诉了每一部分活动内容的大致方向。如三年级上册第一课《我看到什么》的教学内容的第一部分是让学生看照片上的大树。教师在把握教学内容的结构安排时大体与教材一致，在教学的第一个环节也是让学生看照片上的大树。但这并不意味着教师在教学时完全按照教材上安排的内容体系来讲就可以了。在每次听每个老师上课之前，我都要把下面要听的课的教材上的内容和教参上的内容都提前理解一遍，以便能够更好地理解教师在课堂教学阶段的决策。在我对照教材上的教学内容时我往往也搞不明白教师这节课每部分究竟要给学生讲什么内容。因此，通过对教师在备课阶段对教学内容的处理，我们可以看出教师在每节课都必须把每个环节的内容具体化，对具体教学内容进行增加。

三年级：SFT1 在上《蜗牛》《金鱼一课》，BHT1 在上《动物的共同特点》《哪种材料硬》，SHT1 在上《水和食用油的比较》《比较水的多少》SST1 在上《磁铁的磁性》时。在每一课大的教学环节内容上都会提前查阅到相应环节下明确的知识点，做到心中有数，以便更好地指导学生，在我所接触的三年级的教师在处理教学内容时，几乎大部分教师只要是精心备课，都会对具体的教学内容有所增加。带着我对教材内容的一些疑问，我也经常和讲课的教师探讨。以下是我和一些教师的交流。

访谈片段一

研究者：张老师，我昨天回去也看了您要讲的《我看到了什么》这一课，究竟让学生学什么我怎么不明白呢？比如说从照片上看大树，究竟能看到什么？这算教学内容吗？只是让学生看看照片吗？看到过的大树，是让学生回忆，在一棵真正的大树前看到了什么吗？教材上在每个环节的安排方面仅仅是一些提问，在教学时您怎么安排每个环节具体的教学内容啊？

SYT1：你的感觉是对的，教材上每个环节的内容都比较笼统，不是特别清晰，这无形中给教学增加了难度，我现在教这个课有一些年头了，熟了，才知道教学内容怎么安排了。有的教材编写者说，要给老师留一点空间，我觉得这个空间给我们增加了很大的难度。一开始我教科学课时根本不知道该怎么教，看着教材上的内容都有点糊涂。心想，这究竟是要给学生什么东西呢？找来找去也没明确的答案。后来就看教学参考，看教参上的目标是怎么定位的，慢慢去体会编者的意图。从教科书上我知道了第一部分——从图上看大树，我看到了什么？是要让教师引导、组织学生看照片中的大树。教科书这样设计是为了告诉学生仅仅从照片上获得的大树的信息是非常有限的。在第二部分，教材内容提示的是：回忆一下，在一颗真正的大树下，我看到过什么？在教材中共出现了 6 幅关于树的图片，依次是树干上的疤痕和树瘤；梧桐树的果实和枝叶；树干及小动物"鼠妇"，树杈及上面的鸟巢和小鸟；树干下面的草丛及掉落的果实；树干及寄生在上面的其他植物。教材上安排这部分内容的意图就是要求教师启发学生回忆并交流一下他们原有的知识经验，引导学生们进行对比，发现其中的差异，就是说要告诉学生即使是不经意间观察到的信息，也比照片上的内容丰富。这样第三部分就顺其自然地可以引导学生要到真正的大树前去有计划地观察大树。但是通过教参我只是大概了解了教材编写者的意图，具体在每个环节里面给学生怎样的具体内容我还是不知道。每个环节下面具体内容的预设还是要我们具体去想，具体去找答案，否则有的问题连老师都不知道答案的话，还怎么去指导学生呢？即使有的内容不涉及明确的答案，我们也得提前预设学生会有什么样的答案，否则根本就没有办法启发学生，所以在实际教学中，我们必须增加一些教学内容。

访谈片段二

研究者：那您通常都是依据什么增加具体的教学内容啊？

SYT1：通常我会结合着教参上设定的教学目标来看看有没有和这个环节的教学目标相适的内容，进而确定这部分该增加点什么教学内容，比如这节课的教参上给的科学概念：树是活的植物，生长在一定的环境里，是有生命的物体。那么在第一个环节的教学内容里，假设学生的回答里没有这部分的内容，那么我便会提出来这一课的基本概念。另外我在每一部分的内容结构里都得提前预设学生会有什么样的回答，这样我就可以更好地把控课堂。在这一课的第三个环节观察真正的大树，里面有一个引导性的问题是我们怎么样才能观察到更多的内容？对这一问题的回答我刚开始授课时也不是特别清楚。因而得想办法去查阅资料，一般我是在百度上搜索，如何正确地观察，这样就可以更好地指导学生。如观察时我们要用多种感官去观察，观察顺序要由远及近，由整体到局部。向学生教授这些观察方法都得我提前去准备，所以具体内容的添加必须得结合上教学目标，体会编者的意图，再查阅大量的资料，这样才能高效地指导学生。比如在大树与小草这一课的教学中，第一个环节是比较大树和小草的相同和不同之处，在比较时究竟大树和小草有哪些方面的不同，虽然我让学生去思考、去比较，但是具体来讲大树和小草除了外观的差别外，还有哪些不一样的特征。如木质茎如何理解、草质茎如何理解，都需要老师事先查阅这方面的资料。（2013 年 9 月 7 日，SY 小学科学组）

四年级：在四年级教师的备课过程中，从对教师的访谈我们发现教师在准备教材每一课每一环节的教学时，都必须对每一部分要给学生什么正确的答案做到心里有数,否则觉得上课没有底气。尤其是对于一些课上每一环节都是问题和学生操作步骤的课,教师要提前把这部分知识点增加到自己的教师备课中,在《温度和气温》一课,SYT2 在讲室内外温度的测量和比较时,必须提前知道温度计的正确使用方法的知识点。在《声音的传播》一课,SHT2 在第一个环节即振动物体与声波环节,所讲的声音究竟是如何传播的,有什么特点等内容,在教材中并没有详细给出,这部分的教学效果教师要想做到心中有数,也必须增加教学内容。

研究者:严老师,您在《水能溶解一些物质》的第一个环节食盐在水中的溶解了这一部分是怎么讲的? 这一部分的内容在教材上主要是让学生通过实验描述食盐在水中的状态。

SST1:小学科学教材中每一节课的内容都是只讲过程,直接告诉你答案的很少。我们在上课时虽然尽量让学生自己得出结论,但老师也必须提前分析这部分正确的知识点是什么? 不管怎么样,我们老师必须心里有数,知道溶解的特点是什么? 什么是溶解? 提前在备课时把这部分的知识点弄明白,否则的话在课上,光听学生说,教师不知道该如何引导也不行。(2013 年 10 月 13 日,BH 实验室)

五年级:在访谈五年级科学课教师时,大部分教师都表示,教材上的教学内容只是告诉我们教学的一些基本结构,而且让学生做的一些活动都是以问题的形式出现的,大多数课都需要花费教师很多的精力去完善各部分的教学内容。在访谈五年级科学课教师时,一些教师表示光看教学参考和教材根本就不明白每个环节究竟给学生哪些正确的知识。下面是我与部分五年级科学课教师的访谈记录。

研究者:刘老师,在《光的反射》这一课第一部分是照亮目标,您在上这部分内容时怎么讲啊?

BHT2:我刚从学校毕业,我以前在师范大学是学习物理专业的,现在来到我们学校刚开始教五六年级的科学课,我每次看到小学科学课的内容时都比较发怵,这样怎么给学生讲啊? 比如第一部分照亮目标,打开手电筒的开关,让光从上到下照亮桌子上的书,光是怎么样照亮书的? 在图中画出光的传播路线。然后不改变手电筒的位置,把书本立起来,这时,怎么样让手电筒的光照射到书本上呢? 画出我们采用的方法和光的传播路线,描述光是怎么样照射到书本上的。对这部分内容我有时真不知道该怎么给学生讲? 直接把光的反射原理告诉学生，又怕太难了，但是我觉得我还是想把这部分每一个小活动具体的原理、正确的知识要点提前按照环节弄明白，否则这部分内容便没办法讲，教材上可以只是活动小提示，但我们老师必须把知识内容给加进去。（2013 年 10 月 14 日，科学实验室）

六年级：在访谈六年级教师时，几乎所有的教师都表示，现在的小学科学课每个环节都不会告诉你正确的知识是什么？教师需要从每个环节里抽取一些正确的科学知识，提前搞明白，否则在引导学生探究的过程中，老师都不知道哪些是正确的，学生探究就没什么意义了，就光成了学生动手做了。如 SYT5 上的《轮轴的秘密》《定滑轮和动滑轮》，SYT6 讲的《做框架》，BHT2 上的《斜面》，SFT2 上的《电和磁》等课。我来到 SH 小学，听 SHT4 上课时，他专门给我也准备了一节课，也是《轮轴的秘密》，SHT4 的看法与 SYT5 在上该课时的想法一致。下面是我与部分六年级教师的访谈记录。

研究者：翟老师，《轮轴的秘密》这一课的轮轴有什么作用？您这部分内容怎么上？

SYT5：这部分内容教材上是用一个轮轴实验装置来研究轮轴的作用。把一定数目的钩码挂在轴上，看成要克服的阻力，把在轮上挂钩码，看成我们用力的多少，让学生试一试，在轮上挂几个钩码能把轴上的钩码提起来，改变钩码的数量再做几次实验，看看学生发现了什么？教材上这部分内容没有正确答案。我现在是教了几年了，对这部分知识比较熟悉了，刚开始都不知道该怎么上课，都是问题怎么上课呢？这节课在知识方面的目标就是让学生掌握在轮轴的轮上用力能够省力。我们老师必须把轮轴省力的原理弄明白，才能讲这部分内容，否则就不会引导学生。因此我们按教材结构讲的时候完全按书上的内容是讲不了科学课的，教师在备课阶段必须把涉及的相关知识点内容加进来备课，才能更有效地掌握课堂。(2013 年 9 月 20 日，SY 小学实验室）

3. 对教学内容的局部调整

教材内容是学科专家精心选择的内容体系，应该作为教学内容的重要组成部分，但却不能说它是教学内容的全部。虽然教材编写者在设计某个环节的教学内容时是紧紧围绕学科的品性和特点来进行的，但教师在保持每一节课的内容结构安排与教材大体一致的情况下，经常出现对部分内容调整的现象。如教科版三年级第一课第三个环节的教学内容是观察真正的大树。教材上是这样做这部分的内容提示的："如果现在来到一棵大树下，我想观察什么？我们怎么样才能观察到更多的内容。"教材上的语言提示是让学生在观察大树前，首先明确观察的任务，不但要明确究竟要选择哪一棵大树进行观察？还要应用科学的方法来观察，同时也要学会使用工具来观察。这个教学活动的设计完成之后，教师应组织学生去观察校园里真正的大树。但教师在对这部分教学内容选择时并不想带学生去观察真正的大树，教师往往会对这部分教学内容的内容安排做适当调整。

三年级：《金鱼》这一课是教科版三年级上册第六课的内容，在本课中设计了四个活动，观察金鱼的形态结构；观察金鱼的吃食；观察金鱼的呼吸；观察蚂蚁和金鱼的相同和不同。在这一课的第一个观察活动观察金鱼的形态结构时，要求学生静静地观察金鱼，不要打扰金鱼。严老师在设计这个环节的教学内容时，把观察真正的金鱼换成了观察视频中的金鱼。访谈片段二是我和严老师的谈话交流。在对教学内容局部调整方面，三年级的许多教师表现出了相同的特点。如：SYT1 在《校园的树木》一课中对内容的局部调整，SFT1 在《蚯蚓》《金鱼》《蚂蚁》中的对内容的局部调整。只有 SFT1 在上《蜗牛》一课时，基本能按照教材上大的教学环节的内容和具体内容要求进行，不过在每个环节的知识方面还是相比教材要求明确了很多，教师也需要事先查阅相关资料。

访谈片段一

研究者：张老师，您要讲的这一课内容的第三个环节是观察真正的大树，您在这一课中要带学生去校园里观察吗？

SYT1：在这节课中，我不计划带学生出去观察大树了。

研究者：是学校里没有大树吗？

SYT1：不是，学校教学楼后面有大树，但是一般像这种活动，我不带学生去，因为我们的教学班级在四楼，本来上科学课学生就比较乱，如果要出去的话就更乱了，根本管不住他们，万一有什么安全问题，我是负不起责任的。所以这部分内容，我就让学生在教室里讨论一下如何观察大树，如果学生想观察的话，就让学生回家后自己观察。现在在教学中我们必须关注孩子的安全问题，学校对这个问题非常重视，万一我带出去了，学生一旦出了什么问题，我是负不起这部分责任的。（2013 年 9 月 7 日，SY 小学科学组）

访谈片段二

研究者：严老师，您在《金鱼》这一课的第一个教学内容是观察金鱼的形态结构,学生们都在哪里观察金鱼啊?

SFT1:给每小组准备金鱼多奢侈啊!让学生回家去观察吧!在这部分的教学内容方面是就让孩子们看一看教学视频。从视频中观察。现在的孩子很多家里都有金鱼,我在这一块内容里就告诉学生金鱼身体是怎么样的、身上长着什么?金鱼是怎样运动的?让学生画画。就是这些知识我都得提前查阅,弄明白了呢!教材上根本没有明确的答案。(2013年10月13日,SF小学科学实验室)

四年级:大多数的四年级教师在对教学内容决策时,教学内容的结构安排与教材基本保持一致,但是在对每一课教学内容的部分内容结构方面,有一多半的科学课教师在上课时计划对部分内容结构做调整。如四年级SYT2讲的《天气日历》《温度与气温》,SFT1讲的《风向与风速》,SHT2讲的《声音的传播》。

研究者:李老师,在《天气日历》这一课中,您在讲到天气日历这一部分的教学内容时,计划怎么上呢?

SYT2:在《天气日历》这一课的制作天气日历这一部分,我计划让学生在课上画制作天气日历的图。教材上建议带学生到户外观察天气,对如何判断天空中的云是多云、阴天等方法进行交流,对学生做初步的指导。现在的学生在教室里纪律还不行呢,怎么能带出去呢?带出去就更乱了,一个班四十多个人呢?带出去怎么管?让学生课后回去观察,这样子也可以让学生制作天气日历。(2013年9月11日,科学教研室)

研究者:严老师,在《风向与风速》这一课中,您在讲到风向和风向标时是不是该让学生制作风向标呢?

SFT1:在这部分,本来是该让学生自己制作一个风向标的,但是制作风向标要用到剪刀等工具,太危险,我就想简单跟学生说说制作的方法,我有一个风向标的教具,我把做好的风向标给学生看看。学生如果感兴趣的话,回家可以自己试着做。(2013年10月11日,SF实验室)

研究者:孙老师,您能给我说说您怎么上《声音的传播》这一课的振动物体与声波这一部分吗?

SST2:这一部分,主要是让学生观察振动的音叉是怎样引起水面波动的这一实验。让学生在玩"土电话"中思考纸杯里听到的声音是怎样传播过来的。土电话我们教具里有一个,我让学生玩一玩,第一个实验我就不计划领学

生做了，简单地给学生说一说就可以了。（2013 年 11 月 16 日，SH 小学四年级组办公室）

五年级：在访谈到的五所学校五年级科学教师要讲的 14 节科学课中，有 10 节课的教师对自己所讲课的部分内容做出了调整。如 SYT3 要上的《蚯蚓的选择》、SFT2 要上的《光和影》《光的反射》、SHT3 要上的《我们的小缆车》《运动和摩擦力》、SST8 要上的《用水测量时间》。当问到教师做出调适的原因时，多数教师都说是由于受实验材料的限制和教学精力的问题，将自己所教课需要学生分组动手探究的内容调适成了以教师演示为主。下面是我和部分教师的访谈记录。

研究者：孙老师，您能给我谈谈您在讲《蚯蚓的选择》这一课时，蚯蚓与环境这部分您计划怎么讲吗？

SYT3：在这部分，主要让学生通过设计实验来证明自己对蚯蚓生活环境的预测，让学生掌握对比实验的方法。教材上有一个实验要求让学生把蚯蚓放在一个长方形的盒子里，把盒子里面涂成黑色，将盒子的盖子剪掉一块，在盒子底部铺上吸水纸，过五分钟之后，让学生观察蚯蚓究竟喜欢什么样的环境？说实话，为每组学生准备蚯蚓，这些事情让教师去做不现实，我让孩子们自己去准备又怕孩子们不准备。现在这个季节，蚯蚓已经不太好抓了。在秋天里，蚯蚓都已经蜷成一团了，根本不好抓，我想办法抓了几条来上课就已经很不容易了。上课的条件根本就不具备，所以这部分我就给学生做做演示实验，就不让学生自己动手了，只是根据我的演示动脑筋思考一下就行了。（2013 年 9 月 18 日，SY 小学实验室）

六年级：在访谈到的五所学校六年级科学教师要讲的七节课中，有三节课，教师对部分环节的教学内容做了适当调适，这三节课分别是 SYT5 要讲的《定滑轮和动滑轮》、SYT6 要讲的《做框架》、SFT2 要讲的《电和磁》，SYT5 在要讲的《轮轴的秘密》一课中准备把一个班的学生带到实验室里去上，因此预计按教材上的环节内容讲，准备让学生分组进行探究实验。在与 SYT6 交谈的过程中，他告诉我他要讲的《做框架》这一课如果是公开课，就会让每个学生都动手操作。在常态课，就不愿意搞得那么麻烦，教师演示实验比较省精力。有个别教师觉得有的课内容比较多，就准备把一节课内容分为两节来上。下面是我和部分教师的访谈记录。

研究者：翟老师，您在讲《定滑轮和动滑轮》这节课时，旗杆顶部的滑轮这部分您计划讲些什么内容？

SYT5：在这部分，主要是让学生体会到定滑轮的作用，让学生研究定滑轮究竟能不能省力？让学生模拟升旗的装置，来研究旗杆顶部的滑轮。并试一试当利用定滑轮提升重物体时，需要向什么方向用力？这部分内容我计划给学生演示一下，让每个学生做的话，光准备实验用品就得花费很多的时间。另外学生自己做实验也不好控制学生的纪律，如果课堂秩序太不好了，学生做实验时太乱了，学校就会认为你上课效果不好。另外这节课，我认为演示实验学生也可以学到知识。再说，我觉得这节课的教学内容有点多，光研究定滑轮就能占一节课，根据我已往上课的经验，这节课应该用两个课时才能完成。

（2013 年 9 月 18 日，科学教研组）

二、课堂教学中教学内容的决策特点

尽管每一课的教学有相应的教学内容，但其毕竟是静态的，与学生生成的新的认知过程不可能完全吻合，因此在教师实际的教学中仍然需要对教材内容进行调整，而不是简单地执行和传递。教师在课堂教学过程中对教学内容究竟有何种决策，与课堂教学前的备课是否一致是需要我们重点关注的，从听课的记录来看，大部分教师在处理教学内容时，在教学的基本内容环节保持不变，但是一多半的课都对教学内容做了调适。根据课堂观察资料和访谈资料的分析，在课堂教学中教师的决策主要分为两种类型，一种是忠实地按照教材内容来进行，另一种是对教学内容的调适，以下是教师在课堂教学中的决策特征表现。

1. 忠实地执行教材内容

三年级：《蜗牛》一课，是学生观察小动物的起始课，在教材中主要有四部分，第一部分是我所观察的蜗牛；第二部分是观察蜗牛的身体；第三部分是观察蜗牛的运动；第四部分是饲养蜗牛的方法。在这一节课，教学内容基本上是和教材的内容和结构都保持一致。另外与教学结构和内容保持一致的还有 BHT1 讲的《动物的共同特点》《比较材料的硬度》、SHT1 讲的《水和食物油的比较》。以下是与教师交流的有关教学内容的摘录。

SHT1：《蜗牛》这节课我基本是按照教材的大体内容来讲的。因为这一课的教学材料比较容易找，蜗牛我早早地就给学生准备好了。有的学生还自己带来好多只，上课时学生今天也比较感兴趣。

BHT1:《动物的共同特点》这一课比较好上，因为同学们通对前面的课程通常对蜗牛、蚂蚁、蚯蚓、金鱼等动物的特点已经有一定的了解了，我在课上就启发孩子们从不同的方面来讨论这些动物的特点，今天课上的讨论就是根据教材的几方面来的。在学生充分讨论的基础上，我让孩子们写下各种动物在每一方面的相同点和不同点，让孩子们学会比较的方法。第二部分让孩子们观察周围生物的丰富多彩，我就让孩子们观察书上的背景图，看看里面有哪些生物，总体来说，在教学内容上基本上和教材一致。

四年级：在听过的五所学校四年级的七节课中，我们能从听课记录和课后访谈中了解教师对教学内容处理的想法和做法。在七节课中，只有两节课对内容没有调适，这两节课分别是 SST2 上的《认识几种常见的岩石》、SST1 上的《声音的传播》。如《认识几种常见的岩石》这一课是指导学生认识几种常见的岩石——页岩、砂岩、花岗岩、石灰岩、大理岩的特点，通过本课的教学，不仅使学生认识这几种岩石的特点，还要进一步提高学生的观察能力和探究能力。在教材的第一部分是让学生进一步观察岩石。让学生把观察到的演示特点记录在表格中。第二部分是让学生识别不同的岩石，在观察的基础上，综合概括不同编号的岩石具有什么样的特征，这一课中 SST2 基本上是按照教材的结构内容来讲的。下面是课后与教师交流的有关教学内容的摘录。

SST2：在这一课中，我就是按照教材的内容结构来讲的，实验室正好有一盒岩石，我就拿到课上让学生看，然后我给学生讲了讲不同岩石的特点。

五年级：《蚯蚓的选择》一课，学生将通过对比试验，了解蚯蚓生活需要的环境条件。第一部分内容是蚯蚓与环境间的关系，在这一课中，学生将经历两个实验，第一个实验是把蚯蚓放入半边明半边暗的纸盒里，观察蚯蚓往哪边爬。在这个实验中，盒子里的温度、湿度都一样，只有光的条件不一样。第二个实验是把蚯蚓放在干土和湿土之间，观察蚯蚓往哪边爬。在这个实验中，只有干湿条件不变，其他条件都相同。第二部分内容是让学生看图讨论动物适合什么样的生活环境。在该课中，教师对教学内容的决策几乎和教材内容一致。

生物的生存需要一定的自然条件，它们彼此之间是相互依赖、相互影响的，《食物链和食物网》一课第一部分内容是根据教科书上的图片讨论谁被谁吃的关系，第二部分田野里的食物网是在学生认识田野里生物的基础上，了解水田里动植物间的关系。教师的教学内容选择几乎与教材内容一致。以下是与教师交流的关于教学内容的课程决策。

SYT3：说实话，我一般上课时都是按照教材内容来讲的，因为我以前对这部分知识的接触也不是很多，教这门课时，好多知识都得重新理解，还没有达到灵活处理教学内容的程度。

六年级：在对六年级小学科学课堂教学过程进行分析时发现，五所学校六年级教师在对教学内容进行决策时能够忠实地执行教学内容的有 SYT5、及 SHT4 讲的《轮轴的秘密》、SYT6 讲的《做框架》、SHT4 讲的《电能和能量》。如《轮轴的秘密》一课主要是带领学生探索简单机械——轮轴。教材中第一部分的教学内容是带领学生探究轮轴有什么作用。让学生多做几次实验，用一个轮轴实验装置来研究轮轴的作用。第二部分内容，轮的大小对轮轴作用的影响。把轮轴装置中的轮换成一个更大的轮，在这个轮轴上做实验，让学生记录每次所用的力的大小。在该课的教学中，无论是 SYT5 还是 SHT4 关于教学内容的决策基本上都能够与教材的内容保持一致。

教学案例《轮轴的秘密》

教学过程

一、导入新课

师：大家看，我这里有一种工具，大家认识吗？

生：水龙头。

师：出示水龙头的照片，指出轴、轮所在位置，像水龙头这样，固定在一起，可以转动的机械，叫作轮轴。

师：我们拧水龙头时是拧哪一部分？为什么？

生：轮的部分。

师：如果拧轴会怎么样呢？

生：可能费力。

师：真的吗？那么大家今天就研究一下轮轴的作用。

二、轮轴作用的研究

师：同学们桌子上都放着一个轮轴装置，在轮和轴的凹槽里都装有棉线。大家可以试试看，把轮和轴上都挂上砝码，看看有什么发现？大家分组做实验，把结果填写在课本第 10 页的实验记录中。

生：分组实验。

师：大家汇报一下实验结果。

师：大家有什么发现？

生：我们发现挂在轮上的钩码少，挂在轴上的钩码多。

案例分析：在该课中，每个环节的内容都和教材内容保持一致，可以说该课的教学决策表现为忠实地执行教学内容。

2. 对教材内容的调适

（1）对原有内容的部分替换

三年级：《我看到了什么》是三年级课的起始课，教材中第一部分内容主要是让教师引导、组织学生看这幅照片上的大树，让学生仔细看图，看能否发现梧桐树的特点。第二部分是让学生回忆一下曾经见过的大树是什么样子的？引导学生认识到只有亲眼去观察大树，才能发现更多的内容。第三部分内容是让学生观察真正的大树。让学生思考如果来到一棵大树下，最想观察什么？怎么样才能观察到更多的内容？让学生把观察到的信息用简短的词语记录下来。教师在进行第三部分的内容观察真正的大树时，主要是让学生制订观察大树的计划。按所制订的计划观察大树的活动被当成了学生的作业留到了课外，教师对第三部分的教学内容做了调整。《校园里的树木》一课，教材中第一部分内容是怎么样观察树木，让学生到校园里观察树木，分小组进行观察，同时组织学生讨论观察一棵大树的方法、顺序，让学生给大树画一张简图。第二部分是观察记录一棵大树，让学生从近处观察大树的各个部分，并且将观察记录写在纸上。教师在第一部分将内容调适为让学生汇报上节课观察大树的情况，同时讨论一下观察大树的方法，让孩子们画大树的图（让学生按教材上大树的形状画）。第三部分，让学生看教材上的图片，简单述说观察记录一棵大树的方法。教师讲解拓印树皮的方法。让学生学写大树的观察记录。教师虽然比较认同让孩子们去室外上课可能效果更好，但还是碍于安全问题做了调整。以下是与教师交流的有关教学内容的摘录。（因为学生安全问题对原有教学内容进行了替换）

SYT1：我这节课的前两部分基本上是按照教材的内容来讲的。但后一部分让学生在校园里观察大树，我稍稍对内容做了调整，想在课上让孩子们制订观察计划，课下再去观察。我也是没办法，一带学生出去，四十个学生在校园里，学生观察时到处跑，我根本管不过来。我们还是要把安全放在第一位的。

SYT1：这节课《校园里的树木》其实是上节课的延续，第一部分也是让学生分小组进行观察，这需要去室外，在我们学校让学生去室外活动的事上我们一般都很谨慎，能不去就尽量不去，虽然我们学校里面也有树，但领孩子出去，一旦管不住的话就很容易出问题，因为孩子们还是在教室里比较老实。所以我通常遇到有室外活动的内容就稍稍调整一下。

三年级：《金鱼》一课是通过观察金鱼的生活，了解水生动物与陆生动物的相同和不同。第二部分观察金鱼的捕食，要求准备一些鱼食和面包屑，让学生往鱼缸里放鱼食，观察金鱼是怎么把食物吃下去的，它们的粪便是从哪里排出去的，是什么样子的？在这一部分内容里，教师由于教学材料的限制，没有准备金鱼，这一部分内容换成了让学生看视频里的金鱼，然后教师主要围绕着金鱼的吃食、呼吸问题让学生讨论观察金鱼的方法。教师在第二部分由于教学材料的问题，对教学内容进行了调整。以下是与教师交流的有关教学内容的摘录。

SFT1：《金鱼》这节课主要是让学生观察金鱼的捕食、呼吸和形状。如果按照教材上的要求，我们需要给每一组准备2～3条金鱼，成本太高，考虑到很多孩子家里都有金鱼，我可以在课上告诉孩子们这部分观察的方法。教材上配备有这部分内容的视频，还挺生动的，就让孩子们看。（因教学材料问题，对原有内容的替换）

三年级：比较水的多少是学生在实际生活中会遇到的问题。在本课中，主要是让学生通过活动，重新经历人类发明量筒测量液体体积的过程。教材内容的第一部分是桌子上有三个不同的瓶子里面分别装有一些水，让学生猜测哪些瓶子里的水多哪些瓶子里的水少，第二部分是让学生用方法来证实猜测。教师在这节课的第一部分比较不同杯子里水的多少，学生并没有实际的操作。以下是与教师交流的有关教学内容的摘录。

SHT1：《比较水的多少》这部分内容学生非常熟悉，因为水的多少在生活中非常常见，学生理解起来并不难，因此我在课上就不给学生操作的机会了，就让学生简单说说比较的方法就可以了。（对部分教学内容的替换，因学生比较熟悉）

四年级：太阳的光和热透过大气层，引起了空气温度的变化，这种变化的结果是使空气产生运动形成了风。可以说天气每天都在发生着一系列的变化，气象学家的工作就是运用感官和借助仪器时刻观察天气的各种信息，《天气日历》这一课为学生提供了简单易行的方法，使得他们可以参与一段较长时期的对天气进行观察、记录和分析的活动。《天气日历》的第二部分是让学生制作天气日历,在制作天气日历时,教师要带领学生到室外观察天气情况。回到教室后,教师出示"天气日历",引导孩子们记录当天的天气。从课堂实录来看,教师在制作天气日历这个环节,将带领学生到室外观察天气的情况,回来以后教师引导学生记录的教材内容调适为让学生拿出一张纸,学着制作天气日历图。

气温可以用温度计来测量,学生在三年级时就已经学习了温度计的使用方法,并用温度计测量过室内和室外的温度。《温度与气温》这一课将进一步巩固学生使用温度计测量气温的能力。教材内容的第一部分要求学生对室内外温度进行测量和比较。在这一部分教材中,建议当学生测量时要到室外的不同地点来测量,因此要保证有的小组测量的地方是在教室外阴凉通风处。从教师的课堂实录来看,教师将这一部分内容调整为让学生回忆温度计的使用,观察温度计,同时让学生测量教室里的温度和测量体温的活动。以下是课后与教师交流的有关教学内容调整的摘录。(因为安全问题对原有教学内容的替换)

SYT2:教材上第一部分虽然是让学生到室外观察气温后,制作天气日历图,但是如果上课时我们带学生出去的话,可能会失去控制,不好组织学生,一个班四十多人太乱了。我觉得还是安全第一,想把这部分活动放到课后去,在课上学生就先把天气日历图画出来,我们再讨论一下怎么填写。

SFT2:《风向与风向标》的第一部分内容是让每个小组制作一个风向标,能够用自制的风向标测量风向。我在课上选择了教会学生制作风向标的方法,我带的一个风向标,学生可以拿来试着测一下风向。如果学生在课堂上要真正地做风向标的话,需要学生带来很多材料,家长一看需要带剪刀,是不会同意的。学生万一拿剪刀划伤了怎么办呢?制作风向标我根据我以往上课的经验,认为这样调整是最好的。

四年级:《声音的传播》这一课对于很多学生来说很难理解声音的传播能穿过空气等物质。用不同的物质做实验的经验会让学生逐步理解这一现象。教材内容第一部分振动物体和声波,让学生观察在用敲击过的音叉轻触水面时,能够看到音叉的振动引起水的波动。振动的音叉是如何引起水的波动的呢?让学生观察这一试验,与小组同学交流自己的意见。这部分内容教师在教学中并没有做这一实验,只是对着书上的图片,让学生交流看到的现象,如果学生没说全的话,教师最后给学生总结出了物体振动发出声音,同时可以引起周围物体的振动,从而使声音向四周传播。用两个纸杯作为话筒和听筒,用一根约 5 米长的尼龙绳作为电话线,做一个土电话。这个活动教师调整为拿了一个现成的土电话让学生试试看。第二部分声音在不同物体的传播这一部分是让学生准备一张铝箔,做成挺直的铝箔尺,再拿一根木质材料的木尺,还有棉线、尼龙绳等。这些材料的长度相同,让学生预测声音在这些不同的材料中的传播效果。在这一部分教师也进行了调整,把教学内容调整为根据实际例子让学生来判断。当课后问到教师为什么要对内容做这样的调整时,这位教师说实验室没有这样的材料,材料不全,都得教师自己去准备,所以就选择跟学生简单说说第一部分的实验,第二部分老师觉得让学生实际自己做实验的话,效果也不一定好。下面是课后与教师交流的有关教学内容调整的摘录。(因教学材料的限制,对原有教学内容的替换)

SHT2:这节课的教学材料实验室没有,都得教师自己去准备,很麻烦。所以在上课的时候我就简单跟学生说说了,教材上的图片也很清晰,学生看图片也能明白。声音在不同物体中的传播我以前让学生做过实验,效果不是很好,这节课就把内容调整为我给学生列举一些例子让学生判断。

(2)对原有内容的减少

四年级:《水能溶解一些物质》主要是让学生初步感知溶解。在这一课,教材内容要求学生运用观察和比较的方法发现食盐、沙子和面粉在水中的溶解状态。该课第一部分内容是通过实验让学生描述食盐在水中的溶解状态,在观察食盐溶解的基础上,将食盐换成沙子,观察食盐和沙子在水中的溶解。第二部分是观察面粉在水中的溶解状态。为了充分地让学生认识溶解,分别过滤三个烧杯中的物质。由于课时结束时,教师只做完了前面几个实验,第三个过滤烧杯中的物质的实验就没有按照教学要求做完。这节课教学内容相对于教材中的内容有些减少。

BHT1:这节课实验比较多,这还是我在和学生讨论的基础上做的演示实验呢,过滤那部分就不做了,就简单和学生说说,估计学生也能猜出来结果,以后哪节课的内容少我就再给学生做做实验。(因教材内容过多,对内容的减少)

五年级:《金属的热胀冷缩》在教材中的教学内容分三部分,第一部分是观察铜球的热胀冷缩。第二部分是观察钢条的热胀冷缩。第三部分是引导学生对是否所有金属都具有热胀冷缩的性质作出思考。在实际的课堂教学中，教师将这节课的内容调整为第一部分给学生演示酒精灯的正确使用方法。第二部分观察铜球的热胀冷缩，当课上到一半的时候由于一位班主任教师要利用科学课时间给学生讲讲学生作业出现的问题，这一课后面的内容就没讲。SS 小学是一所郊区小学，所有的科学教师都由数学科教师兼任。大部分教师都把精力投入到数学课教学中，自己所兼科学课的课堂时间经常会被别的老师要走，有的课并不能按照教师的教学计划进行下去。以下是与教师交流的有关教学内容的摘录。

SST8：今天这节课这种情况非常常见，反正科学是副科，也不考试，别的老师有事的话占就占了。他们乐意占课，我们也乐意给。教学内容可能就上不完。不过，我个人也比较喜欢科学课，如果给学生上课的话，我觉得在教学内容方面告诉学生做事情的方法更加重要。所以在今天的课上，我认为学生在了解热胀冷缩的性质时，应先观察铜球的热胀冷缩，这部分教学内容是我临时加上去的。（科学课的课堂时间被其他教师占，教材上相应内容并没有讲完）

五年级：《设计制作一个保温杯》这一课中所设计的活动其实是对热的良导体和热的不良导体的解释和运用，帮助学生更深入地了解、掌握哪些是热的良导体，哪些是热的不良导体。在该课中一共有三个活动，第一个活动是将同样多的、相同温度的热水倒入大小相同、材料不同的杯中，观察哪一杯水凉得慢，哪一杯水凉得快，让学生认识到热的良导体，如金属，吸热快，散热也快；热的不良导体，如塑料，吸热慢，散热也慢。第二个活动是做一个保温杯，让学生根据已掌握的知识和生活经验及对各种材料保温效果的观察比较，明白保温杯应该选用什么材料比较合适，是热的良导体还是热的不良导体，在热的不良导体中，哪种材料更好。第三，按要求选择材料制作一个保温杯，并通过保藏冰块的比赛，检测研究保温杯的保温效果。在该课的教学中，教师把让学生观察探究的活动都省略了，就是按照书上的教学环节给学生讲了讲每一部分的基本内容。像《设计制作一个保温杯》这样以学生的观察探究活动为主要教学内容的课，在 SS 学校的科学课中都不同程度地表现出了对这些活动教学内容的省略。下面是与 SST4 交流的有关省略教学内容的摘录。

SST4：说实话，让我们数学教师兼职教科学，我每天只能以主科为教学重点，如果学生的数学课成绩不好，学校领导就会找我们谈话。科学课的教学也没人查，让我上的话，随便按教学内容讲讲就行了，我们也没时间去准备实验

器材。(因教师没有过多的时间和精力的省略)

六年级:《定滑轮和动滑轮》一课的教材内容分为两部分,第一部分内容是研究旗杆顶部的滑轮,做一个模拟升旗的装置,通过演示实验来让学生观察体验向下拉动绳子旗帜上升的现象,让学生初步认识定滑轮的作用。在学生对定滑轮有初步认识的基础上,引导学生研究定滑轮是否省力。第二部分内容是研究动滑轮,主要是研究动滑轮和定滑轮有什么不同。在该课中,SYT5只讲完了定滑轮这部分内容。以下是与教师交流的关于教学内容减少的看法。

SYT5:这节课我只给学生讲了定滑轮的内容,在讲这节课的内容时我经常根据教学时间来调整,光定滑轮就能研究一课时。(因教材内容过多,对内容的减少)

六年级:《斜面的作用》主要是让学生在实验时对比测量直接提升重物与利用斜面提升重物所用力量的大小,在实验中深入地对比研究同一重物在不同坡度斜面提升时的用力情况,通过认识斜面,学生可以获得对简单机械斜面的作用及省力原理的认识。在该课的每个教学环节的教学中,教师都省略了实验内容,对每个环节内容仅仅进行了简单的讲授。(因没有教学材料的省略)

教学案例:斜面的作用

教学过程片段:

一、斜面有什么作用

师:大家都知道,山路总是弯弯曲曲的,大家知道为什么要这样修路的原因吗?

生:美观、更容易走。

师:是的,沿着弯弯曲曲的路面上山更容易、更省力。

师:大家看,教科书上的车上为什么推货物时用一块搭在车厢上的木板。

生:好往上推货物。

师:像搭在汽车车厢上的木板那样的简单机械叫作斜面。同学们可以有机会研究一下斜面的作用。如果大家按书上那样做个实验,可能就知道斜面的作用了。

师:在实验中同学们会发现物体从斜面上拉上去的力都直接小于把物体垂直提上去的力。

案例分析：在该课的教学中,教师对教学内容的决策表现为省略了学生研究斜面能够省力的实验步骤,对每部分内容采取的是直接讲一下斜面原理的方式。

（3）原有内容的增加

四年级：声音是以声波的形式传播的。在《我们是怎么样听到声音的》这一课里,学生在第一部分通过观察耳的结构图或耳的模型,了解耳朵的基本功能。第二部分,主要是观察比较鼓膜的振动,通过实验演示让学生体会到声音是如何传到耳膜,引起鼓膜振动的,最后让学生体会一下耳廓的作用。《保护我们的听力》的第一部分内容是远离噪音,通过这部分内容的教学让学生明白噪音的危害。第二部分内容是引导学生开展如何控制物体发声的讨论。教师对《我们是怎么样听到声音的》这一课的教学内容做了调整,把《保护我们的听力》这一课的教学内容加了进来,两课合为了一课讲。

SHT2：这一课中,我把《我们是怎么样听到声音的》和《保护我们的听力》这两课合为一课上了,原因是这两课的联系比较紧密,《我们是怎么样听到声音的》这一课内容也不是很多,只给学生做了一个演示实验,学生比较容易理解。我把两课合为一课讲,这样效果也比较好,免得上另一课时学生又把前面的内容忘了。（教材内容联系紧密地整合）

（4）对原有教材内容的完全改变

五年级：《光和影》这一课中的教材内容是让学生通过手影游戏活动了解影子产生的条件。第一部分是让学生认识什么是光源,第二部分是通过活动让学生认识影子变化的特点。SFT2 在讲《光和影》这一课时对教学内容做了明显的调适。第一部分是让学生通过视频看手影,通过看视频中影子的大小和形状的不同,思考影子是怎么做出来的。第二部分让学生在 PPT 上看关于影子的一首小儿歌视频,让学生思考为什么影子一会左,一会右?并且让学生回答问题：影子有时很长,有时很短,有时在我们脚下,那影子的这种变化是什么?早晨影子在哪个方向?中午和傍晚呢?什么时候影子比较长?太阳在左边,影子在哪边?通过观看视频,让学生回答问题。第三部分,让学生了解影子的特点。（教师利用投影仪和黑板擦）第四部分,如何利用影子的特点。在教《光的反射》一课时,SST2 也根据自己的理解对授课内容做了明显的调适。

SFT2：我刚教科学课一年,以前学的是物理专业,有时候根本不知道这个

课怎么讲,就按我自己的理解决定教学内容。(新手教师实在不知道该如何讲的改变)

第二节　关于教学方法决策的基本特征

一、备课阶段教学方法的决策

教学方法是教师在教学过程中为了完成教学任务或目标而采用的方法,它包括教师教的方法和学生学的方法,教法和学法并举、教法和学法密不可分,在这里我们主要指的是教师的教学方法。[①]选用何种教学方法,是教师在备课时必须考虑的问题。目前,在教学中运用的方法已有很多,据有人不完全搜集整理的结果,目前的教学方法多达 700 余种。实践证明,在教师备课阶段对教学方法考虑得是否充分会极大地影响教学效果。目前,教师在课堂教学中常用的教学方法主要集中在以下几种,讲授法、问答法、演示法、讨论法、谈话法、实验法、练习法、案例教学法、发现教学法、情境教学法、角色扮演法、探究法、合作学习法、观察法。教师在课堂教学中究竟选用哪种教学方法,除了要考虑每种教学方法的优缺点以外,也要考虑多种因素,这些因素包括教学目标、学科特点、教师的个人特征、教师所处的环境、时间是否允许等。科学(3—6 年级)课程标准在教学建议中提出了科学课的教学方法要富有儿童情趣和符合儿童的认知规律,教师的言语动作应力求形象、直观、生动有趣,应引导儿童自己得出学习的结论,尽量少用或不用专业术语和抽象定义,教师要注意避免在教学的起始阶段就把结论告诉学生。课堂教学的形式也要做到灵活多变,并且有一些活动可以延伸到课外,课外中长期作业应该简便易行。课标还提倡在科学课中让探究成为科学课最主要的学习方式。究竟每个年级的教师在备课阶段对相关教学内容倾向于选择哪种教学方法,我们可以从三到六年级教师备课时具体的表现看出教师在教学方法

---

① 赵才欣,韩艳梅. 如何备课 [M]. 上海:华东师范大学出版社,2009:48.

决策方面的特点。总的来说,教师使用的教学方法有以下几种:演示法、讲授法、多媒体教学法、提问法、讨论法、观察法、探究法。以下是教师在各个年级课例中使用教学方法时的具体表现。

三年级:通过对三年级教师备课阶段教学方法决策的考察发现,教师倾向于演示法、讲授法、多媒体教学法、提问法、讨论法,观察法。几乎所有的三年级科学教师在对教学方法决策时都提到了讲授法、提问法、讨论法。部分教师根据课堂教学的需要采用了多媒体教学法和演示法。只有一位郊区的教师上课时就计划给学生简单讲讲,只有两位教师在课堂上是计划应用探究法。这在一定程度上反映出教师在备课阶段对教学方法的设计取向。以下是与部分教师的访谈片段摘录。

访谈片段一:

研究者:张老师,您计划明天怎样上《我看到了什么》这节课啊?

SYT1:我这节课在刚开始的第一部分让学生看照片上的大树是为了让学生认识到仅从照片上看大树,获得的信息是非常有限的。因此在这个环节里,我主要是提问学生从照片上能看到什么?课前我已经提前预想了学生会如何回答,然后我帮学生总结一下。第二个环节主要是让学生回忆他们曾经看过的大树,在一棵真正的大树面前会看到什么?这一部分让学生先讨论上几分钟,再让学生回答问题。我在学生讨论后回答问题的基础上总结当我们想要了解更多的大树信息时,我们就得带着一定的目的去观察真正的大树。第三部分是让学生观察真正的大树,我首先让学生想一想如果他们去到一棵真正的大树前,想观察到什么?这时候学生都会说一些。我再让学生思考一下应该怎样去观察大树,学生讨论后再回答。在学生发言时我就启发学生回答,并且补充观点。最后我再总结出观察的正确方法,告诉学生观察必须要有序,要从整体到具体,不仅可以利用眼睛去观察,还可用其他感官器官去观察。(2013年9月7日,SY小学科学组)

从以上老师和我交流他们上课的过程时,我能够分析出教师在上课时准备使用讨论法、问答法、讲授法。

访谈片段二:

研究者:严老师,您上《金鱼》这一课时计划用什么教学方法啊?

SFT1:《金鱼》这一课给学生准备金鱼材料代价太大,事实上许多学生家里都养过金鱼。在第一部分内容让学生观察金鱼捕食时,就让学生看会儿金鱼的视频,让学生通过视频观察金鱼,这段视频教学光盘里有。至于金鱼怎么吃东西的这些问题?我先让学生说说,如果学生说不出来,我就把这部分知识告诉学生。第二部分内容是让学生观察金鱼是如何呼吸的,这部分内容也是让学生看视频,看金鱼的嘴是怎么动的。学生看完视频后,在学生讨论的基础上,我再给学生解释补充。最后再让学生结合学到的有关金鱼的知识和前面上过的蚂蚁一课的知识,比较一下这两种动物的相同和不同。学生在比较之前,先小组讨论一下。(2013 年 10 月 13 日,SF 小学科学实验室)

从这段对话中我们可以看出教师主要采用了讨论法、讲授法、多媒体教学法。

访谈片段三:

研究者:季老师,您能给我谈一谈您明天下午要讲的《哪种材料硬》这课计划用什么方法给学生讲吗?

SHT1:上课前,我计划先给学生出示两种材料,让学生讨论一下,究竟哪种材料硬度大?学生可能就会说出自己的想法。接着我引导学生想出证明的方法。如果学生说不出刻痕这种方法的话,我就直接告诉他们,并且给学生演示一下刻痕的方法,然后告诉学生怎么去比较四种物体的硬度。让学生画出表格,在给学生做过实验后,让学生填表。在给学生讲金属这部分内容的时候也是让学生先讨论一下,然后在学生回答问题的基础上给学生做补充。(2013 年 9 月 9 日,SY 小学科学组)

在以上和老师的交流片段中,我们可以看出该教师在这一课的教学计划中用了演示法、讨论法、讲授法。

四年级:在访谈四年级教师计划在科学课每个教学环节分别采用什么样的教学方法时,所有的教师在选择教学方法时,都会采用讲授法、讨论法、提问法。有两位教师不仅要采用讲授法、讨论法、提问法,还计划在实验环节采用演示法,如 BHT1 在上《水能溶解一些物质》时,在食盐在水中溶解了吗?面粉在水中溶解了吗?这两个教学环节实验时计划采用演示法。SST1 在计划上《认识几种常见的岩石》时,还想采取让学生探究的方法。以下是我和教师们的访谈片段:

研究者:马老师,我想问一下在《认识几种常见的岩石》这一课第一部分进一步观察岩石时,您计划用什么方法完成这部分的教学要求。

SST2:这部分教学内容要求观察这几种岩石,让学生把观察到的岩石的特点写在表中,必须让学生在充分观察的基础上,才能发现每种岩石的特点。我想采用学生自己探究的方法,可我现在非常发愁的一件事是我只有一套教学材料,怎么让学生观察呢?(2013 年 5 月 14 日,SS 小学四年级数学组)

五年级:在访谈五年级教师在课堂上究竟会采用何种教学方法时,所有教师都表示自己在课堂上会用到提问法、讨论法和讲授法。有 10 节课,教师除了用提问法外,还计划采用演示法。有 1 节课,教师除了用讲授法等比较常见的方法外,还采用了探究法。究竟采用何种方法,许多教师表示要看教学条件是否具备、教学条件是否允许等实际情况。如 SFT2 上的《光和影》《光的反射》,SHT3 上的《我们的小缆车》《运动和摩擦力》等课主要应用了演示法、提问法、讨论法、讲授法。SST4 上的《热是怎么进行传递》计划采用探究法和提问法、讨论法、讲授法等。下面是我与部分五年级教师的访谈记录。

研究者:董老师,您讲摩擦力与接触面状况关系这一部分内容时,计划采用什么教学方法?

SHT3:在前面一部分内容中,通过和同学们的讨论以及教师的讲解,学生们已经知道了什么是摩擦力,在这一部分我们提出一个问题——摩擦力的大小究竟与接触面的光滑程度有什么关系?针对这个问题,师生进行交流,在这里最主要的是采用讨论法。在和学生交流的基础上,我们让学生设计一个实验来证明,我们先讨论一下实验的过程,然后教师用演示法给学生演示一下,通过教师的演示实验,学生就能够得出物体间接触面光滑,摩擦力小,接触面粗糙,摩擦力大的结论。(2013 年 12 月 26 日)

六年级:在访谈六年级教师在上课都会采用何种教学方法时,所有教师表示自己上课时肯定会用到提问法、讨论法和讲授法。有四位教师认为自己上课时会用到演示法,如 SYT6 在《做框架》一课中,计划用到演示法。有一位教师表示自己上课时就是简单给学生讲授一下。有一位教师表示除了采用演示法外,有时间的话还会用到视频教学法。如 SYT5 和 SHT4 教师上的《轮轴的秘密》一课,计划采用探究法。下面是我与部分六年级教师的访谈记录。

研究者:翟老师,您在上《轮轴的秘密》这一课时,计划采用什么教学方法?

SYT3:这节课,我计划带学生上实验室上课,计划运用探究法、讲授法、讨论法等,比如说在轮轴到底有什么作用这部分内容,让学生用一个轮轴实验装置来研究轮轴的作用,让学生试一试,在轮上几个钩码能把轴上的钩码提起来,实现平衡。让学生多做几次实验,认识到轮轴的作用,这应该算是探究法吧。(2013 年 9 月 20 日,SY 小学实验室)

二、课堂教学中教学方法的决策特点

　　以上分析了备课时教师在上各年级课时对教学方法的设计特点,究竟在具体的教学过程中,教师是如何做的呢?我们通过对教师课堂教学录音资料的整理和听课记录来了解教师在教学过程中使用的教学方法。以下是在各年级课例中的具体表现。在考察三到六年级教师在课堂教学中有关教学方法的决策时发现,总体来讲,课堂教学阶段表现的有关教学方法的决策和教师在课前备课阶段对教学方法的采用基本一致,但在课堂教学阶段,教学方法的表现更为具体化。如教师在课堂教学阶段采用的教学方法主要有以下几种,一般提问法、讨论法、观察法、启发提问法、小组活动法、记录法、画图法、教师演示法、多媒体教学法、教师讲解法等。以下是各年级教师在课堂教学过程中使用教学方法的情况。

　　三年级:五所学校的三年级课上几乎所有的教师都在课堂教学阶段采用了提问法、讨论法、教师讲解法、多媒体教学法。其他几种教学方法的应用情况如下:三年级的课堂教学上只有两位教师,SHT1 上的《蜗牛》、SYT1 上的《大树和小草》应用了小组活动法。有一位教师主要采用了视频法,如 SFT1 上的《金鱼》。有三节课采用了教师演示法,这三节课分别是 SHT1 上的《比较水的多少》《水和食用油的比较》,BHT1 上的《哪种材料硬》,SYT1 上的《我观察到了什么》《校园里的树木》,在这三节课中,教师主要是以采用讨论法和讲授法为主。以下是部分课例的教学过程中采用教学方法的分析。

　　教学案例《我看到了什么》

　　教学方法:讲解法、提问法、讨论法、记录法。

　　教学过程片段

　　一、引言

　　师:同学们,在校园里、大路旁、山坡上……我们都能看到植物,同学们都对哪些植物熟悉呢? (在该处,教师是一般性提问法)

　　生:回答。

二、看照片上的大树

师:书上是一幅梧桐树的照片,请大家仔细看图,你能发现关于这株梧桐树的哪些特点。(教师讲解法和一般提问法)

生:汇报。

三、回忆中的大树

师:虽然在树上第一幅照片拍摄得很清楚,但是我们看到的东西却不是很多,同学们能回忆一下你曾经看到过的大树是什么样子吗?

生:汇报。

师:从刚才同学们的汇报可以看出,有的同学看过大树,有的同学没看过真正的大树,同学们想去看真正的大树吗? (一般性提问法)

生:回答。(交流看真正大树的理由)

师:所以说我们要看真正的大树的话,必须带着目的去看,我们的观察活动就要开始了,现在请小组讨论一下,如果观察真正的大树,你计划如何观察? (一般性提问法和讲解法)

四、制订观察大树的计划

师:同学们讨论一下观察大树应该怎么观察,并且记录在一张纸上,一会请同学们汇报一下。(讨论法、记录法)

生:讨论,记录,汇报。

师:点评同学们制订的观察计划,指导学生应该从哪些角度观察大树。(讲授法)

生:修改计划。

师:总结观察大树的方法,观察要有序;从整体到部分,充分利用各种感官。(讲授法)

教学案例《蜗牛》

教学方法:提问法、讨论法、小组活动法、观察法等。

教学过程片段

一、引入(教师提问法)

师:同学们都见过蜗牛吗?

生:回答。(有的见过,有的没见过)

师:那有同学知道蜗牛生活在什么环境下吗?

生:回答。

师：大家都知道蜗牛喜欢阴暗潮湿的环境，那么我们今天就研究一下蜗牛。

二、观察蜗牛的身体（小组活动法、观察法、教师讲解法）

师：今天老师给每个同学带来了几只蜗牛，一会同学们就观察一下蜗牛的身体。（给学生把蜗牛分发下去）

生：观察蜗牛活动。（学生都非常高兴）

师：让学生汇报观察的结果。

生：汇报观察结果。

师：告诉学生观察蜗牛和记录蜗牛的方法。再让学生观察三分钟。

生：观察蜗牛三分钟。

师：让学生汇报。

生：汇报。

三、观察蜗牛的运动和反应（学生讨论法、小组活动法、观察法）

师：组织学生讨论观察蜗牛运动的方法和记录的方法。让学生观察蜗牛的运动。

生：观察、记录蜗牛的运动。

师：让学生汇报观察的情况。

生：汇报。

师：教师总结，蜗牛运动的特点：靠腹足运动，并且爬过的地方有黏液，会对刺激作出反应。

四、饲养蜗牛（教师讲授法）

师：同学们观察了蜗牛的身体和运动，应该对蜗牛非常喜爱了，你们想知道怎样饲养蜗牛吗？

生：想。

师：讲解饲养蜗牛的办法。

四年级：在观察五所学校四年级科学课教师采用哪些教学方法时，发现教师采用到的教学方法有提问法、讨论法、讲解法、小组活动法、演示法、观察法等。在所有的课例中提问法、讨论法、讲解法是用得最多的方法。有部分课例上课时需要同学们采用小组活动法探究学习的内容教师大都替换成了采用演示法，这样的课例一共有四节，分别是BHT1上的《水能溶解一些物质》，SHT2上的《声音是怎么样传播的》《我们是怎么样听到声音的》，SFT1上的

《风向与风速》。在《天气日历》一课中主要采用了讲解法、画图法、提问法、讨论法。在《温度与气温》《各种各样的岩石》这两课中,教师主要采用了提问法、观察法、讨论法、小组活动法。以下是部分课例中教学方法应用的情况分析。

《水能溶解一些物质》教学案例

教学方法:演示法、观察法、讨论法、讲解法、提问法。

教学过程片段

食盐在水中的溶解

师:同学们,我们今天要学习的内容是关于溶解的现象。你们看教师手里准备的是什么? (一般提问法)

生:糖、盐、沙子。

师:同学们猜对了。现在请你们观察一下实验现象。

生:观察教师的实验。(观察法)

师:取一小勺盐和一小勺沙子,分别放入两个盛水的玻璃杯中,不搅拌,让学生观察。过一会再搅拌,观察它们的变化。(食盐在水里是如何变化的?沙子在水里的变化?)(一般提问法、演示法)

生:汇报观察现象。食盐在水里容易溶解、沙子在水里不容易溶解。

师:组织学生讨论:哪些现象使得我们容易判断出食盐在水里容易溶解?哪些现象能使得我们判断出沙子在水里不容易溶解? (讨论法)

生:分小组讨论。

案例《认识几种常见的岩石》

教学方法:观察法、讨论法、讲解法、提问法、小组活动法。

教学过程片段

师:同学们,这节课我给大家带来了几种常见的岩石,大家想不想认识一下?

生:想。

观察、描述岩石。

师:出示岩石——页岩、砂岩、石灰岩、砾岩、大理岩、花岗岩,那么大家先讨论一下观察的方法有哪些? (一般提问法)

生:讨论观察方法。(讨论法)

生:汇报交流。(放大镜、互相撞击等)

师：引导学生从颜色、形状等方面进行观察，还可从它们的构造和组成来观察，给学生讲解构造和结构。（讲授法）然后把这六小块岩石，分发给各小组，让各小组观察。

生：观察汇报交流。（观察法）

师：让学生把观察结果填表。（提示学生滴稀盐酸后的反应不用填）

师：根据学生观察的结果进一步对构造、结构等特点的表现给学生做解释。（讲授法）

五年级：从对五所学校五年级科学教师课堂教学的观察中发现，提问法、讨论法、讲解法是所有的课都会涉及的方法。在听某市市区部分学校的课时，发现绝大部分的课除了几种常用的方法外，还采用了演示法。如 SYT3 讲的《蚯蚓的选择》、SHT3 讲的《安装一个小缆车》《运动和摩擦力》。在郊区学校兼职教师的课堂教学中，只有少数教师对实验环节的内容采用演示法，绝大多数教师仅选择一般提问法、讨论法、讲解法为主要的教学方法。以下是部分教师有关教学方法决策的案例。

教学案例《蚯蚓的选择》

教学方法：一般提问法、讨论法、教师讲解法、演示法等。

教学过程片段

一、谈话导入

师：同学们，你们见过蚯蚓吗？一般在什么地方见到它们？你们觉得蚯蚓喜欢什么样的环境？（一般提问法）

生：自由发表看法。

二、学生活动——蚯蚓喜欢的环境是黑暗还是光亮

师：从同学们刚才的回答中，知道许多同学都见过蚯蚓，现在我们来研究一下蚯蚓到底是喜欢黑暗的环境，还是光亮的环境？教师出示带来的实验器材，长方形扁纸盒两个、黑布、塑料薄膜、玻璃片、蚯蚓 10 条、干土、湿土。

师：现在请同学们按我提供的实验材料讨论设计一下实验，每个小组记录一下实验步骤。（讨论法）

生：汇报。

师：在讨论的基础上确定可行的实验步骤。

师：分别选择两组同学上来做演示实验。（演示法）

生：部分学生做演示实验。

师：让学生汇报实验结果。

师：点评总结实验。（讲解法）

案例《设计制作一个保温杯》

教学方法：提问法、讨论法、讲解法。

教学过程片段

哪种杯中的水凉得慢一些

师：大家看教材43页有三个大小相同的杯子，分别是不锈钢杯、陶瓷杯和塑料杯。大家猜一下，如果把相同温度、相同多的水倒入三个杯子中，哪个杯子杯壁烫，哪个杯子杯壁凉？（一般提问法）

生：根据生活经验猜测结果。

师：教师说出正确的结果，刚开始是不锈钢杯烫，过几分钟是不锈钢杯子的温度低。你们知道是什么原因吗？

生：回答。（猜测各种原因）

师：教师讲解热的良导体，热的不良导体。（讲解法）

六年级：在分析六年级教师的课堂教学实录时发现，在教学方法决策方面，一般提问法、讨论法、讲解法是最常用的教学方法。除此之外，有以演示法为主的课例三节，如SYT5的《定滑轮和动滑轮》、SYT6的《做框架》、SHT4讲的《电能和能量》。以学生的探究活动为主的教学，如SYT5和SHT4讲的《轮轴的秘密》。以讲解法为主的课两节，SFT2讲的《斜面的作用》《电和磁》。以下是部分课例中有关教学方法决策情况的分析。

教学案例《轮轴的秘密》

教学方法：一般提问法、讨论法、讲解法、探究法。

教学过程片段

一、导入新课

师：出示大小不同的几把螺丝刀，请学生选择如果拧同样的螺丝钉，自己选择大的，还是小的，为什么？（提问法）

生：大的。

师：你们说大螺丝刀比小螺丝刀的轮大，所以省力，是吗？你们怎么样说服我？

二、轮轴的作用

师：根据教材提示进行分组实验，观察、记录。（小组活动探究法）

师：总结大家的结论，在轮上用力比较省力，在轴上用力比较费力。（讲解法）

第三节　教学目标决策基本特征

教学目标是对学习者通过学习后应该表现出来的可见行为的具体明确的表述。它是教学活动的出发点和归宿，是教学活动的指南，是教学评价的依据。也就是说，作为教学的"纲"，它保障了教学过程中师生活动具有明确的共同指向，"纲"举"目"张。从整体来看，教学目标有着不同的层次，又有着不同的领域划分。[①]对于小学科学课而言，小学科学课的总目标是什么？分目标是什么？小学科学课程标准都做了明确的规定。小学科学教材的每个单元的目标、每节课的目标，科学教师教学用书都有明确的规定。总的来说，无论是课程标准规定的总目标、分目标，还是教师教学用书规定的单元目标和课时目标，都把教学目标大体分为知识与技能、过程与方法、情感态度与价值观三个维度。如课标中规定的通过科学课程的学习，应该实现的课程目标是从科学知识、科学探究过程与方法、科学态度三方面来描述，分目标是从科学探究、情感态度与价值观、科学知识等方面做了明确规定。

一、备课阶段教学目标的决策

在备课阶段，教师对每一课的教学目标达成是如何想的？有什么样的表现？通过教师的访谈，可以看出教师在备课阶段的有关教学目标决策特点。

1.对教参上每一课教学目标的认同

在对三到六年级教师备课时关于教学目标确定的访谈资料中，可以了解到几乎所有的教师都非常认同教参中确定的每一节课应该实现的三维目标，并且部分教师对课堂教学目标的确定是围绕着教参来设定。大多数教师都认为教材上规定的每节课的教学目标比较符合小学科学学科的品性特

---

① 赵才欣，韩艳梅．如何备课 [M]．上海：华东师范大学出版社，2009：34.

点。在教师备课阶段关于课堂教学目标确定方面的访谈中,几乎百分之百的教师都认同教参中对课堂教学目标的确定。以下是针对教学目标确定的部分访谈资料。

　　研究者:张老师,我想了解一下您每节课的教学目标是怎么确定的?

　　SYT1:教学目标啊,我每一节课教学目标的设定就是按照教参上面的来啊!我觉得教参上对每一课教学目标的设定就比较到位,某个环节教学内容看不明白时,就结合着教参上的教学目标去备课,去了解教师应该具备哪些知识内容。而且教参上规定的教学目标也是按照课标来上的,我觉得比较科学,像我要讲的《我看到了什么》这一课,在科学概念方面就是让学生了解树是活的植物,生长在一定的环境里,是有生命的物体。在过程与方法方面主要是让学生初步认识真正的观察应该是有目的的,确定观察的方法和步骤有利于观察的进行。用各种感官观察大树,借助放大镜、皮尺等简单的工具对大树进行观察和测量,用简单的词语记录观察的结果。在情感态度价值观方面让学生懂得从图片中获得的信息是有限的,亲自观察事物会对事物有更多的认识。发展观察大树的兴趣,体会到生命体给我们带来的生机勃勃的感受。在观察过程中,培养与他人合作的习惯。你看,教参对教学目标的设定多详细,告诉了我们每个环节必须要实现什么目标。这样的教学目标比较科学,也能引导着我设计我的课堂教学环节。(2013年9月7日,SY小学科学组)

　　2.更为突出知识目标的实现

　　在和五所学校三到六年级教师上课前交流对教学目标的决策时发现,尽管所有教师对教参中规定的三维目标持有认同态度,但是大部分教师上课时都觉得自己只能实现部分目标,即能够保证知识目标的实现。这种现象的出现一方面是由于教师以知识目标为取向的传统习惯根深蒂固,另一方面许多教师表示是受教学条件、教学精力等的限制。下面是关于教师们在备课阶段更为突出知识目标的具体表现情况。

　　(1)受以知识为目标的取向影响

　　从三年级科学教师访谈资料的分析中,可以看出大部分教师都比较认同教参中提出的小学科学课每一课的教学目标。但是,备课阶段教师对每一课每一环节的教学内容决策时很重要的参照就是教参中的教学目标,根据教学目标的要求,来调整教材中部分环节的具体内容。对内容的调整往往倾向于愿意把教材中大的环节活动内容表达成在这部分应该给学生什么确切的知识点上面,只有备课时这样的调整教师才觉得踏实,才觉得在上课时感到有"底气"。从教师的表现我们可以看出,教师非常重视自己在上课时的知识储备,但同时也表现出教师在教学目标实现上更为注重学生知识的获得。例如在观察三年级教师备课阶段对教材上的环节、内容进行局部调整时,可以看出经常把教材上大的内容环节中需要学生在探究过程中实现的过程与技能目标转化为直接告诉学生这些技能是什么?其实这种忽视过程,只注重具体方法的答案是什么的。教学内容调整就直接展现出教师在备课阶段,实质上还是更为重视知识目标的取向。以下是部分访谈资料的摘录。

访谈片段

研究者:严老师,在《金鱼》这一课中,观察金鱼的呼吸,您对这一教学内容怎么处理?

SFT1:这部分的主要教学内容是让学生观察金鱼的呼吸,从而自己探究出金鱼呼吸的特点,由于教学条件的不具备,在这一部分,我把让学生观察金鱼调整为让学生看一些金鱼的视频,正好教学光盘里面有一段金鱼的视频资料。

研究者:那学生对鱼的特点的了解不就不能观察了吗?

SFT1:那没有关系啊!学生看完视频后,我让他们讨论一会,把这部分知识告诉学生就可以了。(2013年10月13日,SF小学科学实验室)

(2)学生安全问题

观察和访谈三四年级教师上课时,发现SYT1在上《我看到了什么》、SYT2在上《天气日历》《温度与气温》、SFT1在上《风向与风速》等课时教学目标的实现受对学生安全问题考虑比较多的影响。

访谈片段一

研究者:张老师,您要讲的《我看到了什么》这一课,第三个环节的内容是让学生观察真正的大树,您对这个环节活动的具体内容做了调整,还能实现三维目标中涉及情感态度与价值观方面的,学生在观察过程中培养与他人合作的习惯这一目标吗?

SYT1:虽然我比较认同教参上规定的教学目标,但是由于我们实在是担心孩子的安全问题,因此就不让孩子出去观察了,那样根本管不住孩子,这一课培养在观察过程中与他人合作的习惯这一目标就不可能实现了。(2013年9月7日,SY小学科学组)

访谈片段二

研究者：李老师，您在上《天气日历》这节课时，您预计能实现哪些教学目标？

SYT2：这节课在教学参考上的教学目标设定是这样的，科学概念方面主要是让学生认识到天气每天都在发生变化，过程与方法方面就是培养学生运用多种感官和初步使用温度计来收集天气信息和数据，并且让学生记录在"天气日历"和"温度表"中，同时要让学生意识到长期的观察记录能够使学生了解到更多的天气信息。我觉得这一课的目标设定挺好的，但在我的课上是不会让学生到室外去用温度计来测量温度的，我主要是告诉学生温度计怎么使用，简单地测一测体温和教室的温度就行了。这样安排主要是从学生的安全问题方面着想。因此这节课只能实现教参上要求的部分目标了。在让学生制作天气日历这个环节我计划让学生先在课上画出制作天气日历的图来，学生要想制作天气日历的话就让学生用课余时间去完成，这门课是副科，我们也不会做很多硬性的要求，也许感兴趣的同学会做一做。（2013年9月11日，科学教研室）

3. 教师以演示实验为主

访谈到五所学校的五年级教师上科学课能够实现什么样的教学目标时，SYT3上的《蚯蚓的选择》、SFT2上的《光和影》、SHT3上的《我们的小缆车》和《运动和摩擦力》、SST3上的《热是怎样传递的》、SST4上的《制作一个保温杯》、SST5上的《时间的流逝》、SST6上的《太阳钟》、SST7上的《单摆运动》、SST8上的《金属的热胀冷缩》等课我们发现，上课时达到学生科学知识方面的目标是没问题的。过程与技能方面的目标由于学生没有那么多的动手机会，教师在上课时以演示实验为主，可能在实现时难度就很大。部分教师认为实现不了目标是由于学校的实验室太少了。学校仅仅有一个实验室，只能供给校内一个年级的教师使用，如果都使用的话课程排不开，有的教师认为如果每个学生都有动手机会的话，老师就太累了。以下是部分相关访谈资料的摘录。

研究者：严老师，《金鱼》这一课准备达成的教学目标是按照教参上的来确定吗？

SST1：如果真能达成教参上的教学目标就好了，我这节课就是按照大纲的教学内容结构给学生简单讲讲每个环节涉及的知识，因为学生在这节课里对金鱼的了解主要是通过看视频来进行，所以像什么用实验的方法来证明自己的猜想的目标，在我的课上可能就不具备条件来达成了。（2013 年 10 月 13 日，SF 小学科学实验室）

4.兼顾三维目标

三年级：有的教师在备课阶段确定自己的教学目标时就是按照教参上的来确定。如 SYT1 上的《大树和小草》一课、SFT1 上的《蜗牛》一课、BHT1 上的《动物有哪些共同特点》《哪种材料硬》两课、SHT1 上的《水和食用油的比较》《比较水的多少》两课。

四年级：在 SFT1 上的《水能溶解一些物质》、SST2 上的《认识几种常见的岩石》这两课中，教师认为自己的教学安排是和教参上要求的教学目标比较一致的。

五年级：SYT3 在上《食物链和食物网》、SST3 在上《热是怎么样传递的》课时，认为在这节课里自己是完全按照教材上规定的内容和目标来讲，应该能够实现教参上规定的教学目标。

六年级：SYT5、SHT4 都上了《轮轴的秘密》一课，教师在确定教学目标时都是充分按照教参上的要求进行。

访谈片段一（部分访谈资料摘录）

研究者：严老师，您能跟我说说《蜗牛》这一课的教学目标您是怎么确定的？

SFT1：在这一课中我基本上是按照教材的教学内容流程走的，具体内容也没什么变化。我的教学目标也是按照教参上来的，在科学概念方面，让学生知道蜗牛的特点体现在它的运动、身体构造等多方面。蜗牛能对外界的刺激产生相应的反应，如触角伸缩、身体缩进壳内来躲避危险等。蜗牛利用腹足能在各种物体上爬行，能用腹足做波浪状运动并在爬行中留下黏液痕迹。过程与方法方面的教学目标主要是让学生经历和体验从整体观察到局部观察的过程，并学会使用放大镜做更细致的观察。学生能够用简图画出蜗牛的外形。能够按照教科书上介绍的方法饲养蜗牛，做好观察记录。在情感态度与价值观目标方面，要发展学生研究小动物的兴趣，使学生树立起认真细致、实事求是的观察态度，做到关爱小动物，不伤害小动物。教参上的教学目标是我们在备课时对教学内容把握的依据。

访谈片段二

研究者：孙老师，我想问一下在《食物链和食物网》这节课里，您计划实现哪些教学目标？

SYT3：在这节课里要求实现这样三个目标，第一个目标就是让学生了解蔷薇花丛中动植物间存在着食物能量交换关系。第二个目标是通过分析讨论，让学生能够发现事物之间的相互联系和相互影响。第三个目标是让学生养成善于听取别人意见、虚心向别人学习的科学态度。我比较认同这三个层次的目标，这节课中根据我的教学内容安排，我觉得在第一部分的重点是谁被谁吃的关系，让学生按照谁被谁吃的顺序，用简单的箭头和文字演示这种关系，在学生找到这些生物之间关系的同时就能够知道动植物间存在的食物能量关系。我感觉这三个目标在我的课上应该都能够实现。不过一节课能够实现什么目标，也要根据教学内容来看，有的课实现教学目标时条件不具备，那可能就会以知识目标为重。（2013年9月19日，SY小学科学实验室）

访谈片段三

研究者：付老师，您上《轮轴的秘密》这节课时，都预计实现哪些教学目标？

SHT4：当然是三维目标了，我觉得这节课对学生能力的培养挺重要的，能让学生动手就尽量让学生动手操作，学生不仅要在学习知识方面有收获，在方法与技能、情感态度价值观方面也要跟上。这门课目前在学校受重视程度还不够，是副科中的副科。我们学校比较照顾我身体，把实验室交给我用了，我的课都可以在实验室上。有的课如果实验室具备条件让学生做实验的话，我会尽量让学生动手做。《轮轴的秘密》这节课我前一阵公开课讲过，您不是要来听课吗？我就想重上一遍这节课，正好我们也可以一起探讨一下。这节课主要是让学生认识在轮轴上用力能够省力，轮越大越省力。在轮轴有什么作用这个环节，我主要是让学生用一个轮轴实验装置来研究轮轴的作用，学生可以在大小差别更大的轮轴上挂重物进行实验分析，认识到轮越大越省力。（2013年12月5日，SH小学科学实验室）

二、课堂教学中教学目标决策特征

从课前教师对每节课教学目标的认识和看法中可以了解到教师对课标和教材中规定的三维目标比较认同，但很多教师也认为在实际的课堂教学中因为各种原因只能实现部分目标,究竟在课堂教学过程中,教师是否实现了预设的教学目标,在实现教学目标决策方面有何种特点,我们一方面可以从课堂教学的每个环节里教师对教学内容的处理和教学方法的应用来看教师对教学目标的决策,同时我们也可以从学生的活动来感受每个环节教师实现的教学目标。总的来说,从教师对教学内容的决策表现来看,几乎所有的教师在课堂教学的大的环节方面和教材的基本结构一致,但是对于每个环节下的基本内容有许多教师由于各种原因做了调适,究竟这种调适对教学目标的实现有何种影响。我们可以在教师的课堂教学过程中找到答案。

1.注重以知识为主目标的实现

三年级:从五所学校三年级十节课的特点来看,大部分的课还停留在以实现知识目标为主的层面,像这样的课例在五所学校的三年级课堂上一共有三节,如 SFT1 上的《金鱼》,教师上课时根本没有准备教学材料。SYT1 上的《我看到了什么》《校园里的树木》等课,教师由于担心安全问题对教学内容做了部分调适,让学生课下去观察树木,这种调适直接导致了每节课在实现过程与方法目标方面的难度。从以下选取的部分案例的分析中可以看出教师注重以知识为主目标的实现特点。

教学案例:《哪种材料硬》

教学材料准备:木头、金属、纸、塑料各一条。

教学方法:主要是演示法、讨论法、一般提问法等。

在《哪种材料硬》这一课,教学参考中规定的在这节课应该实现的教学目标有以下几点:科学概念目标,物理性质可以用来描述材料,比如硬度、韧性、吸水性和在水中沉浮的能力。硬度较大的材料能在硬度较小的材料表面留下刻痕。过程与方法目标,用简单测量的方法检验材料的物理性质,通过比较发现材料的不同物理特性,选择适当的词语定性描述材料。情感态度价值观目标,发展学生对物质世界的探究兴趣,认同物体性质是可以被观察和测量的观点,增强材料循环利用、节约资源的环境保护意识。在教学内容安排方面,教师基本上是按照教材中规定的内容来进行。

教学过程片段:

一、比较硬度

师:同学们,我手里有纸张和塑料这两种材料,你们觉得哪种更硬一些?

生:纸张软,塑料硬。

师：那你是用什么方法来比较的。

生：纸张容易变形，塑料不容易变形。

师：同学们真聪明。那我再给你们一种材料，你们能够分辨出来吗？

生：学生对塑料和木头的硬度有各种猜测，提出用捏、压、折的方法。

师：（拿出材料，按同学们说的分辨材料的硬度，结果都不行。）看来都不行，老师给你们讲一种判断物体坚硬与否的方法，刻痕法。一种物体如果能在另一种物体上刻出痕迹，就表示它比较硬，反之比较软。哪位同学能试试看？

生：一位学生到讲台前尝试着在塑料和木头两种材料之间刻痕。（只有前面的部分同学能看到）

师：如果一种物体能在另一种物体上面留下痕迹，那么前面的物体就硬，后面的物体相比较而言就硬度小。现在老师这里又加上金属，你们能比较出三者之间的硬度吗？想想用什么方法？你们先把猜测的结果拿一支笔填在画好的表格里。

生：画表格，填猜测结果。

师：（五分钟过后）教师让学生汇报自己的猜测结果。

生：汇报。

师：现在我们可以用实验证明我们的猜测。如果我们做这个实验要注意哪些方面？

生：还用刻痕法。

师：有哪些注意事项？

生：……（由于学生没有材料，这个问题学生回答得不太好）

师：老师现在告诉你我们做这个实验时的注意事项。首先我们刻材料时要选择一种材料去刻另一种材料……现在老师给大家演示一下，卡纸和木条，谁上面有痕痕。

生：纸。

师：接着老师依次按照告诉同学的实验要求演示了几种物体的硬度比较。（提问学生，这些物体硬度之间的排序）

生：这些物体硬度之间的排序是金属、塑料尺、木条、卡纸。

二、认识金属

由于这部分内容教师没有准备金属材料，BH 学校的实验室教学多媒体教学设备还没安装好，教师就没给学生看金属的图片，主要是让学生看教科书上的材料,给学生介绍金属延展性的特点。

师:同学们,大家都知道金属是一种很重要的材料,大家看看书上,都有哪些用金属做成的成品。

生:汽车、勺子、桶。

师:那你们知道这些生活用品都是利用哪些金属的性质做成的吗?

生:说不完整,能举出金属运用的例子。

师:给学生分别讲解金属传热性、导电性、延展性、有光泽的特点。

师:金属有这么多的特性,同学们阅读一下书上的饮料罐的故事,看看是应用了金属的哪些性质。

生:阅读饮料罐的故事。

师:(到下课时间了)让学生下节课汇报。

案例分析:通过《哪种材料硬》这节课的课堂实录,我们可以看出学生在这节课中通过教师的演示和对实验步骤的讲解,能够知道硬度是材料的重要性质,并且能够通过这节课了解刻痕这种比较硬度的方法,但是由于教师在这节课教学材料只有一套,实验的过程主要是教师在演示,或者是教师让少部分同学到前面去演示,大多数同学在课堂上只看教师的演示,并不能通过自己动手操作发现材料的不同特性,因此本节课在实现过程与方法这个目标时,就显得有些薄弱,学生究竟能否真正理解刻痕的方法呢?只有通过学生动手操作的过程才会看到效果。

四年级:在课前访谈四年级教师时,许多教师都比较认同教材上规定的每一课的科学课教学应该达到的目标,究竟在教学过程中教师教学目标的实现有何特点?根据课后对教师访谈的关于每节课教学目标的实现情况来看,多数教师认为大多数课还是以实现知识目标为主,原因是受到教学材料、教师考虑因素太多等的影响。每节课是否基本上实现了教参上规定的教学目标与教师在课堂上对教学内容的调整与使用的教学方法有密切的关系。以下是对四年级一些典型案例的分析。

教学案例一:《天气日历》

教学内容调整——因为安全问题的调整。

教学方法:提问法、画图法、讲解法等。

在《天气日历》这节课应实现的教学目标分别为:科学概念目标——天气每天都在发生变化,过程与方法目标——运用多种感官初步使用温度计来收集天气信息和数据,并记录在"天气日历"和"日期—温度"表中,情感态度价值观目标——让学生意识到长期的观察和记录会使我们了解更多的天气信息。在该课中教师把第二部分内容带领学生到室外观察当天的天气情况调适成了让学生在课堂上制作天气日历图表。这部分教学内容的调适对过程与方法目标的实现会有很大的影响。以下是部分访谈资料的摘录。

SYT2:我们上科学课时虽然应该注重学生的过程与技能目标的实现,但在实际的教学中,我们先得考虑实际问题,安全应该放在第一位,科学课有许多教学活动需要相应环境的支持,光靠我们个人的努力是不行的,我们不是班主任,学生的课上纪律就不怎么好,如果再把他们带到外面,我们非常担心出什么事情,在第二位我们才考虑教学内容和教学目标的实现。

教学案例二:《声音的传播》

教学内容调整——实验材料不充分

《声音的传播》一课的教学目标在科学概念方面要求学生认识到声音是通过物体以波的形式,从一个地方传到另一个地方的。过程与方法方面要求学生能够借助实验和想象,对声音的传播方式进行描述。设计声音在不同物体中的传播实验,对声音在不同物体中的传播情况进行比较。情感、态度、价值观方面要求学生意识到从实验中获取事实是认识世界的基本方法。

教学过程片段

一、引入

师:前面我们已经研究了很多有关声音的内容,那么声音究竟是怎样到达我们的耳朵呢? 在声音的传播过程中,声音会改变吗? 我们将继续研究这方面的问题。

二、振动物体与声波

师:从第2课《声音是怎么产生的》我们已经发现,由于音叉的振动而产生了声音,那么音叉的振动是怎么引起水面的波动呢? 现在给大家几分钟时间看书上的图片,一会儿描述一下音叉振动是如何引起水面波动的? (提问法)

生:看图。

师:请同学们交流反馈。

学生交流反馈:水面的波纹一拨一拨地从音叉中心慢慢向四周散开去。

三、小游戏

师：平时我们经常接听电话，今天我们在课堂上做个接电话的小游戏。教师出示土电话装置。现在我给大家介绍一下土电话的做法。你们想知道吗？

生：想。

师：给同学们介绍土电话的做法。（用两个土纸杯作为话筒或听筒，用一根长约5米长的棉线或尼龙绳作为电话线，做一个"土电话。"）

师：现在我要请同学们来玩儿会游戏。不过在玩游戏之前，我要跟同学们讲讲游戏规则。

要求：玩游戏的同学要小声说话，以听电话的同学不能直接听到为宜。

在听电话的时候，电话线要拉紧，不能松松垮垮的。

师：请愿意的同学上前面来玩游戏。（找了四五组同学）

生：按要求玩游戏。

师：让做游戏的同学交流一下纸杯里的声音是怎么传播的。

生：通过纸杯和线传过来的。

师：声音是以波的形式传播，当声波遇到物体时，会使物体发生振动，声音就是通过各种物质，从一个地方传到另一个地方的。

三、声音在不同物体中的传播

师：让学生看ppt，这里有几种相同长度的铝箔尺、木制米尺、棉线、尼龙绳，那么你们能不能判断一下声音在这些材料中的传播呢？下面请每组的同学画一个表格，把自己的判断填在表格中。

生：画图，填写。

师：让同学汇报。

师：说出结果，同时总结在不同物质中声音的传播情况不同。

案例分析：通过《声音的传播》的每一部分的教学，可以看出教师对部分教学内容做了调整，比如把让学生借助实验去体会声音是以波的形式传播的替换成了让学生看图讨论。在学生用土电话感受声音的传播这个游戏中，师只拿了一个土电话让四五个同学做演示，由于实验材料比较少，只有部分同学感受到了。因此学生在这部分内容的学习中仅仅能够了解到那些科学概念。在过程与方法、情感态度价值观方面教学目标的达成方面显得不够理想。

教学案例三：认识几种常见的岩石

《认识几种常见的岩石》在科学概念教学目标方面应实现的是让学生

初步认识页岩、砂岩、花岗岩、石灰岩、大理岩等几种常见岩石的特征及用途。不同种类的岩石在结构和构造上有不同的特征,岩石的特征与它的成因有关系。过程与方法方面应该实现的目标是让学生学会观察、描述、记录几种常见岩石的颜色、结构和构造。能够根据岩石的特征对照有关资料识别岩石,并且能够根据需要对岩石进行观察、比较,以及查阅相关资料。情感态度价值观方面的目标,主要是培养学生收集、研究岩石的兴趣,认识到认真细致地观察、比较、记录和描述是十分重要的。

教学过程片段:

师:同学们,这节课我给大家带来了几种常见的岩石,大家想不想认识一下?

生:想。

师:出示岩石——页岩、砂岩、石灰岩、砾岩、大理岩、花岗岩,那么大家先讨论一下观察的方法有哪些?

生:讨论观察方法。

生:汇报交流。(放大镜、互相撞击等)

师:引导学生从颜色、形状等方面进行观察,还可从岩石的构造和组成来观察,给学生讲解了构造和结构。(讲授法)然后把这六小块岩石,分发给各小组,让各小组观察。

生:观察花岗岩组汇报——花岗岩颜色有点黑。

师:形状呢?

生:上面有花纹。

师:什么构造?

生:回答不上来。

师:看来同学们还是不明白构造是什么意思?构造就是岩石的矿物排列方式和充填方式所赋予岩石的外貌特征。比如说这块岩石的颗粒就比较粗,而且大家也可以看出这块岩石很坚硬。

案例分析:在该课的课堂教学过程教学的第一个环节进一步观察岩石这一活动中,教师带了一组岩石,给每块岩石做了编号,让学生观察岩石的特征。在学生汇报的过程中,学生只能说出岩石的颜色、形状,但在岩石的结构和构造方面学生几乎说不出每块岩石的特点。这时教师没有引导学生对观察内容做拓展,而是把岩石的构造和结构告诉了学生。教师对于学生在观察中遇到的问题,直接把结果告诉学生的做法,不利于学生过程与技能方面能力的培养。学生在课堂上好像不明白岩石的构造是什么?这种现象的出现和教师准备材料的不充分也有关系,有时学生需要通过对不同岩石的比较才能知道不同岩石的特点,教师只拿一套演示材料并不利于学生的比较和观察。

五年级:通过对五所学校五年级科学教师的课堂教学观察发现,在教学中教师只是实现了部分教学目标,如 SYT3 上的《蚯蚓的选择》一课、SHT3 上的《安装一个小缆车》和《运动和摩擦力》两课、SFT2 上的《光和影》和《光的反射》两课、SST4 上的《设计制作一个保温杯》一课。在这些课中,大多数教师上课时针对学生实验活动教学内容的教学方法,都是以演示法为主。通过观察发现,一些兼职科学教师在常态化的课堂教学中甚至以讲解法为主。从教师上课时的教学内容和所应用的教学方法的适合性来看:在实现教学目标方面仅仅关注了以知识为主的教学目标的实现,而忽视了过程与技能、情感态度价值观目标的实现,不利于学生科学素养的形成。以下是对部分教学案例的分析。

教学案例:《蚯蚓的选择》

教学方法:提问法、讨论法、讲解法、演示法。

教学过程分析

一、谈话导入

师:大家见过蚯蚓吗?一般在什么地方见过?大家讨论一下蚯蚓喜欢什么环境?

生:湿润、干燥、黑暗、明亮的环境。

二、蚯蚓喜欢黑暗的环境还是明亮的环境

师:根据我准备的实验材料,大家讨论设计一下进行对比实验的方法和步骤。

生:讨论后汇报。

师:总结进行实验的步骤,并让同学们写下来。

师:让部分同学按实验步骤做演示实验。

师:总结,蚯蚓喜欢黑暗的环境。

案例分析:通过这节课的教学内容,我们可以很明显地看出本课的教学目标不仅仅是让学生认识到动物生存需要一定的环境条件,更重要的是让学生在动手操作的过程中,掌握对比实验的方法。在这节课,关于对比实验的内容教师先让学生讨论了一下设计实验的方法,随着组织学生对实验方法进行了动脑思考,这期间只有部分学生做了演示实验。在这节课前,教师也不知道学生们的动手能力处在什么水平,这在一定程度上对于过程与技能教学目标的达成效果不好。课后访谈教师时,教师提到许多学生并没有在动手过程中掌握对比实验的方法,能进行演示实验就已经很不容易了。这个季节蚯蚓往往不容易抓,成团在一起,要给学生准备许多组实验材料,教学条件实在是达不到。

六年级:虽然大多数六年级教师比较认同教学参考上规定的三维教学目标。但从教师对教学内容的选择和对教学方法的使用来看,教师对教学目标的决策主要体现在以下几种情况,有的课在教学中只注重知识目标的实现而忽视了过程与方法、情感态度价值观的实现,如SFT2讲的《斜面的作用》《电和磁》;有的课在过程与技能方面的实现效果不理想,如SYT5讲的《定滑轮和动滑轮》、SYT6讲的《做框架》、SHT4讲的《电能和能量》。以下是部分教学案例中关于教师教学目标处理方面的表现。

教学案例《电能和能量》

教学方法:演示法、一般提问法、讲解法、讨论法。

教学过程片段

师:通过前面的课程学习,我们已经知道了电可以产生磁,小电动机的转动就是利用这个原理,那么在生活中电还可以帮助我们做些什么呢?

生:洗衣服、烧饭等。

(一)电能和其他能量

师:看来电的能力还比较强,我们把电的这种能力叫作电能,大家可以思考一下在生活中还有像电能这样使得不同的物体工作起来的能量吗? 现在请同学们翻开书看一下60页,来提出一些问题。

生:蒸汽火车利用了什么能? 风车利用了什么能?

师:给学生解释蒸汽火车利用了热能。风车利用了风能等。

师:大家还知道哪些能量形式?

生:我们身体也有能量,电池里有能量。

师:同学们说得都不错,我们的身体也有能量,这些能量从哪里来?

生:通过吃东西,喝水来的。

（二）电能的转化

师：下面我想让大家看一下电能转化的视频。同时回答电能是从哪里来的？

生：看视频思考问题。

生：汇报交流。（水能转化为电能，风能转化为电能，化学能转化为电能）

师：看来电能是由各种各样的能量转化而来的。大家看一下，教室里有电灯和电扇，名称都叫"用电器"，接下来说一下电能做了些什么工作？

另外我们家里还有很多用电器，请大家讨论一下它们把电变成了什么，并填在表格里。

师：根据学生的填写记录讨论什么是能量的转化。

师：总结能量的转化原理。

案例分析

《电能和能量》这一课应实现的教学目标科学概念方面为：能量有电、热、声、光等多种形式，能量还储存在食物、燃料中。电能可以转化为其他形式的能量，其他不同形式的能量间也能够相互转化。过程与方法方面的教学目标为：通过观察、小实验和阅读资料，研讨进一步认识能量和能量转化。分析常见能量转化的例子。情感态度价值观方面是让学生产生研究能量转化的兴趣。通过该课的教学，学生能够借助对例子的分析，完成科学概念方面教学目标的实现，但在研讨能量与能量转化时，学生探究的例子离生活较远，不能够很好地让学生产生研究能量与能量转化的兴趣，实现情感、态度价值观方面的目标也不理想，同时在教学方法方面，教师主要是采用演示法、一般提问法、讨论法，对于过程与方法教学目标的实现效果不好。

2.兼顾到了三维目标

从三到六年级教师的课堂教学表现来看，从教师对教学内容选择和教学方法的使用来看，只有少数课兼顾到了三维目标的实现。以下是部分案例。

教学案例：《食物链和食物网》

教学方法：提问法、讨论法、画图法、讲解法。

教学过程片段

一、提问导入

师：生物的生存需要什么？

生：水、阳光、空气。

师：生物的生存除了需要一定的自然条件外，它们彼此之间也是相互联系、相互影响的，这节课我就带大家重点研究动植物之间的相互关系。

二、谁吃谁

师：出示校园中常见的动植物标本图片（蔷薇、小草、树叶、蚜虫、蚯蚓、毛毛虫、小鸟等）。

师：为什么同一个区域里会出现这些动物和植物呢？它们之间是什么关系呢？（让学生讨论）

生：自由回答。

师：根据学生回答用简单的箭头和文字表示这种关系。

小草——蚜虫——瓢虫——小鸟；落叶——蚯蚓——小鸟；蔷薇——毛毛虫——小鸟。

师：讲述。生物之间像链环一样的食物关系，叫食物链。食物链中能自己制造食物的生物叫生产者，直接或间接消费别人制造食物的生物叫消费者。

师：现在请大家讨论一下，上面几条食物链都有什么特点？

生：讨论后，自由回答。（教师启发引导）

师：大多数食物链都是从植物开始，到肉食动物结束。

案例分析：《食物链和食物网》一课，在教学中应该达到的目标有以下几个，科学概念方面：蔷薇花丛中动植物之间存在着食物能量交换关系。过程与方法方面：通过分析讨论，发现事物之间的相互联系、相互影响。情感、态度、价值观方面：让学生养成善于听取别人的意见、虚心向别人学习的科学态度。该课中，由于教学内容、教学材料相对其他课而言比较简单。教师在课堂上利用了提问法、讨论法、讲解法、学生画图法等教学方法，逐步引导学生认识花丛中动植物之间存在着食物能量交换关系，同时在教学的第二个环节，让学生试着画出田野里动植物之间的相互关系。在教师的指导下，学生通过画图明白了事物之间的相互联系和相互影响。因此，从教师的课堂教学情况来看，教师基本上兼顾了三维目标的实现。

第四节　教学评价决策的基本特征

　　新课程标准指出,科学课程的教学评价,其主要目的是为了了解学生实际的学习和发展状况,以利于促进教学、促进学习,最终实现课程宗旨,即提高每个学生的科学素养。[①]这种评价与传统的评价方式不同,要改变单纯由教师对学生的学业成绩进行排队的做法,必须在评价主体、内容、方法、时机方面有一系列的变化。在评价主体方面要让学生、学生家长、教育管理部门、科技管理部门以及社会的有关组织参与到小学科学课的评价中来。评价内容要全面化,包括了科学素养的各方面内容,不仅要考查学生对科学概念和事实的理解,同时也要评价学生在情感态度价值观、探究方法与能力、科学行为习惯方面的变化和进步。在评价方法上也要改变传统的以单纯的书面测验和考试为主的方法,运用多种方法对不同目标、不同内容进行教学评价。在评价时机方面要实现全程化,不仅要在学习过程结束后进行,还要伴随在教学过程之中进行,教师要随时关注学生在课堂上的表现,及时给学生以鼓励性、指导性的评价。在课堂教学过程中,教师教学评价究竟具有什么特点呢?通过研究者对科学教师课例的观察分析以及对教师课后的访谈,笔者认为教师在课堂教学过程中的评价有以下特征。

一、备课阶段教学评价决策特征

　　教师在课堂教学前对教学评价有何种决策?在对教师访谈中专门针对这一问题访谈了教师,许多教师都表示对课堂教学效果的评价主要看学生课堂上回答问题的表现,如果涉及探究活动,则主要看学生是否积极参与及学生做观察记录的情况。有少数教师认为只要把课上完就可以了,这个课不参加小学升初中的考试,不用考虑评价的事情。下面是我与三到六年级部分教师的访谈片段。

---

　　① 中华人民共和国教育部制订,科学(3—6年级)课程标准(实验稿)[M].北京:北京师范大学出版社,2001:39.

研究者：张老师，您能说一下您上《大树与小草》这一课时计划怎么评价这节课的效果吗？

SYT1：说实话，我们小学科学这门课究竟应该怎么评价我们也不知道，科学课在家长、学校、学生心目中是副科，大家对这门课都没有过多的要求。我们考虑教学效果，评价这节课，主要是看学生在课堂上的表现。比如说有的同学上课时回答问题特别积极，我就觉得这个同学的表现不错，如果有的同学上课时回答问题不积极，教师让他做什么他并不是按照老师的要求做，上课老走神，纪律不好，我们就觉得这些学生课堂表现不是很好。另外，在这节课上你也可以看看学生在比较大树和小草的特点时，是否能把主要特点都说明白。（三年级）

研究者：李老师，您能跟我说说《风向与风速》这节课中，您预计如何评价学生的学习效果吗？

SYT2：我们一般还是简单地看学生上课回答问题的正确与否及学生的参与情况。如果学生上课纪律不好，回答问题也不积极，那么这节课的效果我感觉肯定就不怎么样了。比如让学生认识风向和风向标，如果学生在上课时不能明白什么是风向？不明白风吹来的方向，或者不明白北风是从什么方向吹来的，那学生肯定对这部分内容掌握不好。现在每个班级的学生人数都有限，我们不可能知道每个学生的情况，只能了解到部分学生的情况。（2013年10月11日，SF实验室）

研究者：董老师，您在上课时一般是怎么评价每个环节是否达到了教学目标的？

SHT3：说实话，科学课对于学生来说他们不是很重视，有时学生会在课堂上干别的事情，如果一节课里学生能够按照我的教学思路走，我认为就很不错了。在上课时，从学生回答问题的情况也能看出来。（2013年12月26日，SH小学）

二、课堂教学中教学评价决策特征

从三到六年级教师的课堂教学情况来看，教师在课堂上对学生的评价主要集中在以下几方面：第一，学生上课时的纪律，如上课时注意力是否集中。第二，学生回答问题的积极程度。第三，学生对每一节课科学概念的掌握情况。第四，学生在上课时探究活动是否顺利，方法是否恰当，实验习惯怎么样。

以下是与教师交流的关于教学评价决策的摘录。

SYT5：其实，我们在一节课上对学生的评价挺难的，我们不可能兼顾到每一个学生，只能根据学生上课时的表现，如有的班级上课时学生老说话、打闹，班里的纪律不好，给老师留的印象也不好，更别提对课上内容的掌握了，教师上课时遇上这样的班级整个心情都不好。如果上课时学生的纪律及各方面都挺好的，我们一般就根据学生的回答问题情况来评价学生，如果学生上课时对于教师提出的问题都能积极思考、做记录，这就证明学生动脑了。一般情况下，我不可能让所有的同学都回答问题，只能就少数同学对问题的回答给予评价。

SHT4：我一般上课时挺注意学生做实验时的情况，如果让学生小组活动时每个小组能够按照实验的步骤合作下去，并且方法也比较正确，我就感觉这节课的效果还可以。在学生做实验的过程中，如果我发现有共性的问题，我就在课上集体说一下。另外学生做实验的习惯也很重要，如学生是否能做完实验收拾好东西，把实验材料都归位等，都是在平常课上给学生反复强调养成习惯的。

SFT2：我这节课没有学生要动手操作的活动，所以我也看不出来学生到底动手能力怎么样，对于学生这节课的内容掌握情况我主要是通过学生回答问题来关注。

SFT1：学生把知识和方法都掌握了，教师能够完成教学任务，我觉得这课就差不多了，像书上讲的那些评价方法我们真不知道该怎么操作。

第五节　教学材料的准备特征

小学科学课程是一门实践性很强的课程，教师需要带领和指导学生进行大量的观察实验、动手操作等活动。因此，在每节课中必须为学生配备相应的仪器设备，为学生的探究活动提供必要条件。所以科学教师在每节课前，必须准备好上课用的教学材料。如三年级教学参考用书就列出了每单元的材料清单，"植物"单元的材料清单中有水葫芦、金鱼藻、狗尾草、多种植物的叶、放大镜、塑料尺、蜡笔、水槽。"动物"单元的材料清单中有四种小动物——蜗牛、蚯蚓、蚂蚁、金鱼,还有饲养箱、饲养盒、鱼缸、金鱼藻、放大镜、泡沫塑料、盘子、玻璃杯、菜叶、青瓜、西红柿、面包片等。在教师备课时对每节课的教学材料是如何准备的? 怎样准备才能为课堂教学内容环节的进行提供条件保障? 以下是通过研究者观察了解到的各年级教师所教课例的教学材料准备基本情况。

一、只准备演示材料

三年级:三年级十节课中,教师只准备教师用演示材料的有三课。如动物单元的《蜗牛》一课、我们周围的材料单元的《哪种材料硬》一课、水和空气单元的《水和食用油的比较》一课。

四年级:四年级七节课中有四节课的教学材料教师只准备了自己演示用的材料。有两节课教师只准备了部分演示实验用的材料。如 SYT2 要讲的《天气日历》一课,教材中要求准备一张分类画有天气符号的大纸,为每个学生准备几张用来画天气符号的小卡片。一张天气日历、一张气温柱形图表,每组同学一支温度计和记录温度的纸、笔。SYT2 在教学材料准备时仅仅为每组学生准备了一支温度计。

五年级:五年级 14 节课中,有五节课科学教师只准备了教师用的演示材料。如 SYT3 要讲的《蚯蚓的选择》《食物链和食物网》、SFT2 要讲的《光的反射》《光和影》、SHT3 要讲的《我们的小缆车》《运动和摩擦力》、SST3 要讲的《固体的热胀冷缩》、SST9 要讲的《单摆运动》等课。

六年级:六年级七节课中,有四节课的科学教师只准备了教师用的演示材料,这四节课分别是 SYT5 上的《定滑轮和动滑轮》、SYT6 上的《做框架》、SHT4 上的《电能和能量》、SFT2 上的《电和磁》。

二、没有准备教学材料

三年级:三年级十节课中有五节课教师没有准备实验材料,这五节课分别是植物单元的《我看了什么》《校园里的树木》、动物单元的《蚯蚓》《金鱼》、水和空气单元的《比较水的多少》。

四年级:四年级七节课中,发现有一节课教师课前没有准备任何教学材料。SHT2 在《声音的传播》这一课中,教学材料准备时要求每个小组准备一个音叉、一米长的铝箔条、木质米尺、棉线、尼龙绳,每个小组准备一张"声音在不同物体中传播的记录表",空气传播声音实验装置。他说在实验室根本没有这些实验材料,教师自己准备起来也比较费时费力。

五年级:观察和访谈五年级小学科学教师在上课前对教学材料准备的情况时,十四节课中有四节课的教师没有准备任何教学材料,分别是 SST4 要讲的《制作保温杯》、SST5 要讲的《制作保温杯》、SST6 要讲的《太阳钟》、SST8 要讲的《用水来测量时间》。

六年级:六年级七节课中有一节课教师没有做任何教学材料准备,这节课是 BHT2 要讲的《斜面的作用》。

三、教学材料准备齐全

三年级:五所学校三年级学生十节课中只有一位教师为每小组的同学准备了教学材料,但是也没有准备齐全。如 SY 小学的 SYT1 在上植物单元第三课《大树与小草》这一课时,为每个小组准备了狗尾草。在这一课中,教学材料准备时要求为每个小组同学准备几种常见的小草,最好有黄花酢浆草和狗尾草、一根树枝和这种树的果实叶子。

五年级:五年级十四节课中只有一节课教师给每个小组的同学准备了教学材料。SST4 要讲《热是怎么样进行传递的》这一课,该教师在上课前给每个小组的同学都准备了实验材料,当时实习生很多,跟随该教师实习的同学帮着准备了材料。以下是部分教师的访谈摘录。

研究者:刘老师,在《热是怎么样传递的》这节课中,咱们是给每个小组都准备实验材料吗?

SST4:其实以前上课我最多做一下演示实验,现在您要来听课,还来了好多实习生,我可以让她们帮着我准备教学材料。所以咱们这节课到实验室去上,我已经让实习生帮我准备了这节课学生做实验要用的酒精灯、蜡烛油、铁架台等材料。(2013 年 5 月 12 日,四年级数学组)

六年级:在观察和访谈六年级小学科学教师在上课时的教学材料准备情况时发现,六年级七节课中有两节课教师是按教材上的要求来准备教学材料的。这两节课分别是 SYT5 上的《轮轴的秘密》、SHT4 上的同样的课《轮轴的秘密》,其中 SHT4 的课是针对我来听课专门做了准备。

以下是与部分教师访谈的关于部分教师上课仅仅准备演示材料或者不准备任何教学材料的原因摘录。

教师的时间和精力不够

访谈片段一：

研究者：季老师，您在给学生上《水和食用油的比较》这一课的时候，准备教学材料得花多长时间啊！

SHT1：我通常情况下只准备一套，给学生演示用。

研究者：为什么啊？

SHT1：因为很花时间啊！在我们学校，三年级有十个班，就我一个人负责教，工作量很大，一个班两节课的话，每周总共就得上20节科学课，我要每节课都给学生准备教学材料的话，根本来不及。何况我们学校的科学实验室只有一个，经常出现和其他老师的科学课交叉的情况。如果我要给每个学生准备材料的话，就得在课前给学生拿来，课后还得收拾这些实验用品，像玻璃杯子什么的，还得自己清洗。这些都非常花时间，接下来我还有别的课要上，时间根本就来不及。作为科学教师，如果给每个学生都准备材料的话，实在是时间不够用，光给每个班上课，一天就得至少上四五节。其他时间我们还得参加学校的各项活动、继续教育什么的，更何况在上课前我们总得稍微备备课吧！

研究者：我看到公开课上许多老师给学生准备的实验材料都挺齐全的啊！

SHT1：（该老师笑着对我说）呵呵，你看到的那是公开课，好几个老师忙着准备呢？老师为一节课要忙活好几周呢？平时这么上课根本不可能，哪有时间和精力啊！科学课不是人们想象得那么好上，难度非常大。（我从这个老师和我的聊天中逐渐感受到了老师的难处。）（2013年12月10日，SY小学教师办公室）

研究者：王老师，您上《做框架》这节课时，得给学生准备很多教学材料吧？否则学生在课上没法做啊！

SYT6：《做框架》这节课，我以前做过公开课，那些教学材料也都有，您看，不是在那里放着吗？这节课的材料属于耗材，实验室没有给配备，全都是我们老师们因为要做公开课的需要自己想办法收集的，像那些筷子什么的。

在课上我就给自己拿一套演示用的材料，不计划给小组准备材料了，因为做框架要用到剪子什么的，学生做起来很危险，在我们学校所有的事情都必须给安全让路。再说我们试过，就老师们自己做一个正方体框架，都得四十分钟，如果学生在课上做的话，时间是不够用的。因此，我在课上也为了图省事，只准备一套工具。（2013 年 9 月 20 日，SY 小学科学办公室）（学生安全问题，教学时间不充足）

许多老师认为小学科学课教学要比其他课程麻烦很多，主要一个因素就是得给学生准备材料。老师们如果真按教参上的材料准备来进行的话，根本就忙不过来。在访谈科学教师时，许多教师认为上科学课时收拾和准备教学材料都得一个人去忙，时间和精力根本就不够，这成了教师只准备演示材料的一个非常直接的原因。

对学生安全方面的考虑

研究者：季老师，您老跟我提学生的上课安全问题，能给我具体讲讲吗？

SHT1：安全问题，在科学课上凸显得最明显了，像语文课数学课，教师上课根本不用像我们这么操心，科学课里经常要用到一些玻璃杯、试管等仪器。上科学课时学生的纪律又不是很好，在上课时一个班级四十多个学生，一个老师怎么能照顾到呢？发生点什么事情？那样可就麻烦大了。我们学校领导经常开会跟我们强调安全问题。现在都是一家一个孩子，孩子有一点小擦小碰的话，家长就会找学校，我们上课时不用这些材料就不会有这种担心了。老师们经常会笑着开玩笑说："现在我们一定要安全第一，教学第二。"（2013年 12 月 10 日，SY 小学教师办公室）

研究者：李老师，我想问一下为什么这一课您准备教学材料时没给学生准备，如果学生能自己做实验进行探究不是更好吗？

BHT1：我特别希望你们亲自上一上这个课，然后你们可能就知道什么原因了。如果我按照要求给每组学生准备实验材料的话，我上课前的很长时间就必须花在准备仪器设备上面，而且上完课后我得一个一个地清理，把实验材料收拾起来，我们小学科学教师什么活都得干，不等我把材料收拾完呢，下一节课就又开始上了，我还得把学生从实验室给送回去呢？另外学生在上课时如果不小心把烧杯打碎了,划破手了,麻烦更大。你说我们老师何必要给自己找麻烦呢? 要在中学就好了,中学有专门的实验员,在小学的科学课上所有的活都得教师去干,我发现我们科学课教师身体都有些问题,就是累的。(2013 年 11 月日,BH 小学科学实验室)(教学精力和学生安全问题)

实验室材料不匹配

研究者:季老师,不是实验室里就有这些材料吗?

SHT1:其实在实验室,那些材料 30% 都达不到,实验室只是配备了一些可以循环使用的材料,许多课时的教学材料根本就没有。比如说我要讲的《哪种材料硬》这一课的内容,教学材料就都没有。你看一下,这一课里面的教学材料要求准备橡皮、海绵、木条、铁钉、塑料尺、铁、铜、铝等的金属块、薄片,还有砂纸、玻璃杯、热水、空饮料罐。你看看这些材料准备起来费劲不,如果实验材料能给学生按课配备一下就好了。可是,现在我们老师要想找一套材料来给学生演示一下都不容易,何况再给学生准备呢?

研究者:那好多老师都提到原来是有学具袋子的,为什么又取消了呢?

SHT1:这个原因我也不清楚,估计是怕乱收费吧! 谁知道呢? 或者是那些配备实验材料的人根本就不了解一线教学的情况,也或者是认为我们老师自己就完全有能力准备吧!(2013 年 12 月 10 日,SY 小学教师办公室)(教学材料实验室不齐全)

考察个案学校的实验室仪器配备情况,无论是市里的学校还是郊区的学校为了应付现代化检查达标,统一按标准配备了小学科学课的仪器设备,但是许多教师都和我提到有些课时内容的实验材料找起来非常费劲,因为实验室的配备材料中根本没有。如果说教师每节课上课前即使实验室有材料,如果给每组学生准备材料的话,时间和精力都不够用,那么如果让老师自己再去找教学材料,难度就更大了。许多教师都非常怀念原来自然科学里的学具袋子的配备,给每个学生按课配备的学具袋子极大地方便了教师准备教学材料。

第六节　教师的教学流程安排

教学流程是教学过程的系统展开,是把教学内容与教学手段进行合理连接,从而达到一定的教学目标。通俗地讲,教师在课堂教学前都要对自己的整节课有一个部署,做到心中有数。在教师备课阶段,大多数教师都会关注自己的教学过程安排。在与教师的交流过程中,笔者发现好多教师虽然没有把自己的教学流程安排形成文本,但是在和他们交流怎么讲一节课这个问题时,发现许多教师的教学流程安排早已存在于脑海中。有的教师为了方便看,把简单的教学流程写在了教材内容环节上。总的来说,不同的教师在每节课的教学流程安排都和教学内容、教学目标、学校的教学条件有很大的关系,不同的课可能略有不同。

一、教师备课时的教学流程安排

从对科学教师备课时教学流程安排的了解来看,许多课存在着相似的流程。学校科学教师在教学流程安排中主要存在着四种类型,第一种类型就是以师生之间讨论为主的教学流程安排。第二种类型是除了师生之间讨论环节外,学生探究实验活动占据了教学的大部分时间的教学流程安排。第三种类型就是围绕着视频资料让学生讨论,最后教师总结的教学流程安排。第四种类型就是以教师的演示实验为主的教学流程安排,其基本步骤是上课时教师提出问题后学生讨论,教师进行演示实验,然后师生交流总结。通过对教师访谈资料的分析以及观察教师在教材内容旁边写的说明,可以了解到教师教学流程安排的简要步骤。以下是一些具体案例分析和对部分教师的访谈实录。

1. 以师生讨论为主的流程设计

教学流程环节预设一:导入新课—提出问题—师生交流—教师总结—提出问题—师生交流—教师总结

如《我看到了什么》,在该课上教师的教学流程预设为先导入新课,然后在第一个环节提问学生,从照片上的大树,你们能观察到什么? 然后让学生回答问题,教师总结。第二个环节也是向学生提出问题,让学生回忆一下,在一棵真正的大树前,会看到什么? 让学生讨论交流,教师总结。第三个环节,教师准备问学生如果来到一棵真正的大树前,你想观察什么等问题,学生围绕问题讨论、交流,教师总结。(2013 年 9 月 7 日,研究日志)

　　研究者:李老师,您在上《天气日历》这节课认识天气符号这一部分内容时预计怎么上?

　　SYT2:在这一部分主要是让学生进一步了解天气符号,从天气符号的变化知道每一天的天气都在发生着变化,因此我这部分主要是以学生讨论为主,从一些图片来看学生对天气符号的了解能有多少? 在师生讨论、交流的基础上,我再对天气符号的正确表达给出结论,最后让学生再拿出一张纸来画画天气符号。基本上是以学生讨论、交流和教师总结为主。(2013 年 9 月 11 日,科学教研室)

　　2. 以视频教学为主的流程设计

　　教学流程环节预设二:导入新课—提出问题—师生交流—视频资料—学生讨论—教师总结—提出问题—师生交流—视频资料—学生讨论—教师总结

　　在上三年级《金鱼》这一课时,SF 小学一位教师是这样对教学环节进行安排的。首先在这一节课的开始导入新课。第一个环节观察金鱼的捕食,教师先向学生提问,让学生想象一下金鱼是怎么吃东西的,金鱼是怎么排出粪便的,学生围绕着这个问题展开讨论、交流,然后老师再让学生看一段金鱼的视频,学生进一步对这些问题进行回答,在学生讨论的基础上,教师进行总结,在第二个教学环节下教师仍然是遵循着这样的教学步骤。(2013 年 10 月 13 日,研究日志)

　　3. 以学生探究为主的流程设计

　　教学流程环节预设三:导入新课—提出问题—师生交流—探究活动—汇报结果—教师总结

　　在上《蜗牛》一课时,教师计划为每位学生准备蜗牛,让孩子们通过对蜗牛观察来进行探究。在上课时教师先导入新课,然后提出问题,让学生讨论一下蜗牛的生活环境,蜗牛的身体是什么样子的。围绕着这些问题师生进行交流。师生简单交流之后,老师组织孩子们分小组观察蜗牛,每个小组的同学汇报自己小组的观察结果,最后教师对蜗牛的身体特征进行总结。(2013 年 10 月 13 日,研究日志)

研究者：刘老师，您能跟我谈一下，您上《热是怎么样传递的》时，在热在金属条中的传递这一环节是怎么上的吗？

SST4：这一部分今天下午的课上我计划让学生亲手实验一下，在上课时首先跟学生交流热在金属条中是怎么传递的，学生可能就会有各种猜测和看法，学生的猜测和看法大多都是根据他们的生活经验来的，在与学生交流的基础上，我再让学生自己动手做实验，在做实验之前告诉学生注意事项，学生做完实验之后再交流自己的实验结果，我再根据学生的回答帮学生总结一下他们的实验情况。其实学生探究类型的课我也不会上，大概顺序我就是这么安排的。（2013年5月12日，四年级数学组）

4. 以演示实验为主的流程设计

教学流程环节预设四：导入新课—提出问题—师生交流—演示实验—讨论交流—教师总结

在上《哪种材料硬》一课时，涉及到比较材料的硬度这个实验，在这节课中教师计划给学生准备一份材料进行演示实验。在上课前导入新课，然后向学生展示身边最常见的材料——木条、卡纸、铁钉、塑料尺这四种物品，让学生思考比较这四种材料硬度的方法。在学生交流的基础上，教师进行演示实验，用一根木条分别去刻另一根木条、卡纸、铁钉和塑料尺，来比较材料的硬度，随后学生在教师演示实验的基础上针对问题再进行讨论、交流，最后教师总结。（2013年11月8日，BH小学研究日志）

研究者：李老师，我想问一下您准备上《水能溶解一些物质》这一课时，您计划怎么上，我能看看您的教案吗？

BHT1：我的教案还没写呢？我的教案都是上面要求交时就赶快补补，平常上课都是脑子里简单想想怎么上。在这课中第一部分是食盐在水中溶解的内容，让学生认识食盐在水中溶解的状态，体会溶解概念的真正含义。在这里我准备给学生演示一下这部分内容。刚开始我先导入新课，然后提问学生对溶解的理解，师生交流之后，我就开始给学生做演示实验，学生在观察我演示实验的过程中，交流溶解的特点。通过师生之间的讨论，我再总结这一课的内容，基本上是这么上的。（2013年10月13日，BH实验室）

研究者：翟老师，我想问一下在《定滑轮和动滑轮》这一课，您上课的大体思路是什么样子的，比如说您讲第一部分内容，旗杆顶部的滑轮？

SYT3：我上这一课时，把这课的两部分内容分成了两节课来上，第一部分内容其实就是要让学生研究定滑轮,我计划这节课用演示实验,因为给学生准备实验器材太麻烦。刚开始先导入新课,让学生思考一下升旗时旗杆顶部滑轮的作用,在师生充分交流的情况下,加强学生对定滑轮作用的认识。然后我模拟升旗的装置,来研究旗杆顶部的滑轮。在教师做演示实验的基础上,师生讨论利用定滑轮提升重物,需要向什么方向用力? 让学生体会定滑轮的作用,师生共同来讨论利用定滑轮究竟是否能起到省力的作用。(2013 年 9 月 24 日,SY 小学科学实验室)

二、课堂教学中的教学流程特征

从课堂教学中三到六年级教师上课的具体流程来看,大体和教师在备课阶段预设的情况一致,存在着四种类型的教学流程安排。即以师生讨论为主的流程安排,以视频教学为主的流程安排,以学生探究活动为主的流程安排,以演示实验为主的流程安排。根据研究者的观察,大部分的课是以演示实验为主的教学流程安排。以下是部分年级上课的情况。

五年级:在五年级课上,SYT3 要讲的《蚯蚓的选择》、SFT2 要讲的《光和影》《光的反射》、SHT3 要讲的《我们的小缆车》《运动和摩擦力》等课是以演示实验为主的教学流程安排。SST3 要讲的《热是怎么样传递》基本上是按照学生探究活动为主的流程安排。SST6 要讲的《时间的流逝》、SST7 要讲的《太阳钟》等课在课前访谈教师时,教师们表示上课时就准备简单给学生讲讲。

六年级:在所观察的五所学校六年级教师的课上,有五节课是以演示实验为主,有两节课教师以学生探究活动为主,有一节课教师上课时是按照教材要求给学生简单讲解。其中 SYT5 和 SHT4 要讲的《轮轴的秘密》是以学生探究为主的,SYT5 要讲的《定滑轮与动滑轮》、SYT6 要讲的《做框架》、SHT4 要讲的《电能和能量》、SFT2 要讲的《电和磁》都是以演示实验为主的教学流程。BHT2 要讲的《斜面的作用》是以教师讲解为主的教学流程。

第五章　文件课程与实施课程的比较

第一节　文件课程的特点

一、小学科学课程目标

1. 小学科学课程的总目标

全日制义务教育科学（3—6 年级）课程标准规定了小学科学课程的总目标，在总目标方面，对学生学习科学知识、科学探究的过程与方法以及学生的好奇心和求知欲的保持方面都有所要求。学生在科学知识方面不仅仅能够知道浅显的科学知识，并能将所学的科学知识和学生的日常生活结合起来，学生在学习中应逐步形成良好的生活习惯和行为习惯，科学探究活动中，学生在看问题、想问题时应具备科学的眼光；在好奇心和求知欲方面应该学会保护和发展学生的自然天性，在科学态度方面要敢于创新、大胆想象、尊重证据，学生应该具备热爱祖国的情感，能够亲近自然、珍爱生命。

2. 小学科学课程的分目标

小学科学课程的分目标设定得更为具体，是对小学科学课程总目标的进一步拓展，具体的设定是从科学探究、科学知识、情感态度价值观这三方面来进行的。

（1）过程与技能方面目标

在过程与技能方面的目标注重学生对科学探究涉及的主要活动的了解，培养学生发现和提出问题的能力。学生在提出科学问题后，下一步的任务就是充分调动头脑中原有的认知结构对问题的答案进行假想，假想之后便是对探究计划的制订,最后应用相应的方法如观察、制作、实验法等,按照探究计划进行探究。在学生探究的过程中要学会查阅相关的资料,结合自己的已有知识和经验,在思维加工的基础上,有自己的结论和解释,并且可以重复验证结果,最后对结果进行表达交流,在表达交流的基础上能够对目前的探究结论质疑也是科学探究的一部分。

（2）情感态度价值观方面目标

课程标准要求学生在情感态度价值观方面对学生喜欢尝试新的事物,乐于探究的欲望进行保持和发展。学生能够有与自然和谐相处的意识,珍爱自己身边的事物,并且能够了解世界上许多事物的奥秘都能通过科学去解释,我们应该去探索许多未知的领域,不应该迷信于权威,逐步形成乐于参与一些和科学相关的社会问题的讨论,在学习的过程中,能够学着去克服困难,学会尊重他人的意见,并与其他同学合作与交流,能够意识到科学技术对人类发展不仅有促进的作用而且还有阻碍的作用。

（3）科学知识方面目标

课程标准在科学知识方面要求学生能够知道生命科学、物质世界、地球与宇宙这三大领域的浅显知识,并且能够了解与自己的日常生活密切相联系的部分知识,学会解决日常生活中的实际问题。如物质领域的学习方面,主要涉及的内容包括有关物质的内容、用途和变化,还有能量的不同表现,对物体的运动、力和简单机械的认识。

二、小学科学课程内容

课程标准中明确规定了小学科学课程的内容标准,其中小学科学课程的内容标准是最为核心的一部分,具体内容标准指出了大部分学生通过科学课程的学习后应该达到的最低要求。在内容标准方面,小学科学课程标准将其划分为五个部分,分别是科学探究、情感态度价值观以及生命世界、物质世界、地球与宇宙,这五部分是与小学科学课程标准中设定的小学科学课程的目标相互融合的。

1. 科学探究

科学探究作为学生科学学习的重要环节,所起的作用主要在于小学生通过学习能够形成正确的思维方式,逐渐体验到探究的乐趣,自信心得到提高。科学探究的流程主要涉及提出问题、对结果的猜想、制订相应计划,以及观察、实验，对证据的搜集，学会解释、表达与交流等，对科学探究的认识也是学生在科学探究方面应该涉及的内容。学生紧密结合自己所学的知识，在学习和探究活动中形成了相应的科学探究能力，因此，教师不能仅通过简单讲授的方法帮助学生形成科学探究能力。课程标准中对科学探究的主要内容做了相应的分解，并且对每一步内容有相应的具体要求，如图 5-1 所示。同时课标指出了学生科学探究能力的获得应该结合小学生的年龄特点来进行，逐步培养。在教学中，对科学探究内容的涉及应该根据具体情况紧紧围绕几个环节来进行或者是围绕全过程来进行。

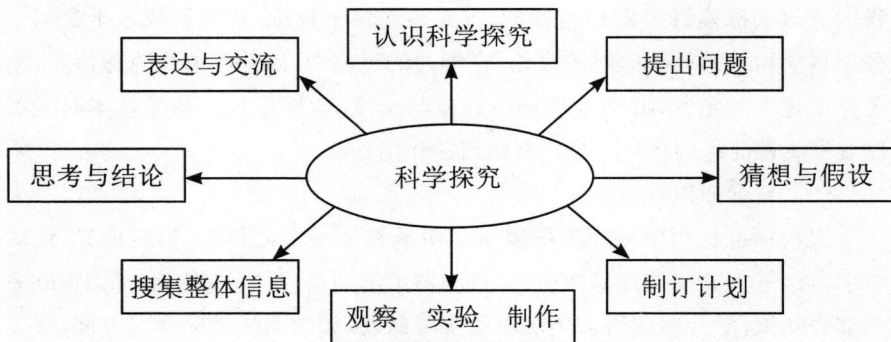

图 5-1 科学探究的主要内容

2. 情感态度价值观

情感态度价值观方面的内容标准在小学科学课程标准中主要包括以下四方面：对待科学学习、对待科学、对待科学技术与社会的关系、对待自然，课程标准指出了学生的情感态度价值观方面的内容要通过创设机会，让学生在参与活动中感受和内化，不能用传授知识的方式"教"给学生。图 5-2 是课标中的情感态度价值观内容标准框图。

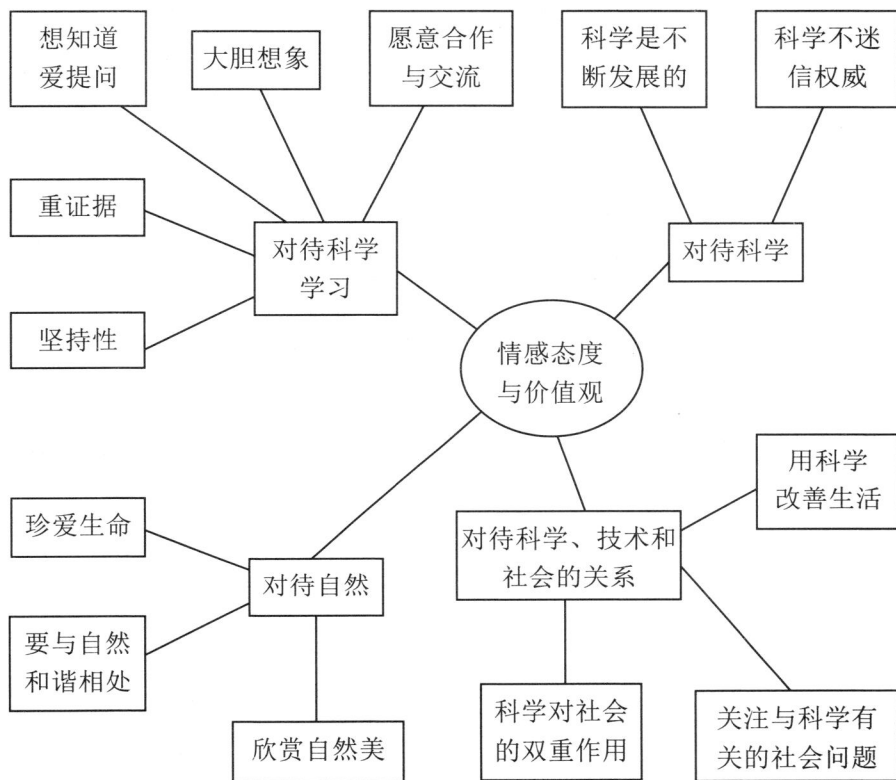

图 5-2　情感态度与价值观内容标准框图

3. 科学知识

　　生命世界、物质世界、地球与宇宙是小学科学课程标准中对科学内容领域的划分。其中在生命世界部分对内容标准的确定主要是让学生在对不同种类和环境中生物认识的基础上,能够全面地认识多种多样的生物。生命体的共同特征的内容设定主要是便于学生学会对生命中一些分散的认识的整合。生命与环境和健康生活的内容侧重于学生应用和联系。小学科学课程标准对生命世界内容的学习提出了相应的建议,注重学生对生命活动中一些有意义问题的探究,而不是仅仅局限在对一些名词和概念的学习。图 5-3 是课标对生命世界每一部分内容的标准框图。

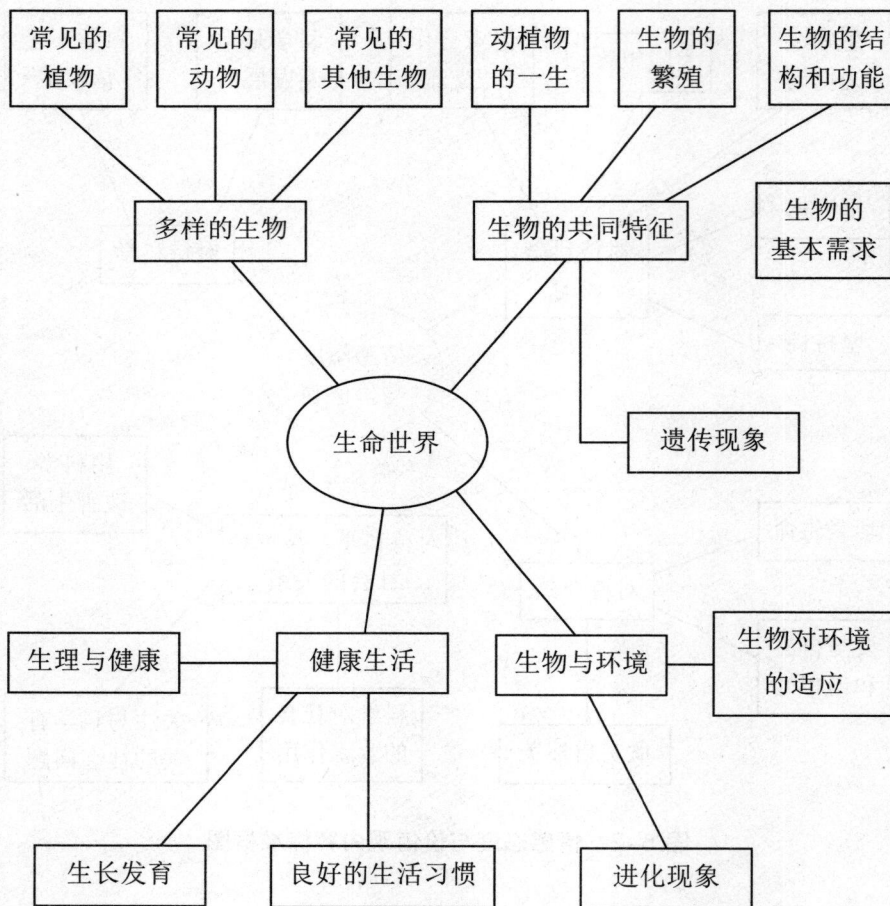

图 5-3　生命世界具体内容标准框图

　　"物质世界"的内容学习主要是引领学生走进物质世界的领地开始探索，在物体与物质这一部分主要是让学生观察和探讨，并从物体、材料、物质这三个层次，对物质的性质和变化的过程有所了解，使得学生的认识能力实现从具体到抽象层次的过渡。运动和力这部分内容主要是让学生了解简单的机械，认识力与运动之间的关系。能量的表现形式主要是让学生认识能量表现形式的不同，对一些物理现象进行讨论，如声、热、光、电、磁，对能量的转换产生进一步的认识。如图5-4是课标中物质世界内容标准，其具体内容标准和活动建议如表5-1所示。

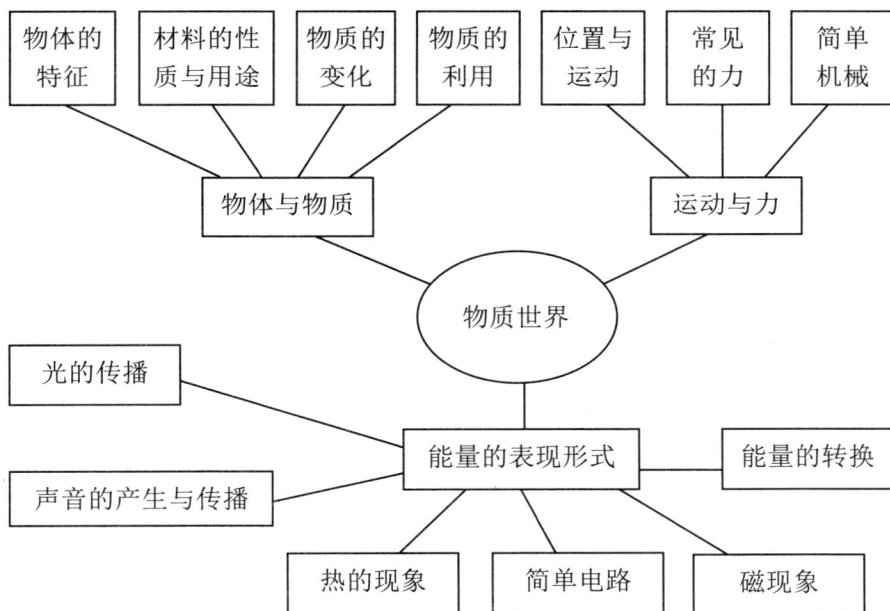

图 5-4　物质世界内容标准框图

表 5-1 物体世界具体内容标准

具体内容标准	活动建议
A. 能用感官判断物体的特征,如大小、轻重、形状、颜色、冷热、沉浮等,并加以描述。能用不同标准对动物进行分类	• 搜集、观察各种物体,描述这些物体的特征,并加以比较、讨论。如哪个重?哪些是透明的
B. 能根据特征对物体进行简单分类或排序	• 让学生介绍自己对物体所做的分类或排序,说明分类依据
C. 会使用简单仪器(如尺、天平、温度计)测量物体的常见特征(长度、重量、温度),能设计简单的二维记录表格,做简单的定量记录,并能使用适当的单位	• 在此经验基础上,对其他物体进行估量。意识到多次测量能够提高测量的准确性
D. 了解通过加热或冷却可使物体的形状或大小发生变化	• 列举常见的热胀冷缩现象

"地球与宇宙"这部分内容主要是让学生对地球的运动产生的各种变化有所了解,同时能够对地球概貌和组成物质有相应了解。在这部分内容中还涉及了天空中的星体,这部分内容侧重于对学生求知欲的点燃,其具体内容如图 5-5 所示,具体活动建议和内容标准如表 5-2 所示。

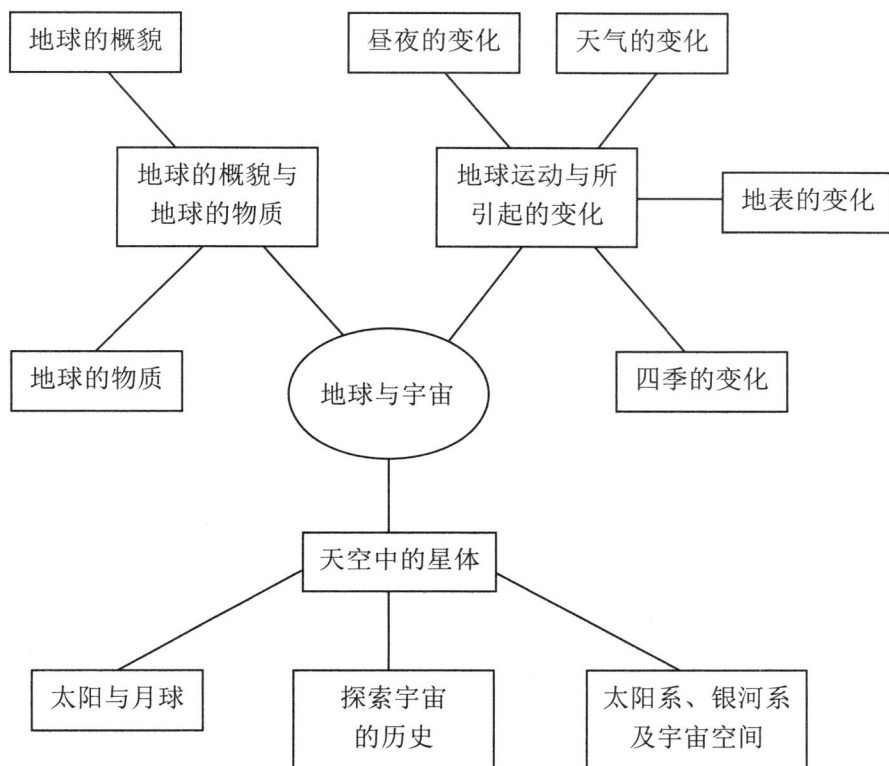

图 5-5　地球与宇宙内容标准框图

表 5-2　地球的物质水的具体内容标准和活动建议

具体内容标准	活动建议
A. 知道自然界水资源的分布	· 观看地形地球仪 · 调查当地水资源状况 · 调查所生活地区饮用水的来源情况
B. 知道水能溶解一些物质	· 做水的溶解性实验
C. 意识到水与生物的密切关系	· 讨论如果没有水，世界会是怎样的 · 观看干旱地区龟裂的土地及枯黄庄稼的照片

续表

具体内容标准	活动建议
D. 欣赏自然界水体的美丽	· 观赏江、河、湖、泊、溪流、瀑布等水域景观的影像图片
E. 知道水域污染的危害及主要原因	· 观察生物生活在不同水质中的生存质量 · 实地调查当地水体的污染源（如废水、垃圾、清洁剂等）

三、小学科学教学方法

在小学科学课程标准中对小学科学教育理念介绍时,提出了以科学探究为核心的科学学习方法,学生在学习小学科学时的主要方式离不开学生亲身经历的科学探究活动。因此,在小学科学课程学习中,应该给予学生充分的科学探究机会,让学生能够体验到学习科学的乐趣,学生能够在科学的教学过程中得到鼓励,尝试动脑动手学科学。学生积极态度的形成必须以动手为主要的方式在心理学的研究中早已有所表明。因此,在科学教学中,教师要开展多种学习活动,教学过程中要以学生的亲历活动为主,学生能够参与多样的学习活动应该成为科学教学的主要形式。

四、小学科学教学评价

小学科学课程标准中对教学评价的规定主要是通过对学生学习和发展的了解,以提高每个学生的科学素养为宗旨。在评价主体方面要实现多元化,学生、家长、教育管理部门、社会人士都可以参与小学科学课程评价。评价内容方面,不仅包括科学概念和事实,也要包括学生的情感态度价值观与科学探究技能。评价方法方面要采用多种方法进行评价,评价不仅可以在教学结束后进行,也可以在教学过程中进行评价。教师要随时对学生课堂上的表现和反应给予相应评价。在评价内容方面,教师要把重心放在科学探究上可以对学生参与活动的积极性进行,还可以对学生观察问题的全面性进行评价,如学生在科学方法的应用方面怎么样,是否学会了搜集整理信息,是否能够对探究内容进行合理解释。同时,教师还要学会评价学生学习科学的态度,如学生是否有学习兴趣，是否在解决问题时能够大胆想象。在科学知识方面，教师要将教学重点放在学生对物质世界、生命世界、地球与宇宙内容的理解上，不能仅仅注重学生对信息的记忆数量。同时，教师还要掌握多种具体的评价方法，如观察法、和学生谈话法、成长记录袋法等。

五、教学材料的配备

为了实现小学科学课程的目标，更好地实施小学科学课程，小学科学课程标准中建议每所学校都应该配备相应的仪器设备，开设专门的科学教室。课标规定了乡镇中心以上小学应该配备的设备标准，即要符合国家仪器配备目录的一类标准。课标中建议，学校应该创造条件，支持科学教师进行教学工作，为教师教具的制作提供相应的物力和财力保障，学校可以根据实际条件对原有的自然实验室进行改造，在学校中增设科学教室或对原有实验室进行改建，实验室应成为儿童活动的主要场所，成为孩子们进行科学活动的理想天地。同时，实验室也是孩子们的成果展览室、工具库和材料库。

第二节 文件课程与实施课程的比较

一、教学目标的比较

从第四章分析的三到六年级的课堂教学阶段中关于教学目标的情况来看，无论是从教师在课堂准备阶段对教学目标的决策想法和课堂教学过程中教学目标的达成表现看，如表5-3，表5-4，图5-6，图5-7所示，在教学目标达成方面，大多数课还是停留在对科学知识的目标的达成阶段。在科学探究和情感态度价值观方面，教学目标的实现不理想，有的课只是部分实现了探究的目标。如课标中规定的科学探究的分目标，让学生通过观察、实验、制作等活动进行探究，然而大多数的科学课教师都是只采用了演示实验法，学生虽能对探究活动的步骤有所了解，但要真正地实现目标，还必须以学生亲历活动为主以学生为主体进行探究。在情感态度价值观方面，课标中规定的在科学学习中能注重事实，克服困难，善始善终，尊重他人意见，敢于提出不同见解,乐于合作和交流等教学目标。学生也必须在亲历过程中,在小组活动中,在交流和合作过程中去达成,而从常态课的实施情况来看,大多数学生的小组探究活动内容处于缺失状态,这对于学生科学素养的培养非常不利。对比教师在课堂教学中教学目标的实现情况,文件课程的课程目标与课程实施的目标差异明显,即文件课程目标重三维目标的落实,课程实施的目标仅仅重视知识层面目标的实现。

表 5-3 教师备课时教学目标决策表现

项目 教师		具体内容标准	对教参目标的看法		预计实现的教学目标		
			认同	不认同	知识	过程与技能	情感态度价值观
三年级	SYT1	我看到了什么	✓		✓		
		校园里的树木	✓		✓		
		大树和小草	✓		✓	✓	✓
	SFT1	蜗牛	✓		✓	✓	✓
		金鱼	✓		✓	✓	
	BHT1	动物的共同特点	✓		✓		✓
		谁更硬一些	✓		✓		
	SHT1	比较水的多少	✓		✓		
		水和食用油的比较	✓		✓	✓	
四年级	SST1	磁铁的磁性	✓		✓	✓	
	SYT1	天气与日历	✓		✓		
		温度与气温	✓		✓		
	SFT1	风向和风速	✓		✓		
	BHT1	水能溶解一些物质	✓		✓		

续表

| | 项目
具体内容标准 | 对教参目标的看法 | | 预计实现的教学目标 | | |
		认同	不认同	知识	过程与 技能	情感态度 价值观
SHT1	声音的传播	√		√	√	
SHT1	我们是怎么样听到 声音的	√				
SST1	认识几种常见的岩石	√		√	√	
SYT3	蚯蚓的选择	√		√		
SYT3	食物链和食物网	√		√	√	√
SYT4	食物链和食物网	√		√	√	√
SFT2	光和影	√		√		
SFT2	光的反射	√		√		
SHT3	我们的小缆车	√		√		
SHT3	运动和摩擦力	√		√		
SST3	热是怎么样传递的	√		√	√	√
SST4	制作一个保温杯	√		√		
SST5	时间的流逝	√		√		
SST6	太阳钟	√		√		
SST7	单摆运动	√		√		
SST8	金属的热胀冷缩	√		√		
SST9	用水测量时间	√		√		
SYT5	轮轴的秘密	√		√	√	√
SYT5	定滑轮和动滑轮	√		√	√	√

（表格最左列标注「五年级」，纵跨全表。）

续表

教师\项目		具体内容标准	对教参目标的看法		预计实现的教学目标		
			认同	不认同	知识	过程与技能	情感态度价值观
六年级	SYT6	做框架	√		√		
	BHT2	斜面的作用	√		√		
	SHT4	轮轴的秘密	√		√	√	√
		电能和能量	√		√	√	
	SFT2	电和磁	√		√		
总数			38		37	16	9

次数

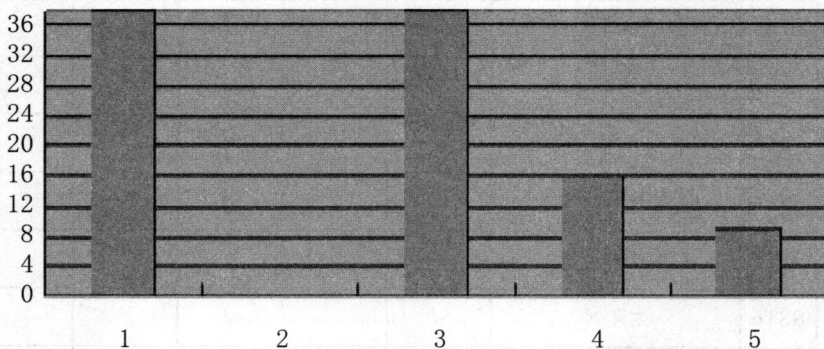

相应表现

1. 认同   2. 不认同   3. 知识   4. 过程与技能   5. 情感态度价值观

图 5-6　教师备课时教学目标决策相应表现次数

表 5-4 教师课堂教学中教学目标实现情况

项目 教师		具体内容标准	教学目标		
			知识	过程与技能	情感态度价值观
三年级	SYT1	我看到了什么	√		
		校园里的树木	√		
		大树和小草	√	√	
	SFT1	蜗牛	√		
		金鱼	√		
	BHT1	动物的共同特点	√		√
		谁更硬一些	√	√	
	SHT1	比较水的多少	√		
		水和食用油的比较	√	√	
	SST1	磁铁的磁性	√	√	
四年级	SYT1	天气与日历	√		
		温度与气温	√		
	SFT1	风向和风速	√		
	BHT1	水能溶解一些物质	√		
	SHT1	声音的传播	√		
		我们是怎么样听到声音的	√		
	SST1	认识几种常见的岩石	√		
五年级	SYT3	蚯蚓的选择	√		
		食物链和食物网	√	√	√
	SYT4	食物链和食物网	√	√	√

续表

教师	项目	具体内容标准	教学目标		
			知识	过程与技能	情感态度价值观
五年级	SFT2	光和影	√		
		光的反射	√		
	SHT3	我们的小缆车	√		
		运动和摩擦力	√		
	SST3	热是怎么样传递的	√		
	SST4	制作一个保温杯	√		
	SST5	时间的流逝	√		
	SST6	太阳钟	√		
	SST7	单摆运动	√		
	SST8	金属的热胀冷缩	√		
	SST9	用水测量时间	√		
六年级	SYT5	轮轴的秘密	√	√	√
		定滑轮和动滑轮	√		
	SYT6	做框架	√		
	BHT2	斜面的作用	√		
	SHT4	轮轴的秘密	√	√	√
		电能和能量	√	√	
	SFT2	电和磁	√		
总数			38	9	5

次数

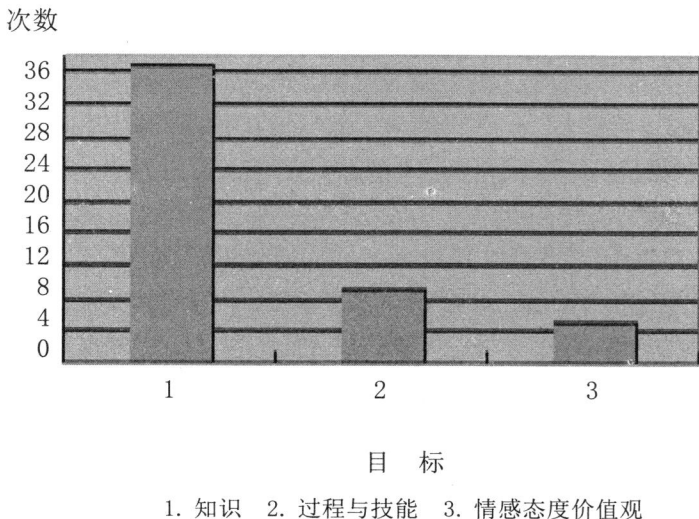

目　　标

1. 知识　2. 过程与技能　3. 情感态度价值观

图 5-7　教师课堂教学中教学目标实现次数

二、教学内容的比较

关于教学内容如图 5-7 所示,在课标中规定了小学科学课的内容标准,包括物质世界、生命世界、地球与宇宙以及科学探究、情感态度与价值观等方面的总体内容标准和具体要求。如科学探究方面的内容标准,包括提出问题、猜想与假设、制订计划,观察、实验、制作,搜集整理信息,思考与结论、表达与交流、认识科学探究等方面。并且在认识科学探究、提出问题、猜想与假设等方面都提出了具体的活动建议。如提出问题的内容标准是能从"这是什么""为什么会这样"等角度对周围事物提出问题。能选择适合自己探究的问题,能对自己所提出的问题进行比较和评价。活动建议是在教学活动起始阶段,安排学生进行发散的提问,及在进行比较时,找出多数学生感兴趣的、有条件可研究的、有价值的问题由学生解答。在教师进行课堂教学时,往往很少关注文件中的要求和建议,好多时候,教师只是根据教学条件对教学内容做出了调整。当然有些教师对教学内容调整是由于教学精力和时间不充沛的原因。在教学内容的调整方面,大多数任课教师把学生的小组探究内容调整为演示实验,或者以讲解教学内容为主。(如表 5-5、表 5-6、图 5-8、图 5-9 所示)这种内容的调整导致了学生科学探究内容的缺失。在情感态度价值观方面,部分教学内容的实现是和学生探究内容的过程相结合来进行的,探究教学内容的调整使得情感态度价值观教学内容的进行也会受到相应的影响。比如说如表 5-7 所示,学生尊重证据、愿意合作交流的具体内容标准是和学生的探究活动结合起来实现的。实施课程主要是以每一课涉及的物质世界、生命世界、地球与宇宙的知识为主,对于探究内容、情感态度价值观的教学内容只是部分地涉及,这部分内容的学习主要是通过学生观察教师的演示实验来进行的,甚至大部分兼职教师上的课连演示实验都没有,只是简单地给学生讲解过程,这些教学内容的调整实际上还是停留在以知识为取向的内容选取上。因此,实施课程对内容的调整不利于文件课程中规定的小学科学探究方面教学目的和情况态度价值观内容的实现。

表 5-5 备课阶段教师对教学内容的决策表现

教师	项目	课例	教学环节 一致	教学环节 改变	教学内容 具体内容增加	教学内容 完全按书	教学内容 增加	教学内容 减少	教学内容 部分替换	调整原因
三年级	SYT1	我看到了什么	✓		✓				✓	安全问题
		校园里的树木	✓		✓				✓	安全问题
		大树和小草	✓		✓	✓				安全问题
	SFT1	蜗牛	✓		✓	✓				
		金鱼	✓		✓				✓	教学材料
	BHT1	动物的共同特点	✓		✓	✓				
		谁更硬一些	✓		✓				✓	教学材料
	SHT1	比较水的多少	✓		✓				✓	学生熟悉
		水和食用油的比较	✓		✓				✓	教师精力
	SST1	磁铁的磁性	✓		✓				✓	教师精力

续表

项目 / 教师	课例	教学环节		教学内容					调整原因
		一致	改变	具体内容增加	完全按书	增加	减少	部分替换	
四年级 SYT1	天气与日历	√		√					安全问题
	温度与气温	√		√				√	安全问题
SFT1	风向和风速	√		√				√	教学材料、安全问题
BHT1	水能溶解一些物质	√		√			√	√	教材内容过多
SHT1	声音的传播	√		√	√				
	我们是怎么样听到声音的	√		√		√			
SST2	认识几种常见的岩石	√		√					
五年级 SYT3	蚯蚓的选择	√		√				√	教学材料
	食物链和食物网	√		√	√				
SYT4	食物链和食物网	√		√	√				
SFT2	光和影		√			√			不知道该如何教
	光的反射		√			√			不知道该如何教
SHT3	我们的小缆车	√		√				√	教学材料
	运动和摩擦力	√		√				√	教学材料
SST3	热是怎么样传递的	√		√	√				
SST4	制作一个保温杯	√		√				√	教学材料

续表

项目 / 教师	课 例	教学环节		教学内容					调整原因
		一致	改变	具体内容增加	完全按书	增加	减少	部分替换	
SST5	时间的流逝	✓		✓	✓				
SST6	太阳钟	✓		✓	✓				
SST7	单摆运动	✓		✓				✓	教师精力
SST8	金属的热胀冷缩	✓		✓				✓	教师精力
SST9	用水测量时间	✓		✓				✓	教学材料、教师精力
SYT5	轮轴的秘密	✓		✓	✓				
SYT5	定滑轮和动滑轮	✓		✓		✓			教学内容过多
SYT6	做框架	✓		✓				✓	教学材料
BHT2	斜面	✓		✓			✓		
SHT4	轮轴的秘密	✓		✓	✓				
SHT4	电能和能量	✓		✓	✓				
SFT2	电和磁	✓		✓				✓	
总数		36	2	36	12	4	2	19	

（注：六年级为 SYT5、SYT6、BHT2、SHT4、SFT2 所在行的左侧分组项目）

次数

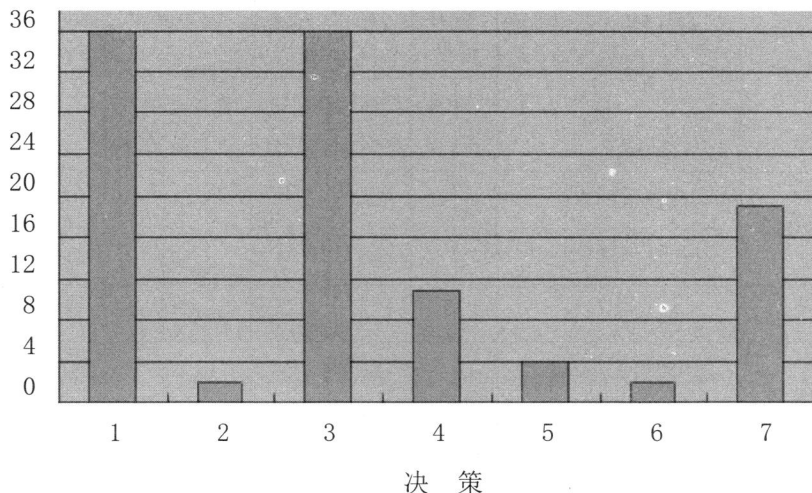

1.一致　2.改变　3.具体内容增加　4.完全按书　5.增加　6.减少　7.部分替换

图 5-8　备课阶段教师对教学内容的决策相应表现次数

表 5-6　课堂教学中教师对教学内容的决策表现

项目 / 教师		课　例	教学环节		教学内容					调整原因
			一致	改变	具体内容增加	完全按书	增加	减少	部分替换	
三年级	SYT1	我看到了什么	√		√				√	安全问题
		校园里的树木	√		√				√	安全问题
		大树和小草	√		√	√				
	SFT1	蜗牛	√		√					
		金鱼	√		√	√			√	教学材料
	BHT1	动物的共同特点	√		√	√				
		谁更硬一些	√						√	教学材料

续表

教师 \ 项目		课 例	教学环节		教学内容					调整原因
			一致	改变	具体内容增加	完全按书	增加	减少	部分替换	
四年级	SHT1	比较水的多少	✓		✓				✓	学生熟悉
		水和食用油的比较	✓		✓				✓	教师精力
	SST1	磁铁的磁性	✓		✓				✓	教师精力
	SYT1	天气与日历	✓		✓				✓	安全问题
		温度与气温	✓		✓				✓	安全问题
	SFT1	风向和风速	✓		✓				✓	教学材料,安全问题
	BHT1	水能溶解一些物质	✓		✓			✓		教材内容过多
	SHT1	声音的传播	✓		✓				✓	教学材料
		我们是怎么样听到声音的	✓		✓		✓		✓	和其他课合并
	SST1	认识几种常见的岩石	✓		✓				✓	教学材料
五年级	SYT3	蚯蚓的选择	✓		✓					教学材料
		食物链和食物网	✓		✓	✓				
	SYT4	食物链和食物网	✓		✓	✓				
	SFT2	光和影	✓		✓				✓	不知道该如何教
		光的反射	✓		✓				✓	不知道该如何教
	SHT3	我们的小缆车	✓		✓				✓	教学材料
		运动和摩擦力	✓		✓				✓	教学材料

续表

项目 / 教师	课　例	教学环节 一致	改变	教学内容 具体内容增加	完全按书	增加	减少	部分替换	调整原因
SST3	热是怎么样传递的	√		√	√				
SST4	制作一个保温杯	√		√				√	教学材料
SST5	时间的流逝	√		√	√				
SST6	太阳钟	√		√	√				
SST7	单摆运动	√		√				√	教师精力
SST8	金属的热胀冷缩	√		√				√	教师精力
SST9	用水测量时间	√		√				√	教学材料、教师精力
SYT5	轮轴的秘密	√		√					
SYT5	定滑轮和动滑轮	√		√			√		教学内容过多
SYT6	做框架	√		√					教学材料
SHT4	电能和能量	√		√	√				
SHT4	轮轴的秘密	√		√	√				
SFT2	电和磁	√		√				√	
总数		38	0	38	10	1	2	22	

（六年级）

表 5-7　对待科学学习内容要求

具体内容标准	活动建议
A. 想知道，爱提问	• 比一比谁提的问题多，谁提的问题好 • 乐于对周围生活和学习中的各种现象提出问题，并设法解决
B. 喜欢大胆想象	
C. 尊重证据	• 讨论外星人的存在是科学的假设还是科学的结论 • 讨论迷信为什么站不住脚
D. 能参与中长期科学探究活动	• 如观察月相、培育花卉、饲养小动物等
E. 愿意合作与交流	• 在与他人合作学习和探究活动中，主动提供自己的资料和想法，分享他人的智慧，体验合作的愉快
F. 尊重他人的劳动成果	

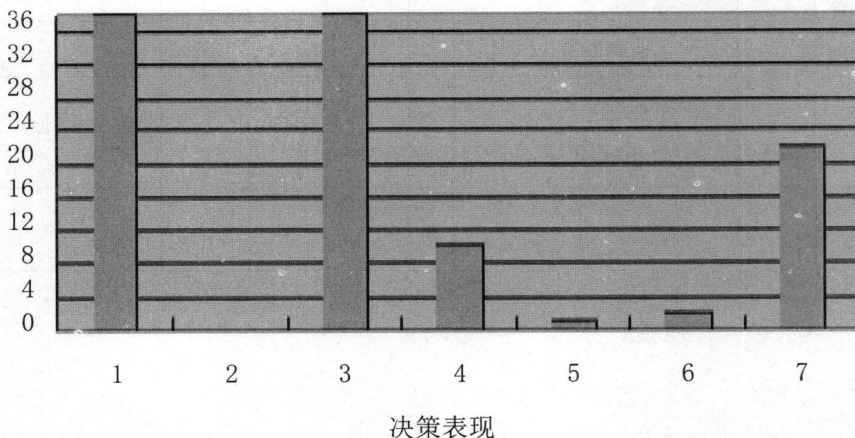

1. 一致　2. 改变　3. 具体内容增加　4. 完全按书　5. 增加　6. 减少　7. 部分替换

图 5-9　课堂教学阶段教师对教学内容的决策表现次数

三、教学方法的比较

从文件课程中建议的该课程的教学方法可以看出小学科学教育强调以学生参与丰富多彩的活动为主要教学形式,通过参与活动的教学,可以让学生亲身体验一次科学发现、科学探究、科学创造的过程。在教学实施中,科学探究可以是全过程的,也可以是部分进行的,比如说某些课就侧重于提出问题,进行猜想、假设和预测的训练,某些课则侧重于制订计划和搜集信息的训练。不必每次课都拘泥于探究的全过程。在笔者对教师课堂教学过程的分析中,发现绝大多数教师在实际教学过程中对教学方法的采用,大部分以提问法、讨论法、讲授法、演示法为主,教学过程中以学生亲历的教学活动为主的方法少。如(表5-8、表5-9、图5-10、图5-11所示)尽管大多数的教师在访谈中都认为探究式的教学方法(学生的亲历活动)是小学科学教学中应该采用的最主要的教学方法,但在实际的教学中,往往都会因为教学环境、教学材料、教师精力等原因没有采用该方法。这点从我们对三到六年级教师在课前和课中的课程决策便可以看出来。有部分教师在课堂上虽然也用到了探究式的教学方法,但由于在教学过程中,过于追求整个探究过程的完成,往往会出现对学生的探究活动指导不够充分的现象。

表5-8 教师在计划阶段应用方法一览表

教师	项目	课例	讲授法	演示法	多媒体教学法	提问法	讨论法	观察法	探究法
三年级	SYT1	我看到了什么	√			√	√		
		校园里的树木	√			√	√		
		大树和小草	√					√	√
	SFT1	蜗牛	√			√	√	√	√
		金鱼	√		√	√	√		

续表

教师 / 项目		课例	讲授法	演示法	多媒体教学法	提问法	讨论法	观察法	探究法
	BHT1	动物的共同特点	✓			✓	✓		
		谁更硬一些	✓	✓	✓	✓	✓	✓	
	SHT1	比较水的多少	✓			✓	✓		
		水和食用油的比较	✓	✓		✓	✓		
	SST1	磁铁的磁性	✓	✓		✓			
四年级	SYT1	天气与日历	✓			✓	✓		
		温度与气温	✓		✓	✓	✓		
	SFT1	风向和风速	✓	✓		✓			
	BHT1	水能溶解一些物质	✓			✓			
	SHT1	声音的传播	✓			✓			
		我们是怎么样听到声音的	✓			✓	✓		
	SST1	认识几种常见的岩石	✓			✓	✓	✓	
五年级	SYT3	蚯蚓的选择	✓	✓		✓	✓		
		食物链和食物网	✓			✓	✓		
	SYT3	食物链和食物网	✓			✓	✓		
	SFT2	光和影	✓			✓	✓		
		光的反射	✓			✓	✓		
	SHT3	我们的小缆车	✓	✓		✓			
		运动和摩擦力	✓	✓		✓			
	SST3	热是怎么样传递的	✓	✓		✓	✓		

续表

教师 \ 项目		课 例	讲授法	演示法	多媒体教学法	提问法	讨论法	观察法	探究法
	SST4	制作一个保温杯	√			√	√		
	SST5	时间的流逝	√			√	√		
	SST6	太阳钟	√			√	√		
	SST7	单摆运动	√			√	√		
	SST8	金属的热胀冷缩	√	√		√	√		
	SST9	用水测量时间	√			√	√		
六年级	SYT5	轮轴的秘密	√			√	√	√	
		定滑轮和动滑轮	√			√	√		
	SYT6	做框架	√	√		√	√		
	BHT2	斜面的作用	√			√	√		
	SHT4	轮轴的秘密	√	√		√	√		
		电能和能量	√	√		√	√		
	SFT2	电和磁	√	√		√	√		
总数			38	15	3	37	37	5	2

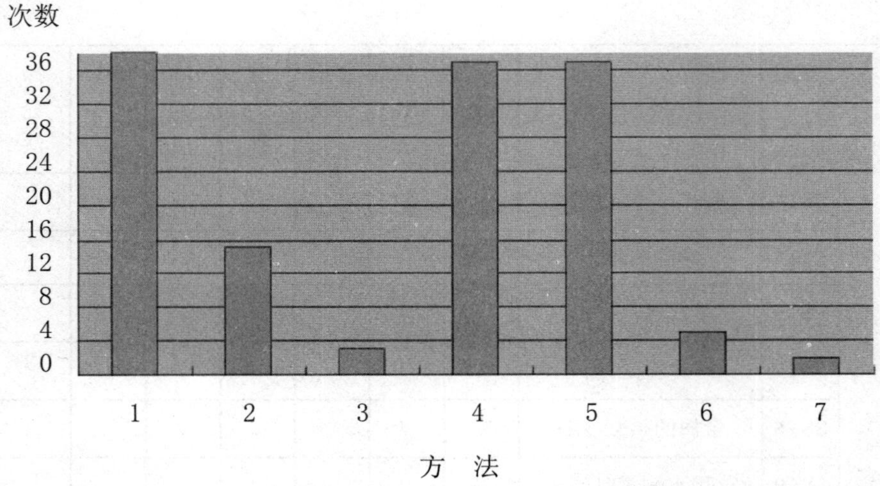

次数

1. 讲授法 2. 演示法 3. 多媒体教学法 4. 提问法 5. 讨论法 6. 观察法 7. 探究法

图 5-10   教师在计划阶段应用方法次数

表 5-9   教师教学过程中教学方法的应用

教师\项目		课 例	教学方法									
			1	2	3	4	5	6	7	8	9	10
三年级	SYT1	我看到了什么	√	√		√		√				√
		校园里的树木	√	√				√				√
		大树和小草	√	√	√	√	√	√	√			√
	SFT1	蜗牛	√	√			√					√
		金鱼	√	√		√					√	√
	BHT1	动物的共同特点	√	√							√	√
		谁更硬一些	√	√								√
	SHT1	比较水的多少	√	√						√		√
		水和食用油的比较	√	√						√		√

续表

项目 教师		课　例	教学方法									
			1	2	3	4	5	6	7	8	9	10
四年级	SST1	磁铁的磁性	√	√		`						√
	SYT1	天气与日历	√	√								√
		温度与气温	√	√								√
	SFT1	风向和风速	√							√		√
	BHT1	水能溶解一些物质	√									√
	SHT1	声音的传播	√							√		√
		我们是怎么样听到 声音的	√	√								√
	SST1	认识几种常见的岩石	√	√	√							√
五年级	SYT3	蚯蚓的选择	√	√						√		√
		食物链和食物网	√	√		√						√
	SYT4	食物链和食物网	√	√								√
	SFT2	光和影	√	√								√
		光的反射	√	√								√
	SHT3	我们的小缆车	√	√						√		√
		运动和摩擦力	√	√						√		√
	SST3	热是怎么样传递的	√	√			√					√
	SST4	制作一个保温杯	√	√								√
	SST5	时间的流逝	√	√								√
	SST6	太阳钟	√	√								√
	SST7	单摆运动	√	√						√		√

续表

项目 教师		课 例	教学方法									
			1	2	3	4	5	6	7	8	9	10
	SST8	金属的热胀冷缩	√	√						√		√
	SST9	用水测量时间	√	√						√		√
六年级	SYT5	轮轴的秘密	√	√			√					√
		定滑轮和动滑轮	√	√						√		√
	SYT6	做框架	√	√						√		√
	BHT2	斜面的作用	√	√								√
	SHT4	轮轴的秘密	√	√			√					√
		电能和能量	√	√			√					√
	SFT2	电和磁	√	√						√		√
总数			38	38	3	4	7	3	1	13	2	38

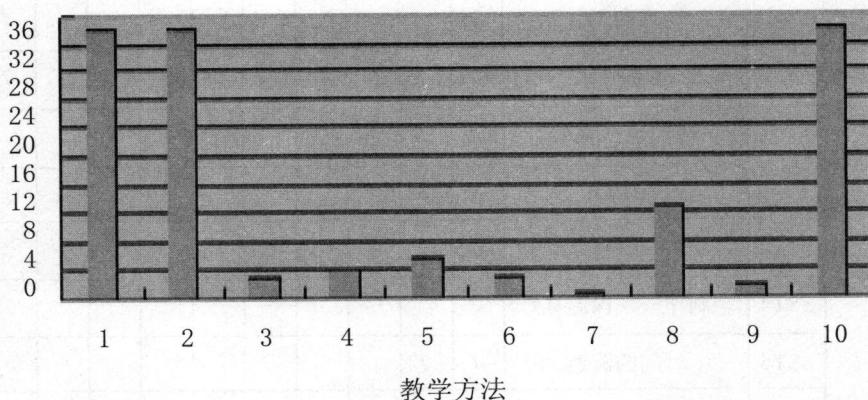

1. 一般提问法 2. 讨论法 3. 观察法 4. 启发提问法 5. 小组活动法 6. 记录法
7. 画图法 8. 演示法 9. 多媒体教学法 10. 讲解

图5-11 教师在计划阶段应用方法次数

四、教学评价的比较

虽然课标在评价主体、评价内容、评价方法等方面对这门课都有非常详细的规定，但是在实际的常态课教学中，部分人对科学课的评价不是很重视，他们都认为这门课是副科，在学生的升学考试中也不起作用，因此科学课的教学评价得不到大家的重视。在平常的教学中，科学课的评价主体单一，评价主体是以上课的教师为主。评价内容主要集中在教师对学生上科学课的学习态度、回答教师提问、积极参与活动、学生是否能了解一节课的主要内容方面。教师对于学生的科学探究缺乏相对应的评价，一部分原因是教师没有让学生进行探究，真正地动手操作，因此这部分内容也没办法评价。虽然有的课是以学生的探究活动为主，但是从笔者对教师的教学观察来看，教师过于关注探究的结果，而对学生探究过程中出现的问题关注较少。在课堂教学评价方法方面，教师并没有明确的方法，有部分教师会收集学生公开课时的实验作品等作为上级检查时的记录。在访谈教师每个学期结束时对学生进行评价的方式时，许多教师给我拿出了科学素质报告单。素质教育中，教师对学生科学学习的表现进行评价，按优秀、良好、及格进行评价，并给出相应的评语。教师们都认为这种评价也只是走过场，因为所有的学生都是优秀。有少数教师习惯拿测验与考试来进行评价，期末考试会以科学知识为主要内容出一份试卷对学生进行测验，但是测验的结果也就是随便考考，给学生打个分，用这些老师的话说就是“走走过场”。

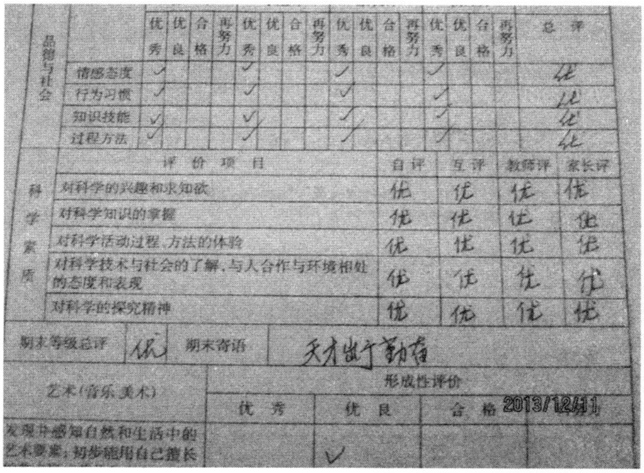

品德与社会		优秀	优良	合格	再努力	优秀	优良	合格	再努力	优秀	优良	合格	再努力	优秀	优良	合格	再努力	总评
	情感态度	✓				✓				✓				✓				优
	行为习惯	✓				✓				✓				✓				优
	知识技能	✓				✓				✓				✓				优
	过程方法	✓				✓				✓				✓				优

科学素质	评价项目	自评	互评	教师评	家长评
	对科学的兴趣和求知欲	优	优	优	优
	对科学知识的掌握	优	优	优	优
	对科学活动过程、方法的体验	优	优	优	优
	对科学技术与社会的了解，与人合作与环境相处的态度和表现	优	优	优	优
	对科学的探究精神	优	优	优	优

期末等级总评	优	期末寄语	天才出于勤奋

艺术（音乐 美术）	形成性评价			
	优秀	优良	合格	
发现并感知自然和生活中的艺术要素，初步能用自己擅长		✓		

2013/12/11

图 5-12　学校素质教育报告单

五、关于教学材料的准备

对选取分析的五所学校的 23 位教师在 38 节课的教学材料准备来看,绝大多数课的教学材料准备都没有符合教材上需要的教学材料要求。如表 5-10 所示,绝大多数课都仅仅准备了教师用的演示材料,学生分组探究的材料准备得普遍很少。当然教学材料准备不齐全有很多原因,如实验室器材不完善,对学生安全问题的考虑,教学精力有限。从课标和教材中对每节课教学材料的要求和教师实际教学材料准备情况来看,差异明显。

表 5-10　教学材料准备情况表

教师　　项目	课　例	教学材料准备			
		全部	演示材料	部分演示材料	没有
三年级 SYT1	我看到了什么				√
	校园里的树木				√
	大树和小草		√		
SFT1	蜗牛	√			
	金鱼				√
BHT1	动物的共同特点				
	谁更硬一些		√		
SHT1	比较水的多少		√		
	水和食用油的比较		√		
SST1	磁铁的磁性		√		
四年级 SYT1	天气与日历				√
	温度与气温		√		

续表

教师	项目 \ 课例	教学材料准备			
		全部	演示材料	部分演示材料	没有
四年级	SFT1　风向和风速		√		
	BHT1　水能溶解一些物质		√		
	SHT1　声音的传播			√	
	SHT1　我们是怎么样听到声音的				√
	SST1　认识几种常见的岩石		√		
五年级	SYT3　蚯蚓的选择		√		
	SYT3　食物链和食物网		√		
	SYT4　食物链和食物网		√		
	SFT2　光和影				√
	SFT2　光的反射				√
	SHT3　我们的小缆车		√		
	SHT3　运动和摩擦力		√		
	SST3　热是怎么样传递的	√			
	SST4　制作一个保温杯				√
	SST5　时间的流逝				√
	SST6　太阳钟				√
	SST7　单摆运动		√		
	SST8　金属的热胀冷缩		√		
	SST9　用水测量时间				√

续表

教师＼项目		课 例	教学材料准备			
			全部	演示材料	部分演示材料	没有
六年级	SYT5	轮轴的秘密	✓			
		定滑轮和动滑轮		✓		
	SYT6	做框架		✓		
	BHT2	斜面的作用		✓		
	SHT4	轮轴的秘密	✓			
		电能和能量		✓		
	SFT2	电和磁		✓		
总数			4	21	1	11

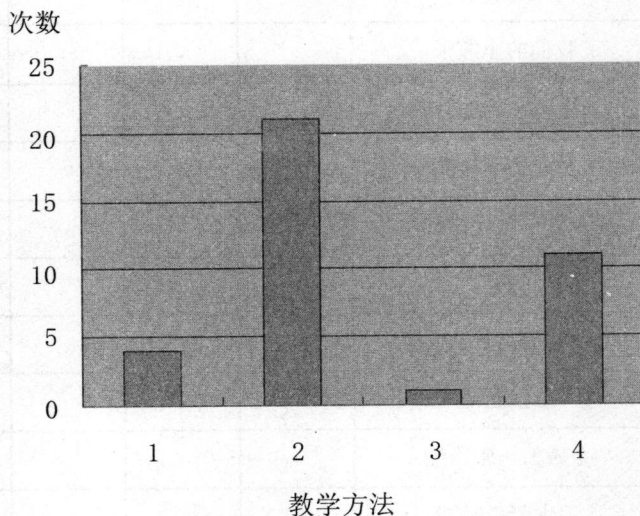

图 5-12　教学材料准备情况统计表

第六章

影响小学科学课程实施的因素分析

    一个人宣称学校正为变革所包围,而另一个人则认为太阳底下没有任何新的东西。决策者指责教师拒绝变革,而教师则抱怨说管理者只是为了他们自我权力的扩张而引起变革,而且这些管理者既不知道需要什么,也不了解课堂情况。家长为某种阅读的新实践所困惑,或为教育与未来工作的相关性所困惑。今天已经相当明确的是,成功变革的一个关键要素就是相互关系的改进,更准确地说是注重团队的发展。如果教育要在设计发展中发挥一种领导的作用,那就要做更多的事情。①

    意义问题(Problem of Meaning)是理解教育变革的核心。为了掌握更多的意义,我们必须逐步来理解细微的和巨大的图景。(Small And Big Pictures)对变革现象学的忽略,是大多数社会变革未能取得引人注目成功的关键。也就是说,人们实际地体验的变革是不同于人们预期中可能发生的变革的。还有必要建立和理解巨大的图景,因为教育变革首先是一个社会政治过程。我们完全有可能知道:一个人想要什么而又根本无法实现这一愿望,或者一个人有能力管理变革,但是又不清楚哪些变革是最为必须的。我们需要把教育变革的动力学(Dynamics)理解为一种社会政治过程,这一过程涉及到产生相互影响的所有个人的、课堂的、学校的、地方的、学校的各种因素。②富兰在

---

    ①赵中建,陈霞.李敏,译,迈克尔·富兰.教育变革新意义[M].北京:教育科学出版社,2005:4.

    ②赵中建,陈霞.李敏,译,迈克尔·富兰.教育变革新意义[M].北京:教育科学出版社,2005:9.

《教育变革新意义》一书,理解教育变革的阐述中向我们深刻地阐释了课程实施的复杂性,即一项课程计划要想达到预期的效果,必须得考虑各种因素。在第四章,我们分析了五所学校三到六年级小学科学教师课堂教学准备和课堂教学阶段在教学内容、教学方法、教学目标、教学评价等方面的决策表现,同时了解了教师在课堂教学中对教学内容、教学方法、教学目标的决策表现与文件课程的差别。透视个案学校教师的课堂教学,我们能够了解小学科学教师的课程决策现状,进一步认识小学科学课程实施的问题。这只是我们研究的第一步,究竟有哪些因素和教师课程实施的现状有关,影响小学科学教师课程实施的因素究竟有哪些?是我们进一步需要关注的问题。在第二章中,我们在文献综述时分析了各位学者对影响学校课程实施的因素的研究,在考虑影响课程实施的因素时,我们要从具体课程实施的特征以及课程在具体环境下的具体状况来综合考虑,以确定哪些因素可能对课程实施产生比较大的影响。本书中为了研究的方便,我们把课程实施的影响因素分为课程本身的因素、学校外部的因素和学校内部的因素。我们对小学科学课程实施的研究是透过教师的课程决策来进行的,在影响教师课程决策因素的分析中,虽然在教学层面影响教师课程决策的因素有很多,综合起来大致由教师因素、学校因素、学生因素、家长和社会因素等组成。因此,在本书中我们确定了分析影响小学科学课程实施影响因素的框架。(如图6-1)为了更深入地了解影响小学科学教师课程决策的因素,我们一方面通过文献资料的分析确定与这些因素有关的项目,另一方面我们结合个案学校中对教师的访谈资料分析,找出一些与文献确定的这些因素相关项目的典型表现,并且在分析的过程中,也会提出一些影响因素的新的表现。在研究中我们对五所学校23位教师进行了30多次正式访谈,平均每位教师至少有一次非常正式的访谈,正式访谈的时间和地点都由我和教师提前约定。几乎同时,还有多次非正式的访谈,非正式访谈主要是放在教师课前和课后进行。另外我们对个案学校的校长、教学主任以及个案学校所在区域的教研员也进行了访谈,还收集了教师在备课、参加教研活动等方面的文件资料。我们对23位教师以及个案学校校长、教研员的访谈都进行了录音整理分析。在这些资料中找出直接表达或间接表达出的影响小学科学课程实施的因素。

```
          ┌─────────────────────────┐
          │     小学科学课程实施特征      │
          └─────────────────────────┘
```

课程本身的因素	教师层面	学校的特征	学校外部的因素
地方、学校、教师对改革的需要 实施者对改革的清晰程度 课程标准 科学教材 教学参考	教师的知识 教师的信念 教师的个人特征 教师的培训	校长的工作 学校行政的工作 学校的支持系统 学校的环境 ——物质的和心理的 学校文化 学生的学习	社区与家长的影响，政府部门的影响，社会各界的理解、支持和帮助

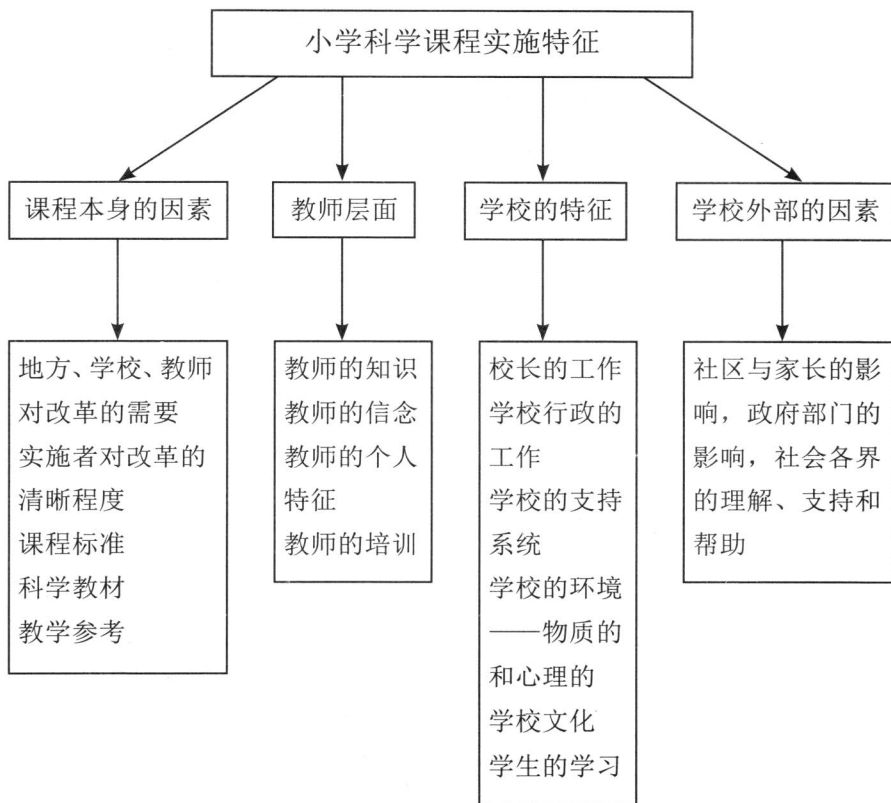

图 6-1　考察小学科学课程实施影响因素的框架

第一节　课程本身的因素

　　一项课程改革本身的性质、改革方案的清晰程度和复杂程度、学校对课程改革的需要程度等是影响课程实施的直接因素。改革本身对实施产生的影响主要体现在：第一，地方、学校和教师对改革的需要程度会影响人们实施的积极性和主动性。第二，实施者对改革的清晰程度是影响课程实施的重要因素，有许多研究发现教师并不明确他们正在进行的改革的基本特征。改革越复杂，就越需要教师了解改革的实施以及改革过程中可能遇到的问题。第三，改革本身的复杂性,改革内容越复杂,实施起来就越困难。第四,改革方案的质量和实用性,改革方案中规划的实用性对实施会产生很大影响。①《全日制义教育科学(3—6年级)课程标准（实验稿)》于 2001 年 9 月开始在全国 38 个国家级实验区进行实验。新的小学科学课程标准的研制是在课程标准研制核心组成员广泛搜集了国内外该领域的多种资料（涉及多个国家与地区的课程标准和教材),调查了国内自然学科教学现状和社会需要,总结了 50 多年的课程和教材改革经验的基础上研制的。在这里,学校教师、校长对小学科学课程的认识主要集中在对课程标准的理念和教材等文本课程的看法上。在学校课程实施中,实施者究竟如何看待小学科学课程,对小学科学课程本身究竟有哪些想法,我们对学校校长、教师以及教研员的访谈涉及这方面的信息如下。

一、对课程标准的看法

在对小学课程标准的看法方面,在访谈教师时发现大多数教师都比较认同新课程标准的理念,但是教师们普遍认为在实际的操作过程中却不尽如意。许多理念实施起来都比较困难,如对该课程三维目标的达成、探究内容的实施、评价方法的应用,操作起来就难度较大。

新课程改革以来,越来越多的教师感受到新课程改革带来的冲击和影响,他们感到只有能让学生进行探究的科学课才是真正意义上的科学课。因为如果我们从人类认识的角度来审视科学,一种特殊的探究活动便是科学的本质。因此,大部分教师都对小学科学新课程的理念持赞同的态度,正如以下教师所认为的那样。下面是一些教师赞同新课程理念的想法。

SYT6: 新课程的教学理念还是很不错的,如提倡学生之间的合作、教学方式要以学生为主体、重视学生的亲历活动,并且探究时也要注重探究的流程,只不过我们实际上做的离新课标还差得很远而已。（赞同新课程理念）

BHT1: 以前上自然课的时候,一二年级有科学课,现在的科学课从三年级开始上。课改后,科学课放在三年级开始上,学生就容易学习多了,因为放在一二年级,孩子的理解能力不行。（认同新课程的设计）

---

① 马云鹏. 课程与教学论 [M]. 北京：中央广播电视大学出版社,2005:153.

SHT4：探究式教学对孩子来说还可以，这个模式还是可以继续延续下去的。从2001年开始探究教学以来，我就一直觉得真要按要求去落实的话，对孩子的能力提高会是非常有帮助的。（赞同新课程理念）

SST4：对于目前的新课程标准，我没有认真地去看过，但是我知道他们提倡以学生为主体的理念是非常好的。（认同新课程的理念）

SST5：虽然对小学科学课程标准算不上比较了解，但是我觉得它倡导的理念还是很不错的。（认同新课程理念）

尽管大部分教师都对小学科学新课程理念持赞同的态度，但是在把这些理念应用到自己的现实教学情境时，却发现了诸多问题，最根本的问题便是在实际的小学科学课程实施过程中，"探究的理念"实施难度特别大。大家在做公开课时都尝试着把这样的理念应用到自己的教学中，如果有的教师在自己的公开课教学中能够把自己对以探究为中心的教学理念应用得比较好便会得到学校领导的赞赏。然而，如果我们能够了解到实际常态课教学中的情况，理想与现实的差别便会一目了然，许多教师根本不知道怎么把小学科学课程的理念应用在自己的教学中或者根本没有条件和时间来进行新课程理念的实施。因为如果教师们每节课都体现三维目标，那么小学科学教师便太累了。

SHT3：科学课的课改是好的，但是从常态课来看，根本不尽如意。（现实和理想差得远）

教研员1：科学课程实施以来，最显著的变化就是改变了以前自然课的仅仅重视知识获得的目标。现在新课程开始重视方法了，比改革以前在重视程度上提高了很多。现在某些学校优秀教师上课时能体现出三维目标，但在平时很多教师上课时还是停留在知识和概念上，很难体现出三维目标，如果教师在上每节课时都体现三维目标，教师会很累的。（新课程以来有变化，但是大多数教师依然和以前一样）

教研员2：课标理念很先进，但是操作起来很困难。做什么事情都是凭嘴一说，老师没有精力去做到符合新课程理念，比如说档案袋评价，好多教师连学生都认不齐全，怎么评价。（理念的操作性不强）

二、对教材教科书的看法

教材教科书是配合新课程标准编写的非常重要的材料，也是教师使用最多的课程资源。因此,教材的实用性关系到教师对该课程的适应性。总的来说,教师们总体感觉教材还是不错的,但是在使用过程中,对教材也有一些典型的看法:第一,教材给教师留的空间太大,不利于教师备课。如有许多教师感觉教材的每一部分内容都是问题,老师备课时总是不知道这部分教学内容该怎么教、正确答案是什么?这在无形中增加了教师备课的难度。第二,有的课内容太多,教师实施时不知该如何取舍。尽管在实施过程中做了一些修订,但是有的教学内容教师们还是感觉一节课时间根本上不完,如《哪种材料硬》《水能溶解一些物质》《定滑轮和动滑轮》等课都表现出了一节课时设计内容太多,根本就上不完。第三,教学内容的安排与教学环境不符合。有些教学内容的安排,教师按照教学进度来上的话,当时的教学环境就不太适合,学校又必须让教师按照教学进度走。因此,教学材料的不易寻找,影响了课程的实施。如五年级《蚯蚓的选择》,这个课到了十月份上,蚯蚓就已经不太好抓了。第四,教学材料配备得不充足。有的教师提到应该适当地增加每一课教学资料的配备。第五,有些内容的设计并不是很符合学生的认识特点。

SYT1:备课时主要参考的是教材,感觉教材给教师提供的空间太大了,刚拿到教材都不知道要讲什么内容。(教材给教师的空间大)

SYT3:现在的教材内容都没有正确的结论,都是问题。有时讲完课了我们也不了解哪些是对,哪些是错的。(教材中内容的呈现方式)

BHT1:现在的教材还不错,原来的自然课教材内容就是灌输知识。(对教材比较认可)

SHT4:2001年开始小学科学课程改革,提倡探究教学,在2007年的时候教材改动了一次,教材内容最开始是按照一周三课时设计的,但是学校里根本安排不了那么多课,改动之前的教材一共有五个单元,一个单元是八节课。调整后的教材一个单元是七节课,共四个单元,如果教师根本上不完课的话,要再多的课没用。(有些教材内容安排得比较多)

SST2:该教材和以前的相比,需要教师自由发挥的东西多,可是有的教师连内容都不懂,怎么发挥啊?(教材给教师提供的空间大)

SST4:我认为咱们目前的教材还是很不错的,关键就是看教师怎么去上这个课。(比较赞同教材)

SST5:备课时,我觉得教材的帮助特别大,最大的问题就是教师专业性不强。(比较赞同教材)

SYT3：教材中，有一些内容与教学实际不太符合，比如观察小动物，就需要有动物，但是到了十月份就已经很难有小动物了，可学校又必须让我们按照教学进度走。（教材中有些内容与环境不匹配）

SFT1：我觉得有些教学内容需要调整，像动物与植物的课与当地的教育环境并不匹配。（教材中有些内容与环境不匹配）

SHT4：教材后面配置了一些辅助教学的视频资料，我们觉得太少了，如讲地球与宇宙内容的时候还得让我们教师去找资料，很费劲。如果教材能够每节课配一些相对应的资料就好了，那样我们教师用起来就很方便了。（教学资料配备不充分）

SYT3：教材总的来说还行，我现在带的是五年级的课，发现有的教学内容如果按照教材来上的话，并不是很适合学生，如《光的反射》一课中第一个环节的设计，让学生根据几幅画面，来说说光是如何照到书上的。对于这个问题，学生经常不能理解是什么意思。（部分教学内容不适合学生）

教研员1：老师们平时上课主要依赖的是教材，但是教材编写者在有的章节编写的内容过于多了，致使很多课教师在一节课的时间里根本就不可能讲完。比如这节我们上的研究课《哪种材料硬》，这节课里面除了有比较材料的硬度这一部分内容，还有让学生理解金属的特性的内容，教师操作起来很难，如果想在一节课四十分钟完成这两部分内容的教学，教师的时间和精力根本就不够。（教材中部分内容比较多）

SHT4：教材总的来说还可以，就是容量太大了。如果我们在一节课里又让学生设计实验，又让学生动手去做的话，时间显然是太紧张了。（教材内容容量大）

三、对课程的清晰程度

对一线教师、校长的访谈提纲中有这样一个问题："您对文件课程（课程标准和教材）的认识和看法？"从对这一问题的回答来看只有少数教师仔细看过课程标准也接受过相关培训。大部分专职的教师都接受过相关课程标准的培训，但很多人对小学科学课程标准并没有仔细看过。大多数兼职教师没有接受过相关的培训更没有仔细看过课程标准的内容，只是简单听说该课程的理念，如"探究""以学生为主体"，但并不了解其实质的内容。大多数教师看的文件课程就是以教科书和教参为主。小学科学课程标准里明确规定了该课程的性质、基本理念以及设计思路,并且对该课程应该达到的课程目标进行了详细的阐述,对该课程的内容标准进行了详细说明,例如科学探究的具体内容包括哪些,应该如何实施,并且提供了实施建议。教师对小学科学课程标准的深入了解可以进一步让教师对小学科学课程改革思路更加清晰,有利于小学科学课程实施,然而实际上,大多数教师对新课程理念和思想并不是很清晰,在平常的教学中很少看课程标准的要求。在访谈个案学校的校长和教学主任时,发现校长和教学主任也存在对小学科学课程改革理念并不是很了解的现象。

在我对一线学校校长的访谈过程中,有的学校校长对小学科学课并不十分了解,甚至个别学校校长表示一点也不懂,只是隐隐约约感觉这个课应该对学生能力的培养非常有用。对在本校要开设的课程,校长在心目中对这些课程的位置往往有着非常清晰的排列,如关乎学生升学的语文、数学、外语是排名在前的。美术、音乐这些课程由于有好多家长比较重视孩子这方面的发展,学校领导也不敢怠慢,只有科学课,校长可以稍稍地放松一些。以下是一些校长的看法。

BHX1:对小学科学课程这个学科我真的一点都不懂,也说不出如何发展的看法,一般都让我们这儿的一位教师负责。(校长不太了解科学课)

SSX1:我只知道小学科学课是一门对学生能力培养非常好的课,但具体情况我不大了解,实际上在我们学校还顾不上这块,主科还忙不过来呢?科学课只能往后放放了。(了解其重要性,但不清楚具体情况)

对于小学科学教师而言,经历过几年的教学生涯之后,发现在小学阶段所有课程的教学中,只有科学课是最难教的。这种难度体现在教科学课需要教师通晓三大领域的科学知识,对于自己的知识结构是很大的挑战。另外科学课需要学生进行动手操作,教师得有相应的指导能力。在每次上课前教师还需要为学生准备实验用品,这无形中就增加了教师备课的时间。但是在访谈教师们对新课程标准的了解程度时,只有部分教师表示对课程标准有所了解,有少数教师仅仅是通过其他渠道对新课程标准有一些了解。以下是一些教师的看法。

SHT1:小学科学课,需要学生有非常强的动手能力,对教师要求也比较高,不是一般的教师就能教得了的。(知道该课对教师要求高)

SYT6:我对课程标准还算比较了解,因为以前上公开课前得看是不是符

合要求,我是科学组组长,老师们在上公开课前都找我,教了这么多年课,参加了很多培训,对这个课有些了解。(了解课程标准)

SST4:在我们学校,兼职科学教师参加培训的机会很少,我们把大部分精力都放在主科教学上了,对课程标准说实话不是很懂,也不是很了解。(兼职教师不是很清楚)

BHT1:我在平时的课堂教学中,主要看的是教材和教参,很少看课程标准,只是参加一些培训时才听听,其实听得也不是很认真。(了解一些,但平时不看)

SST1:对于新课程标准我从没有认真地去看过,但是他们所说的以学生为主体,我认为方向是好的。(对课程标准不够了解)

SYT6:从学校领导对我们公开课的评价中,就发现他们一点也不懂科学课,经常把我们评得哭笑不得。(对课程不了解)

第二节　教师因素

一、教师知识

在小学科学课程标准中,通常划分有生命科学、物质科学、地球与宇宙三大领域,只有当教师把握了自己所教知识的体系结构,才能够促进学生更好地学习。具体些说科学教师必须有很好的知识储备,必须掌握高于教材要求的科学知识,熟悉探究的程序和方法,才能更好地驾驭课堂。从教师的课堂表现以及和部分教师的访谈中对自己的教师知识方面的内容分析来看,主要有以下显著特征:大部分教师对自己的科学知识显示出不自信,探究性教学法知识欠缺,理论知识不充足。以下是一些教师在这些方面的典型叙述。

1. 学科知识

教师是否拥有丰富的学科知识是小学科学教师从事科学教育非常重要的基础。小学科学学科是一门综合性的学科,其内容领域涉及的面比较广。小学科学教师要胜任该学科的教学,必须能够通晓三大领域的知识。因此,大多数教师都对自己的学科知识并不十分自信。如BHT1提到教师对六年级教材里的地球与公转的内容理解的难度大的问题，SHT4 提到自己在讲课时总是怕学生提问题，其实这都是一种对自己的学科知识的不自信。在对五所学校的调研过程中发现，几乎每所学校都有兼职的小学科学教师，郊区学校的小学科学教师竟然全部都是兼职的，兼职教师对自己的学科知识不仅会表现出不自信，而且对于教师应该具备的学科知识没有足够的时间去学习。

BHT1：我觉得科学课的内容范围非常广，必须具有非常丰富的知识。如六年级课本中月相、地球自转公转模型非常难讲，这部分内容教师理解起来都难。我以前的一位同事在讲这部分内容时就老出错，我也不好意思给他指出来。（知识理解的难度大）

SST6：科学课，我真的啥也不知道，上课就是领着学生读一读。（知识与教学法的缺乏）

SST1：我们有些教师自己都不知道实验该怎么做，更别提教孩子们了。（专业知识缺少）

SHT4：对于科学知识方面，我上课时生怕学生提出一些自己不知道的问题，如果学生在一节课中没有提出自己不知道的问题，这节课后便松了一口气。（科学知识不自信）

SFT1：我挺喜欢教这个课的，但就是在科学知识方面经常感到信心不足，这个课其实对教师的要求挺高。（科学知识方面不自信）

SST2：我们这里大部分教师都不专业，对于很多实验教师自己都不会做，大家研究的都是本学科的事情，只是偶尔才会讨论一下科学课。（兼职教师的状态，科学知识欠缺）

SST4：学校对我们兼职教师教科学不做要求，我们一方面教学精力不够，另一方面自身能力也存在问题，教师的个人知识水平都不是太高。（专业水平不高）

SST2：我们备课时教参帮助特别大，但是最大的问题就是教师缺乏专业性。（教师专业性不强）。

研究者：由于两天的时间和牛老师熟悉了很多。大家也都告诉我牛老师对待科学课挺认真的，经常上网查一些科学知识。我几次问牛老师科学知识的问题时，牛老师答完后还笑着说："我啥也不知道，还不查。"（兼职教师科学知识缺乏，2013 年 5 月 14 日，研究日志）

正如美国研究科学教育的专家大卫·杰纳·马丁所言"在科学教育中，对于已知的信息量的了解是注重事实性信息的困难之一,据统计,我们每个人如果想要跟上所有科学的脚步,必须以每小时 400 多万字的速度阅读。"[1]对于一名小学科学教师来说,在学科知识方面只有不断地使自己的知识结构更新和完善才能对小学科学课教学充满信心。有许多科学教师在调研过程中都表示自己的专业知识必须丰富,必须及时更新自己的科学知识才能"应对"学生的提问。

SYT5:科学课不是那么容易教的,需要非常丰富的专业知识。(专业知识必须丰富)

SHT4:在讲这个课时,我们教师经常对知识方面不是很有信心,因为科学课经常有许多新的东西,必须得经常关注孩子们探讨的话题。有一次上课,讲到电流方面内容,我跟孩子们说电流是从电池的正极流出来,然后经过用电器,流到电池的负极。当时有的学生就跟老师提出说得不对,说现在好像又改了,有的电流是从负极留到正极去。我当时特别吃惊,自己也拿不准学生说的是否对,回去上网一查,网络上说的好像还真有这么一回事情,但是解释得也不是很详细,这个经历让我感触特别深,让我讲课时常怕自己拿不准知识,现在的知识更新也是非常快的。(科学知识的更新)

2. 探究性教学法知识

在小学科学课程标准中,科学探究的分目标位居其首,科学探究的内容也是学生学习的基本内容之一。在日常的小学科学课的教学中,小学科学教师感到最为困难的便是如何帮助学生掌握科学探究技能。由于目前学校的大多数教师在职前教育中都没有过科学探究内容方面的学习经历,在教学时探究性教学内容的教学法知识非常欠缺,这严重影响了教师对课标中规定的探究性教学内容的落实,也是小学科学课实施难以推进的瓶颈,以下是部分教师的典型看法。

SHT4:我一般来说,每节课的教学的流程都是提出问题、设计实验、做实验、交流总结、适度拓展。具体的时间分配也不一样。(探究性教学法知识——注重探究)

BHT1:我们平时学习其他教师的教学经验,主要是看一些网上授课内

---

①大卫·杰纳·马丁. 走进中小学科学课建构主义教学方法 [M]. 长春:长春出版社,2002:6.

容。（从网络学习）

SST3：我们学校教师讲课大部分没有按照探究的方式讲，教师自身就不知道探究该怎么进行。（探究性教学法知识比较缺乏）

SST4：现在的探究大都是形式上的探究，就是学生参与了活动，根本没有按照探究的流程来，如果真要让学生探究的话，一节课也探究不明白。（探究性教学法知识的缺乏）

3. 实践性知识

教师的实践性知识主要强调的是每一位教师在自己的教学实践中形成的观点和看法，也就是在长期的教学中教师所具有的教学经验。在对五所学校的小学科学教师访谈的过程中，发现教师们普遍谈到了在进行小学科学教学的过程中"学生的纪律很重要。"对学生上课时纪律情况的关注是由小学科学课的特点决定的，由于在上科学课时，教师经常要组织学生进行一些科学活动，学生一活动，课堂秩序就经常处于无序状态。因此，为了使小学科学课的一些活动能顺利地进行下去，教师最为关注学生的纪律。教师在评价学生上科学课的效果时，通常也以纪律好坏作为评判标准。

SHT3：上课时如果学生说话的话，我就会把他请到前面来，让学生当执勤人员，如果他能够发现下一个说话的人，他才可以下去。虽说这不是很符合上课的标准，但是如果学生乱哄哄的，课怎么上啊？更别提达到交流的效果了。（实践性知识——学生的纪律很重要）

SHT2：对于现在这个课上课时究竟该怎么评价，我不知道有什么评价方法。反正现在各个学校都是教师自己进行评价。我一般不考试，我的关注点是孩子们上课时的纪律好坏、回答问题情况我心里都有数，我要求学生做的笔记期末我都查，这就是我作为任课教师的评价标准。（实践性知识——以纪律好坏为标准的评价）

有研究表明，教师实践性知识的获得通常与教师教学经验的积累有很大的关系。因此，成熟的教师往往在从事一门学科的教学时实践性知识显得比较丰富，而新手教师的实践性知识比较少。比如在研究中，SF小学有一名小学科学教师刚从学校毕业没多久，尽管在职前教育中拥有着非常丰富的专业知识，但在面对实际的小学科学教学时经常显示出实践性知识的缺少，如上课时不知道如何与小学生沟通，总是觉得教材的内容过于简单。

SST1：我发现现在刚毕业的大学生根本就不会教科学课，不知道该如何

和小学生沟通交流。（实践性知识缺少，新教师）

在每所学校的科学课上，研究者仔细观察了班级学生上课时的情况，发现学生之间的差别比较大，这也是教师在教学中逐渐形成地对学生学习科学课情况的认识。比如在科学课上，学生做探究实验时，有的学生会积极地围绕着相关的问题进行积极的探究，而有的学生却仅仅是对一些实验仪器好奇，毫无目的地玩，有的学生在做其他科目的作业。

SYT5：学生学习之间的差距挺大的，有的孩子主动性强，每节课上课时他都急于和你互动，那么他就学得好一些，上课时的内容对孩子来说就不太难。有的孩子学习习惯不好，就恨不得别人做，他在玩，净知道捣乱，也学不到什么。（实践性知识——学生之间的差距很大）

4. 理论知识

从事教学的每位教师都必须具有丰富的有关教育学和心理学方面的理论知识，从对教师的访谈中发现，几乎所有的一线教师都认为教学理论知识离自己很远。以下是部分教师的看法。

SHT2：我觉得教学理论总是离我很远，我们学校也提倡协商教学的理念，但是我总觉得自己协商不起来，总是融入不进去。（缺少研讨理论知识的氛围）

SST1：我们目前对教学理论知识几乎没什么思考。（理论知识缺乏）

SYT6：作为一名教师，搞好教学就行了，理论知识没什么用。（对理论知识的重要性认识不足）

二、教师信念

从本书第二章的理论分析中，我们可以发现每位教师的教学信念与教学实践之间存在着很紧密的关系。从对五所小学科学教师的访谈中我们了解了科学教师对待学科（培养学生创造力、问题意识等），对待教学（根据教学难度决定教学时间、尽量用实验法，教师还得多引导、尽量让学生自己动手、关注教学结果，以讲授法为主、通过提问评价学生、公开课影响最大等），对待学生学习（尽量满足孩子需要、学习方法最重要、上课纪律很关键、孩子学习兴趣大等），对待自己如何教学方面的想法和看法的典型特征。

1. 对小学科学的认识

小学科学教育对于学生而言究竟有什么作用，小学科学教学对于学生来讲意义究竟体现在哪里,这是所有的科学教师都思考过的问题。几乎所有的小学科学教师都比较认同小学科学课对于学生动脑和动手能力的培养有着非常重要的作用,对于学生创造性思维的培养有着不可估量的作用。正如有的教师所认为的那样,如果目前的小学科学课的理念真的能够按照新课程标准所要求的那样在课堂教学中得到落实的话,对于学生的发展非常有利。以下便是一些教师的看法。

SHT4:我觉得科学课对学生来说,是一门非常不错的课,因为这门课既锻炼学生动脑,又锻炼了学生的动手能力,比如学生设计方案就很锻炼学生的头脑。对于有的课我不给学生准备实验材料,学生就得思考自己如何做这节课实验,思考需要注意什么,如何才能实现目的。(对该学科的认识——这门课很不错)

SYT5:这门课对学生创造力、逻辑思维能力的培养很有帮助,比如说在上《轮轴的秘密》这一课时,学生做实验时往轮上挂钩码,是一个个放好,还是几个几个放好,学生都必须想清楚。(对该学科的认识——对学生的创造力培养很好)

SST2:科学课应该培养学生发现问题、解决问题的能力,现在我们中国的孩子找问题的能力太差了,根本没有质疑的精神。(对学科的认识,兼职教师)

2. 对于如何教学的认识

尽管几乎所有的教师都认为小学科学课对于当前学生能力的培养意义重大,但是当问到教师在教学中是如何认识这个问题时,教师们大都集中在这样的几种看法上,有的教师认为应根据不同内容的教学难度来决定教学时间,在谈到进行小学科学课教学所用的教学方法时也表示能用实验法就尽量用实验法,在教学过程中不能束缚学生的思维,这种关于如何教学的认识和新课程标准所要求的方法存在着一致性,以下是一些教师的典型看法。

SYT5:我在讲课时是根据教学内容的难度来定教学时间的,如果内容较难,我就多花点时间,内容简单,我就少花点时间,每节课都不太一样。(关于如何教学——根据教学内容难度决定教学时间)

BHT4:我在上课时尽量采用实验法,如果不能用实验法我就采用视频法。总的来说,实验报告里安排的实验我做,不安排的我就不做。(尽量用实验法)

SHT2：新理念说教师是引领者,学生是学习的主人,听说新修订的课标又改了,说不能完全把课堂交给孩子。在我看来毕竟学生年龄都还很小,让孩子独立决定学什么内容,是不可能的。（关于教学的信念——教师还得多引导）

SYT6：现在的课,不能一样一样地带着学生做,那就成填鸭式了,对学生的思维能力促进也意义不大。（关于如何教学——尽量让学生自己做）

BHT2：我认为教学不能束缚学生思维。（如何教学）

SST2：上科学课,常识性的东西,肯定得让孩子知道,最重要的是知道科学的精神。（科学精神很重要）

BHT1：教师在教学中主要是起指导的作用。（对科学教学的看法——指导）

当然也有部分教师认为在进行小学科学教学时难度很大,在实际的教学中教学方法实质上主要是以演示法为主,教师还是停留在关注结果的阶段,对于这门课的评价也不能做到像课程标准中要求的那样,实现评价主体的多元性和评价方法的多元性,在从事小学科学教学的过程中更多时是把这门课的工作当成是良心活。

BHT1：我在教学工作中, 25 岁、26 岁时自己讲的公开课对自己的教学影响最大。（公开课对自己教学的影响）

BHT2：我觉得当教师是个良心活。（对待教学）

SST1：现在的学生都拿老师当权威,缺乏质疑的精神。我们做过一个塑料沉浮实验,按照书上说的应该是沉下来,但是实际情况却是浮起来了,教师非常想做出和书上的答案一样的结果,而不去从塑料的种类上下功夫,人们做事情,总想在对错上下功夫。（关注教学结果）

SST2：科学课比数学课难教,数学课我教过好几轮了,感觉挺容易教的,这个课难教多了。（科学课难教）

SST3：对上课效果的评价主要是通过下课后问孩子问题。（提问的评价方式）

SST4：我们上课时,一般是以讲授法、演示法为主,以分组实验为辅。（关于如何教学）

SST1：我们学校大部分教师还是采用讲授的方式,没有让孩子经历那种探究的过程。（关于科学教学方式——讲授）

3. 关于学生学习的看法

有研究表明,教师如果对学生的学习持有的信念不同,在课堂教学中采取的学习活动就不同。在调研中发现,有关学生学习的方法方面,有的教师特别关注学生在学习时的纪律问题,如 SHT4,她认为一节课的纪律好坏是每节课教学效果能够达到自己预期要求的基础。因此,她特别注重学生在活动时一些良好习惯的养成,包括在课堂上别人说话时不能随意插嘴,这是培养学生良好倾听习惯时必须要求学生做到的。

SHT4:我每次进班级时都不让学生出声音,如果学生按我的要求做到,我就先进行表扬。(关于学生学习的信念——纪律最重要)

SHT4:在课堂上如果学生能有机会做实验,我就尽量让学生多说多练,让他们学会倾听别的同学的话。我经常跟学生说,在课堂上别人说话时你别老插嘴,那是一个文明素质的问题。正如社会上有的人做生意,如果你去抢活,别人就根本不乐意跟你交流。(学生学习时要多说多练、学会倾听)

BHT1:学生在学习科学时差异比较大,通常三四年级的孩子纪律还行,五六年级的孩子不重视科学课,纪律非常不好。(关于学生学习科学)

对于当今孩子的学习特点,有的教师也经常与自己小时候的情形对比,比如 BHT2 认为现在的孩子们生活经验特别少。由于大部分孩子在家里都是独生子女,家长生怕孩子磕着碰着,因此剥夺了孩子许多了解生活的机会,对许多本该了解的生活常识,孩子们却不知道。因此,在上课时经常出现学生与教师沟通、交流不畅通的情况。

BHT2:比如说六年级《简单机械》这一课,我就受不了孩子们和我不呼应,孩子连阻力臂也不知道。现在孩子不像我们小时候去捡柴时候就有机会看见这些东西。另外现在市场上连杆秤都没有,孩子们见到也挺难的。(孩子的生活经验少)

SHT4 是我见过的所有学校中对科学教学工作最认真的一位教师,每天早早地就来到学校的科学实验室为孩子们准备各种上课用的实验材料,她认为上科学课时应尽量让学生参与活动,并亲身经历,只有学生们经历过的事物印象才最为深刻。SYT6 是学校里动手能力非常强的老师,他在教学的空闲时间喜欢动手制作各种各样的教具,想办法把学生上课时的积极性调动起来,他认为在科学课上最重要的是让学生掌握一些学习方法。

SHT4:只要能让学生做的实验,我就尽量都让学生做,毕竟学生经历过

的东西他最深刻,也最喜欢。(对待学生的学习——尽量满足学生的需要)

SYT6:我觉得学生学习后最重要的是掌握一些方法。(学生应该获得方法)

SYT5是一位在全市获得过双优课比赛第一名的教师,他讲的科学课非常受学生的欢迎,他认为在上课时调动学生学习的兴趣是第一位的事情,只要上课时能把学生的学习兴趣激发出来,学生根本不会有任何学习的压力。

SYT5:学生为什么会觉得课业负担重,还是学习兴趣不足。如果有学习兴趣了,自然就不觉得负担重了。说真的,我也比较同意他说的话,学生对学习有兴趣,自然就不觉得累了。(学生学习兴趣最重要)

SS小学作为一所郊区学校,最大的特点是该校上科学课的教师全部都是兼职的,这些教师同时还上着数学课,对于这所学校的大部分教师而言,上科学课时学生把相关知识点背下来就可以了,其他的事情他们不愿意去多想。在该校尽管大部分教师都持有上科学课时让学生多背知识点的观点,但还是有少部分教师认为其实学生如果能够在科学课上多做实验,兴趣会比较高,仅仅让学生多背知识点并不可行。因为,现在学生获得知识的渠道太多了,而能力的培养却不是一朝一夕就能完成的。

SST1:我们四年级办公室里一共八个人,有七位教师上科学课,多数时间都是让学生背知识点,期末就考学生知识点。班级学生得分高,是因为学生都背下来了。(对待学生科学学习,以背知识点为主)

SST2:在过去,我印象较深的是,带孩子去参加实验活动,孩子们特别感兴趣。(孩子对做实验感兴趣)

SST1:关于孩子的学习,我认为孩子们学习知识并不是很重要,关键是能力。现在你如果不知道什么知识,获得的渠道很多,上网都能搜出来。(学生能力最重要)

三、教师的个人特征

在我所调研的五所学校的23名科学教师,大多数教师的学历都是由原来的中师学历进修为大专或本科的,他们大都在以前的学习生涯中没有接受过有关科学教育方面的课程学习。在专职教师中有三位教师在教学态度、教学信念方面表现出与其他教师有很大区别,虽然这些教师也对学校科学课不受重视的现状不满意,但从公开课来看,教师的教学风格、课堂运作能力非常强,对小学科学课也非常热爱。在课堂教学中,这些教师在专业知识,对学生的管理、教学效果方面都优于其他教师。

SS 小学的 SST1 性格非常开朗,给我讲了自己小时候的爱好,爱动手是他儿童时期的特点,能够兼职教科学课,在科学课上找回自己童年的梦想他觉得非常开心,尽管他所在学校的大部分教师都比较排斥科学课要求的"动手"能力,但仍然难掩 SST1 的热情,他觉得给学生上科学课其实非常好玩。

SST1:小学科学课我个人比较喜欢,小时候我爱动手,玩泥巴、做坦克、做模型啥的。(爱动手的特点)

SF 小学的 SFT1 认为,小学科学课对教师的动手能力要求比较高,而这恰恰是许多女教师的弱项,如果在该学科能够多些男性教师就更好了。在研究中发现,男教师在从事小学科学教学工作时会感觉得心应手些。

SFT1:如果这个课里面再多点男老师就更好了,男老师的动手能力要强很多。(教师性别特点)

SYT3:我比较喜欢动手做点东西,我总觉得孩子们上课本来不做实验,教师再不演示实验就不太好。(个人兴趣)

SFT2:刚来到 SF 小学从事科学教学的时间还很短,还处在适应阶段的他常常感到很迷茫,在教学方面也存在很多困惑,对于他而言,适应小学科学教学工作还需要很长的一段路程要走。(处在适应阶段)

SFT2:我刚开始上课,以前本科学的是物理,从没给小孩子讲过课,刚教几个月科学课,真的还不是很适应。(处在适应阶段)

SYT5:他的知名度早已在某市小学科学教育界得到公认,他的教学理念、他的驾驭课堂的能力、他的受学生欢迎的程度都处在所有教师的前列,从事科学教学二十余年,他有着非常丰富的教学经验。

SYT5:大家看我在讲公开课时候取得过双优课第一名的成绩,但在常态课中我也不会像那样子去上课,太累了,学校配套资源不够,我们老师教学准备时间不充足,我在课上讲课时虽然学生有时会不爱动手,但我会尽量让学生动脑思考。(教学经验非常丰富)

四、教师队伍

从五所学校小学科学教师队伍的整体情况来看,SY 学校小学科学教师最多,六位科学教师中,有五位专职科学教师。SH 小学四位科学教师中一共有三位专职教师，一位兼职教师。SF 小学有两位专职教师，BH 小学两位科学教师中有一位是兼职教师。SS 小学全部都是兼职教师。以下是教师、教研员对该市教师队伍现状的典型看法。

1. 专职教师不够（市区学校）

在每所学校中，专职教师与兼职教师成了划分现有小学科学教师队伍的又一个维度。是在调研的市中心的四所学校，我们发现每所学校的专兼职科学教师的比例都是不一样的，对于每一所学校来说，目前的专职教师人数并不能满足当前小学科学课教学的需求，每所学校都有兼职教师的情况，有个别学校兼职教师要占到一半的比例，但是用一些教研员的话说像某市这样的专兼职教师比例算是比较高了。

教研员 1：虽然市里许多学校的专职教师比较多，但还是不够用。教师队伍结构还需要调整，全国各地可能都存在类似情况，科学课的专职教师很少，根本没满足科学课的整体需要。就拿 H 区来说吧，许多学校能有一名专职的教师就不错了。实际上，大多数兼职教师根本就教不了这个课。（专职教师不够）

教研员 2：科学课本身是最难教的，无论是从内容和方法，还是从组织学生方面，对教师能力要求都比较高。可是学校配备的师资力量却较差，有许多学校都是让教不好语文、数学的老师教了科学，这本身就是一个非常大的问题。我研究小学科学课这么多年，如果一个教师教不好语文、数学，他就一定教不好科学，因为科学课对教师的要求远远高于语文课、数学课对教师的要求。可是现在在学校里往往出现了一种怪现象，最难教的学科却配备了较差的教师。这么多年我们这个课的实施情况就可想而知了。（较差的师资）

2. 以兼职教师为主（郊区学校）

SS 小学是某市郊区一所相对来说比较不错的学校，在对该校小学科学教学情况进行了解时发现，所有的小学科学教师都是由学校的数学教师兼职，用该校校长和教学主任的话说，这种情况已经算是郊区比较重视小学科学教学的情况了，起码能保证学校的小学科学课朝着开齐的目标努力。以下是通过访谈该校校长和教师了解的具体情况。

SST4：我们学校有差不多 30 位兼职教师，上 30 多个班级的科学课，我们学校比其他学校做得好的地方就是换班代课。这样起码能保证是在上科学课，要是自己带自己班科学课的话就上成别的课了，我们科学课的兼职教师

大部分都是班主任。（班主任兼任科学课）

SST4：目前，咱们区没有一位专职的科学课教师，兼职的教师精力又有限。（没有专职教师）

SST2：我们学校科学教师队伍目前从上到下都不强，如果有非常专业的专职教师教这门课的话，我相信效果会更好些。（教师队伍不专业）

研究者：我从对 SST3 的访谈中，知道了该校科学课教学的整体情况。该校是四年级数学教师教五年级的科学，三年级的语文教师教四年级的科学，五年级的数学教师教三年级的科学，六年级的科学课本年级教师自己教。SST3 说学校这样安排年级交叉带科学课，是为了保证科学课的正常进行，一般一个班一周有两节科学课。如果让每个年级的教师都教本年级科学课的话，那么他们就把科学课的课时占用了。SST3 跟我说这所学校能保证科学课正常上，"开齐"已经算是很不容易的了。这所学校在郊区学校里算是做得很好的，有些学校的科学课根本就不开。他说的这种情况还是让我很吃惊，在我们日益重视学生科学素养培养的今天，没想到这些国家课程的实施在下面的执行竟是如此这般。这究竟是什么原因引起的呢？这是我下一步要探究的问题。（郊区学校教师队伍——全是兼职教师，摘自 2013 年 5 月 10 日的研究日志）

SSX1：我们学校招聘的教师 100 多人也没有一位科学教师。目前学校没有一位专职的科学课教师，师资很紧张，咱们学校一二年级还包班呢，学校的财政属于镇级别的。最近这几年招聘过来的教师五年里没要过科学教师。我们数学、语文课教师还短得厉害呢，就算我们要了科学课教老师，也不能让他们来教科学，我们现在学校里还有很多美术专业的在当班主任呢。（郊区学校教师队伍状况）

五、教师精力

在深入学校，了解小学教师的想法时，教师负担重，教学精力不充分成了小学科学教师普遍提到的问题。

1. 专职教师课时多，负担重

每所学校能够拥有专职的小学科学教师已成了能够保证学校小学科学课教学质量一个非常重要的条件。在倾听专职教师的教学心声时，普遍听到老师们反映课时多、负担重的情况。研究者在进入学校跟着教师们听课的过程中深刻地体会到了老师们所处的境况。有位教师这样对我说，"我们作为小学科学课教师，真是太累了，所有的事情都是我们自己管，太辛苦，又不被理解，这也是很多教师不愿意从事小学科学课教学或者即使走上小学科学教师的工作岗位，但过一阵又想办法调走的原因。"SF 小学的科学教师们经常笑着跟我讲他们学校科学教师很奇怪的一件事情，他们只要谁教科学课，都会得腰腿方面的疾病，这从一定层面上反映出小学科学教师确实很辛苦，以下是教师们谈到的一些看法。

SYT2：现在我们科学教师负担挺重的，教师平时的课时太多了。这个课和其他科目的课不一样，准备材料啥的都得老师亲自动手。据我了解，在国外教师只负责上课，别的事情都有专人负责。现在我们教师什么都得自己管，比如整理实验室、打扫实验室等事情。做这些事情就得看教师的责任心了，我发现现在做一名有责任心的教师特别累，感觉负担很重很重。（教师负担重，任务多）

教研员 1：这个课要真想上好，教师投入的精力挺大的，像兼职教师根本就没有那个精力。（教师精力）

BHT1：我现在每天上课就是觉得累，实验室打扫，学生材料准备、清洗都是我一个人。（身体吃不消）

SHT3：我一周有 20 节科学课，每周五还得去参加教研半天，继续教育半天，这样算下来我根本就没有备课的时间，有时不备课就直接走进教室了。（教师压力大）

SYT3：如果要按照课标要求的那样上课，我们工作量是 16 个课时。但是实际情况我们还得比平常老师再多许多的工作量，但是这部分工作量不给报酬，而且会惹来很多麻烦，如学生的安全问题等。如果上课还麻烦，就不如简单点好了。像现在来人检查看我们实验室啥的都得我们自己去管理、打扫、负责接待，这些活全是我们科学老师在干。（科学教师很忙）

SHT4：作为一名科学老师，我的身体非常不好，学校规定每周课时量是16 节，但是我的课每周都会有 18 节，而且这个工作量还不包括教师准备实验用具、参加继续教育的时间。每次实验过后我都得准备实验材料，上完课后还得收拾实验材料，非常累。（教师工作量大）

SYT6：别看我在公开课比赛中获奖了，但在平时上课时我一样做演示实验，因为事情太多了，常态课不可能像公开课那么去上。平时实在事情太多

了,根本就忙不过来啊。(教学精力有限)

2. 兼职教师科学课精力投入不够

对于小学科学课兼职教师而言,教学精力投入不够成了一种常态,有部分教师连备课的时间都不能保证,正如有的教师所言,如果要想真正上好小学科学课的话,备课时间会很长的。但现在大部分兼职教师都把精力放在了数学课的教学中,根本没有心思再放到科学课上,兼职的科学教师更多时是把科学课当成了是自己额外的负担,教学质量的提高就更是遥远的事情了。

SST2:教学前不投入。可是如果我要正式备课的话,一天都备不完的,因为还有别的工作做。(我感觉自己对科学课的备课不充足)

SST4:我们兼职教师根本就没那么多教学精力来上科学课。比如说,学校一天是八节课,我一周是十二三节课,我得上四节数学课、两节科学课、一节发探课、一节劳技课、一节天世课、两节数学自习课。我除了上数学和科学外,还得上其他课,从备课的角度来说,就有很大的难度。从我一天上三节课来说,备课就做不到精细。(教学精力有限)

SST2:可以说,我兼职科学课,用在科学课上的教学精力是八分之一,我主要是让孩子们把教材上的内容了解了就行了。(教学精力有限)

六、教学态度

1. 备课形式化,思考少(专职教师)

在课前了解教师备课情况时,发现大部分教师教案的书写和自己备课的关系并不是很大,教师们的教案本在一定程度上是为了应付检查。看了教师们以前写的教案,发现许多教师的教案都是千篇一律。在检查前,照着教参抄一抄成了许多教师应付检查的方式。在了解教师一节课究竟怎么上时,发现许多教师更多时是靠头脑中的简单计划来进行。有的教师告诉我,只有在上公开课时,教师才真正有时间思考一下小学科学课究竟怎么上更好,究竟怎么上才能更符合小学科学课的实质和特点,在平时上课时根本没有时间做出更多的思考,工作量太大了,能按部就班地教下来就不错了。以下是部分教师的想法。

BHT1:我的教学计划和科学课教案都是按照教材上的内容及学校规定的教案模块写的。(备课时自己的思考少)

SHT3:我们学校五年级十个班,就我一个人教,一周就承担20节课的工

作量。我每天忙得不行。科学课课改虽然很好，但是常态课不尽如意，我根本没有时间去想怎么去教好这门课。（没时间思考）

2. 上课时大部分学生实验内容省去（专职教师）

小学科学课教材中大部分的教学内容中都有一部分是学生的分组实验，许多教师在上小学科学课这部分的教学内容时只准备了教师的演示实验，把学生的实验内容省去，这样的调整用教师的话说省了许多不必要的"麻烦"，如果要让学生分组实验的话，就必须给学生准备实验材料，课后还得收拾实验材料，一天课太多，根本就忙不过来，许多教师发现这样上课是最省时的，因此在上科学课时将学生做的实验省去就成了教师的一个经常做法。

SYT3：如果你上课时缺部分实验材料也一样上课，没有人来查。现在每节课都做实验根本不行。学生的分组实验可以说是太少了。（学生分组实验很少）

BHT1：我上课时大部分时间是给学生做演示实验。（学生实验少）

SHT2：学校只有一个实验室，我们要都用的话不方便，只能偶尔给学生做做演示实验。（学生实验少）

3. 大多数教师希望科学课被占（兼职教师）

如果说专职教师上科学课时感到压力特别大的话，兼职教师面对自己的科学课教学就显得更为无奈，始终把自己所教的科学课当成了额外负担，正如有的教师认为的那样，我真的不能把精力分到科学课上，不是对科学课没兴趣，而是我每天教学生数学课就要花去很多的时间，再花精力去备科学课基本不可能，只能面对学校的"任务"应付一下了事。因此，大多数教师希望科学课教学时间被占成了他们逃避教科学课的一个"捷径"。

SST3：我备课时就是看着教参备课，教案写得比较粗糙，不像正规的教学设计。（教案写得粗糙）

SST2：我们备课时都是看一些现成的教案，再根据学生具体的情况做些调整，就这样备课，我们备一节课都得用差不多一课时呢？（备课简单）

SST2：我的主要任务是教数学，我思考问题总是从数学的角度去思考，但是科学课的问题我一般不去想，因为自己没有兴趣吧！每天我特别希望别人占我的科学课，但是数学课我就不希望被别人占去，每次上完课后我都得想些问题。（对科学课没热情）

研究者：SST5是这个办公室里的一位年经教师，虽然比较年轻，可是看起来做事情却非常干净利落。她教数学课,同时也教着五年级一个班的科学课。我对她产生好感是因为一个女生的家庭作业没做好,她亲自在办公室打电话给家长,要求这个家长对孩子上点心。因此,SST5 给我留下了对学生非常负责的印象。学校周五有学访活动,抽了 SST5 出来做一节数学课,可见 SST5 还是一位在学校颇受重视的老师。一上午 SST5 都在准备着她即将要讲的数学课,下午第一节是 SST5 负责的五年级一个班的科学课,快上课了,就听见 SST5 在说:"谁能帮我带一节科学课呢?如果有谁能替我上科学课,那我就太开心了"。"每天能不上科学课,是我人生最幸福的事情。"这个教研组没有老师(包括实习生)有时间去替 SST5 上科学课。突然,SST5 接到一个电话"能不能占一下这一节科学课。"SST5 放下电话,显得特别高兴。"太好了,太好了,科学课终于送人了。"SST5 好像自己这节课解脱了一样。"我没备课,又不想上科学课。怎么上?"(兼职教师内心希望别人占课,2013 年 5 月 15 日,研究日志)

4. 不追求上课质量,演示实验都很少(兼职教师)

针对兼职教师承担科学课教学的"无奈",我们通过调研和访谈发现,兼职的科学教师不追求上课质量,演示实验都很少的情况大量存在,大家只是保持着科学课的"开齐",至于效果什么的根本没有时间也没有精力去想,因此很多教师在上科学课时就像带领学生读课文一样。

SST4:我们组就牛老师备课挺认真的,现在比以前好多了,最起码我们都上了科学课,剩下的再谈教学质量。(完成任务)

SST3:从领导发言来看,我们学校做得还算是在郊区学校中不错的呢,只不过是我们没按要求来上课,像别的学科上得那么好。(没按要求上课)

SST4:科学课在我们学校上齐了是不可能的,但是我们能保证尽量地上。从去年开始,我们这个课的实验就保证不了了,去年现代化检查刚结束时,这个课还做些实验,虽然我作为教学组长一直跟老师们反映尽量让孩子们做一些实验,哪怕做错也没关系,教师的专业知识虽然不够,但也得让孩子经历过程,可是有的孩子连实验仪器都没见过,总的来说,这课上起来实效性很差。(教师不愿意做实验)

SST4:我们学校教师平时上课的状态就是简单看看,其实我们写的教案和上课根本不是一回事。教案也就是随便抄点东西。我们备课也没那么多的时间。有时我想,为什么上课的质量不好,就是教师没好好备课。(教师备课

应付）

SST1：我们学校好多兼职教师上课就和读课文似的，做实验的很少，如果做也是演示实验，学生根本不动手。（教师上课教学方法单一）

第三节　学校的特征

一、校长的支持

在一所学校，校长对一项改革的支持与否无疑会影响教师对课程实施的态度。在影响学校课程实施的因素中，校长对课程实施的支持与否无疑是我们需要关注的一个问题。从我们对教师以及校长的访谈中，我们可以了解校长对小学科学课程的支持情况。其典型表现主要是领导对科学学科重视程度差，对教师不够理解，重视硬件投入，对教学支持少。以下是关于这方面内容的一些典型看法。

1. 领导对科学课重视程度差

从每所学校的领导对小学科学教师队伍的配备情况来看，虽然这几所学校也存在着不小的差距，但是每所学校的领导对自己学校学科教师队伍的支持情况也存在着相似之处，用一些教师的话来说就是"对科学课的重视程度并不高。"这体现在每所学校的兼职教师都是一些快要退休的教师，或者是在其他学科教得不是很出色的教师。科学课的"难教"，已经是许多多年从事小学科学课教学的教师们的心声，如果在师资配备上每所学校都对小学科学教师随意配备的话，小学科学教学质量能否保证便得打一个大大的问号。

SHT4：有的领导会认为，小学科学课是随便一个教师就能教的，其实这个课根本不是那么回事，教师必须有一些专业的素养，否则是上不好的，总之这个课不是那么容易教的。（校长对该课的认识）

教研员2：学校配备科学教师比例的情况，主要和领导的重视程度有关系，目前学校配备教师不是按照学科需要来决定的。现在各个学校教师的人员配备都是按照师生比配备。如果有一个教师编制名额的话，学校首先得照顾语文、数学。（学校支持的教师配备）

SYT5：我认为你研究这个根本就没有意义，领导根本就不重视，学校也不重视，科学在学校里是一个非常弱势的学科，你为什么要关注这个呢？你做事情这么认真，应该找点更有意义的事情去做啊！（学校领导不重视）

SSX1：我们学校每年就算招聘了科学老师，也得让他教数学，全区也没有一个学校有专职的科学教师。这个科就是小科，没有人重视。现在德育抓音体美，科学、品德都是排在后面的。科学是小科中的小科。现在我们学校开齐全、开足能够做到，但是还没有专职的教师。能够做到开足、开齐全已经就不错了。要是再上个层次，目前还达不到。（不重视该学科）

小学科学课程实施质量的保证需要学校创设相应的环境，提供丰富的课程资源，可是目前的现实情况是对于已有的课程资源，很多学校都束之高阁，利用不起来，仅仅是作为应付上级检查之用。

教研员1：在充分利用课程资源方面，有许多领导的课程理念根本就没有，领导意识比较差，学校根本就没有创造条件去适合课程的需要。（校长的支持不足）

教研员2：现在我们很多学校都缺少上科学课对需要的教学设备，有些实验资源和设备我们是有的，但是学校领导意识差，说学校没地方，不给安装，也不会安装。比如说我们的观测设备。（领导的意识差）

2. 对教师的理解不够

有研究表明，如果学校领导对于学校教师的工作能够更好地理解和支持，会带给教师许多鼓励，让教师工作起来比较有信心。SYT6是我硕士论文做调研时就非常熟悉的一位教师，也是为数不多地具有小学科学教育专业背景的教师。五年前，刚开始工作的他充满朝气，热情满满地从事着小学科学教育工作。这次在博士论文做调研时，发现该教师还是有了不小的变化，这种变化不是体现在教学经验的增长，而是教师工作热情的减弱，通过和他比较熟的一位办公室教师我才知道这是由于长期以来学校领导对教师理解不够造成的。如平时教师们工作都很尽心，有时家里稍稍有事情请假便会被扣去许多钱，教师心理上很不平衡，因此便对工作的热情逐渐减退。

SYT6：张老师最近总是带着很多怨气，后来才知道因为他母亲病了两天，他不得已请假去照顾，结果被教务主任扣了800元钱，他非常不理解。学校说只要缺课一次就算这个月的工作量没完成，他想了许多办法来解决这次请假引出的问题，如让别的老师代替他去上课等等，但是最终这个钱还是扣

了。他心里很不平衡，估计因为这事情他看不到制度上应有的完善。(学校领导对教师的理解不够)

　　3. 重视硬件投入，对教学支持少

　　在我对选取的个案学校进行调研时，观察了每所学校的小学科学实验室建设情况，虽然现有实验室就算能够充分利用起来，也还是不能满足每所学校现有教学的需要。但是，每所学校的硬件投资相对以前已经提高了不少，这体现在每所学校都有自己专门的科学实验室，里面配备了一些基本的仪器设备。每所学校科学课仪器配备的情况都差不多。从实验室建设的规模来看，作为某市唯一的一所市重点小学的 SY 小学在实验室建设上面远远优于其他学校，学校有专门的四个实验室，另外 SY 小学里还有专门的科技馆。可以说每所学校对小学科学课程实施的硬件投入都是比较大的，有的教师告诉我这是受某市开展现代化达标工程的影响，市政府专门对基础教育加大投入来改善一线学校硬件配备情况。各个学校都为了实现现代化检查达标，对硬件投入非常重视。虽然每所学校受现代化检查达标的影响，硬件投入上去了，但是对于教学的支持却很少，比如现有的实验室设备并不能够得到充分利用。在对 SS 小学进行调研时发现，很多实验器材都崭新地摆在柜子里，由于学校的科学课教师都是兼职教师，他们并不具备使用这些仪器的专业能力。其他学校也表现出学校对教师的教学能力提升很少关注的情形，以下是部分教师的看法。

　　SYT5：我们学校领导算是对我们学校的硬件投入挺重视的，但是对我们的教学支持不大。(学校领导注重硬件建设)

　　SYT3：平时我们科学课教师想出去开会，开阔视野什么的，通常领导都不批准。(对教学支持少)

　　BHT1：我们学校今年新建了科学课的专用实验室，虽然还没完全建好，但终归在建设，现代化达标工程时也配备了基本的实验器材。(重视科学实验室投入)

　　SHT2：以前的实验室老被别的学科占，最近上面出台了政策，不让占实验室，我们最起码有一个科学实验室了，比以前强。(重视科学实验室投入)

　　SSX1：我们学校在郊区学校中算做得比较好了，据我所知，其他学校这个课只是挂一个名。我们学校的教师起码都能坚持上课。科学教学归根到底就是师资问题，我们学校能上着课就不错了。(学校领导的要求不高)

　　SST1：虽然我个人比较喜欢科学课，但是学校领导要求我们要以主科

为主,我主要的精力都放在数学上,如果是放在科学上,领导就找我谈话了。(学校领导有明显的倾向性)

SST2:我觉得科学课的实验,从行政角度应该找学生抽查一下,可实际情况没有,前几年有一个现代化达标也是很形式化的,最后也没有实质性的检查跟进。(没有督导)

SSX1:我们学校刘老师负责科学课的事情,但是我们一般也没给资金支持。(学校经济支持不足)

SST4:前两天我从自然博物馆拿来了第二届环球自然日的海报,给校长看,校长说让我去找德育处,德育处一看让我去找教务处,大家都互相推脱。(对教师参加活动的支持少)

二、学校校园环境创设

校园环境创设主要指为学习者的学习提供条件,校园环境创设主要包含校园、图书馆、实验室、操场等设施和设备条件的完善,它是完成教育教学任务,提高教育教学质量的重要因素。[①]小学科学课是一门实践性非常强的课程,在上课时经常需要学生进行观察活动,学校必须有与此相匹配的环境。在对个案学校进行观察及对教师进行访谈时发现,目前学校校园环境的典型特征是与小学科学课程的实施并不匹配。

小学科学课教师经常需要带学生到校园里进行观察,如三年级的《我看到了什么》《金鱼》《大树与小草》等课,有许多教师表示尽管教材内容设计得很不错,也比较适合学生的特点,但实现起来难度却很大,其中的主要原因就是学校在进行校园环境创设时并没有考虑到与学校的课程教学情况结合起来,学校的校园环境中缺乏与课程内容匹配的支持系统。以下是部分教师的想法。

教研员1:虽然小学科学课提倡学校要开发其他的课程资源,但是平时在学校里可以使用的课程资源就是教材和实验室。学校要采用其他课程资源的难度非常大,目前学校都缺乏与科学课相配套的课程支持系统,比如让三年级孩子观察植物的活动,学校通常都缺乏固定的场所,可以说有许多课在实际教学中都进行不下去。(学校缺乏规定的课程环境)

---

① 顾明远.教育大辞典增订合编本:下 [M].上海:上海教育出版社,1998:1818.

教研员 2：虽然我们小学科学课程的整体设计是好的，但是课程实施时缺少相应的配套支持，校园里的环境设计对于科学课来说适合性很差，如我们上动物、植物课时，学校没有相应的环境条件来实施。其实学校在整体建设和规划时应该创造一些有利于学生学习的环境。（学校校园环境的创建不理想）

SST4：从课堂教学的角度来说，需要为观察实验提供一些条件，我们这方面就比较差，学校里面什么都没有。（学校环境不匹配）

三、学校的文化

文化是一个群体在长期生活中积淀下来的思想观念、行为方式和生活习惯。学校作为一个独立的场所，学校教师作为一个独立的群体，会形成一种独特的文化氛围。从研究者对个案小学的观察以及对教师访谈中，我们不难发现无论是市里的几所小学，还是郊区的小学，都存在着明显的"副科"歧视倾向。大部分学校的科学教师缺少交流的氛围，其中也有个别学校存在着不一样的氛围，如 SY 学校专职的科学教师有五名，学校有专门的科学办公室，平时教师对学科的交流比其他学校多，大家收集的教学参考资料也比较丰富，教师们对这些教学资料、视频资料集体共享，如果有教师做公开课时大家更是集体"合作"，但是在平时的教学中，学校教研存在形式化——互相听课学习的形式化现象普遍存在。以下是个案学校在学校文化方面的表现。

1."副科"歧视倾向明显存在

对五所学校进行调研时发现，每所学校都存在着不同程度的"副科"歧视倾向，无论是在重点小学还是在非重点小学。对于从事小学科学教学的小学科学教师而言，在学校领导眼中，在家长眼中，在学生眼中的"地位"都不能和主科语数外的教师相比。以下是学校教师们的看法。

SFT1：现在科学课是副科中的副科，科学课地位不高，一检查时就特别重要。（地位不高）

BHT1：现代化检查的时候，大家都觉得这个课很重要，平时觉得这个课不重要。（重视程度不够）

SST3：从去年参加环球自然日的活动来看，学生参与度不高，因此今年早早地我就向校长申请了，尽量发动孩子们参加活动，学校大力地宣传一下。我们不一定非让孩子在比赛中拿得名次，但这是一次科普活动。我们应该尽量给孩子提供机会参加,那天我们数学课集体教研,教学主任提了一下这个事情。今天已经是截止日了,还是没有学生参加。教师的思想里根本没有意识到让学生参加活动,学校在这方面做得不好,就只会重视主科教学成绩。(仅仅重视成绩)

SST2:从学校来说,科学课上得再好都没有用,语数外好才是真的好。(重视程度很差)

SST5:目前学校评价教师还是以主科为主,老喊着开足开齐全某些课,但是却没有实际监督,科学课的教研也特别少。(对科学课不重视)

研究者:我早上八点过来时,老师们都已经在这了,SYT2很奇怪地问我:"你是不是迷上科学学科了,为什么要做这个学科的课程实施呢?上面要求的和下面做的完全就不是一回事,谁重视啊?也就检查时特重视这个课,检查时的课是表演性的,平常哪里有时间这样上课?我觉得你研究这个学科根本就没意思。(2013年9月12日,研究日志)(对研究该学科存在质疑)

研究者:下午一点刚过,我和实习生们准备一起去听李老师的课,SST3先出去了一会,回来了后告诉我这节课上不了了。时间被班主任某老师占了,不知该老师是一种什么样的心情,我还有点失落,有一种即将上战场又被告知不用去的感觉。(小学科学课经常被挤占)(2013年5月14日)

研究者:SYT3的课大体如李老师设计的一样。这节课比SYT5在实验室上的课稍微好了一些。课堂气氛刚开始时还可以,但李老师在上课时也不时地在维持纪律。他在课前告诉我,这节课估计能上半节,不一定能上完。我当时还不明白是什么意思,等来到五四班上第四节课的科学课时,我终于明白了他的意思。大约课上到25分钟时,李老师正在问学生们生活中还能遇到哪些热胀冷缩的现象时。四班的班主任老师推门而入。直接进入李老师的课堂说:"给我留十几分钟时间,我还要指导几位学生写作业。"李老师说"好",他还想问刚才的问题。四班的班主任老师已经等不及了,在该老师还没结束课时已经对学生布置起了作业。从一个旁观的听课者的身份来看,SYT3的课还正处在意犹未尽的阶段,可是这节课无论精彩与否,无论学生是否还想继续听下去,无论这节课备得有多好,都被班主任老师无情地打断了。SYT3

①马云鹏. 课程实施探索——小学数学课程实施的个案研究 [M]. 长春:东北师范大学出版社,2001.1.186.

匆匆结束了课,我们也结束了这次听课。(科学课被占去的文化)

2. 科学教师缺乏教学交流机会

在研究中发现,只有 SY 小学有专门的科学教研组,老师们遇到什么问题在这里能互相讨论一下,共同解决。虽然教师们在学校里所教的科学学科也并不受重视,但在一个教研组工作还能有一个共同的空间来集体交流一些教学上遇到的共性问题。在其他的几所学校,科学教师要不人数很少没有交流的氛围,要不就是所有的科学教师都是分散在不同学科的教学组,大家很少有机会讨论一些问题。兼职的科学教师们更是如此,多数时间都忙于其他学科的教学,更是很少在一起交流科学学科的问题。科学教师缺乏教学交流的机会成了部分小学学校文化中的一个共性现象。

研究者:我观察了几所学校同学科教师的交流情况。SS 小学四年级数学组的教师大部分要讲五年级一个班的科学课,大家平时就忙于自己数学课的教学、批改作业,很少有时间去备科学课,大家也很少提这个课。只是快上课时才简单单看看教材。(2013 年 5 月 12 日,研究日志)

教研员 1:据我了解,学校也经常组织教师进行教研,但是要坚持下去很难,因为对于小学科学课来说,本校任课教师的人数太少了,根本就讨论不起来。(教师之间形不成讨论的氛围)

SST1:科学课的教研本学校根本就没有,哪里有什么教研啊! 科学课的地位非常尴尬。

SST2:从学校来说,科学课的教研根本就没有什么,记得我去年想开一次教研会,效果一点也不好,几乎没什么老师有时间来。(教师不愿参加教研)

SST3:在我们学校没有可以参照的教学经验,也没有机会了解其他学校的教学经验。(教师学科交流少)

SHT4:我们学校分三个校区,我们都分散在不同的学科组,对于本学科的教学交流大都是通过打电话来进行。(教师学科交流少)

BHT1:学校就我一名专职教师,另一名是教体育的副校长,我们之间很少交流这门课,我倒是经常参加区里的教研活动。(学校里缺乏交流的氛围)

SYT6:我们教研组,一些备课资料都是共享的,大家平时的资料都是公开的。(集体合作的备课环境)

SSX1:科学课教研特别少,也许有老师想去教研,但是真正去的人挺少的,因为主科的事情还忙不过来呢? (教师没时间教研)

3. 学校教研的形式化

当问到教师每所学校小学科学学科的教研情况进行得怎么样时,发现多数教师的学校教研根本就很少进行。虽然每个区里的教研员都鼓励每所学校的科学教师进行教研活动,但是每所学校的教师由于各种原因很难进行下去。SY 小学是全市重点小学,一个学期才能进行一次教研活动,而且目的只是为了应付区里检查,以下是部分学校教研情况的记录。

研究者:今天下午我来到 SY 小学的科学教室,参加老师们举行的教研活动,听 SYT5 说这是这个学期的第一次,也是最后一次教研。不过这次教研都筹备好长时间了,内容主要是要进行解剖鱼的活动。我非常好奇,觉得在小学有这样的活动非常有意思,该教师告诉我这次的活动也是为了应付区里的检查。在教师们还没来齐之前,就先拍了一些照片,说是要给教研活动留一点证据。开始解剖鲤鱼了,大家兴致勃勃,但是有几位老师还是不敢解剖。SYT4 拿了一条鱼就开始解剖了,首先把鱼给敲晕了。他戴上橡胶手套,把鱼肚子剪开,鱼的心脏还在跳动着,大家都看得非常认真,鱼肚子打开之后,给大家把鱼肚子里的结构看了一下,让其他老师解剖,大家都不敢动手,最后每位老师都和解剖的鱼合了影,然后大家开始收拾东西,结束这次教研活动。在这次教研活动结束后参加教研活动的老师都领到了一条鱼。(2013 年 12 月 10 日,观察日志)

研究者:今天是学校检查大家互相听课的情况,这个教研组的老师比较"合作",想出了一个办法,大家都在对方听课本上写上自己那一课的内容,这样子大家就弥补了当时的遗憾,学校硬性的检查和下面应付的态度形成了鲜明的对比。(教师对检查的应付)(2013 年 12 月 20 日,研究日志)

四、学生的学习

在访谈教师以及观察教师课堂教学时发现,许多教师非常重视学生对该学科的态度,认为学生对学科的认识及态度会影响教师的上课情绪。五所学校中,学生们的典型表现为大多数学生喜欢科学课,教师不敢让学生做实验——安全问题,上课时学生的纪律问题比较突出。下面是学生在学习时的具体表现。

1. 大多数学生喜欢科学课

大多数学生对科学课喜欢的态度得到了所有科学课教师的公认,教师们认为尽管学生们对科学课并不是很重视，但是孩子们对科学课内心喜欢的热情还是充溢着整个课堂。因为在科学课上孩子们可以彻底地放松，没有考试的压力，学习的效果也不再被家长盘问。更为重要的是，上科学课，有时还可以自己动手，这和其他课的上课氛围有着本质的不同。

SHT4：我觉得学生是很爱学小学科学课的，有的时候我们这个课被别的老师占了，孩子们的表情会反映出很不乐意的样子。（学生喜欢科学课）

教研员1：现在的大部分学生都很喜欢科学课，因为孩子们平时的负担太重了，觉得听这个课非常的轻松，可以在听课时放松一下自己，不过学生虽然很爱学习，但是对这个课的重视程度却很差。（学生喜欢这个课，但是重视程度差）

SHT1：学校里大约90%的学生都喜欢上科学课，因为这个课很轻松，没有考核标准。（学生上课轻松）

研究者：今天来到 SF 小学的时间是上午十点多，严老师今天有三一班的课，每个同学都从家里带来了蜗牛。老师在这节课的内容主要是让学生观察蜗牛。在观察蜗牛时同学们特别活跃，可能是与小动物亲密接触的缘故吧。我也被孩子们喜欢蜗牛的情绪给感染了。（孩子们对科学课非常感兴趣）（摘自研究日志，2013 年 10 月 10 日）

2. 不敢让学生做实验——安全问题

在科学课上经常要求教师指导学生进行探究实验，现在很多演示实验都被教师取消的原因是担心学生的安全问题。比如学生在使用酒精灯及参与户外的观察活动时都容易引发一些安全隐患。用教师的话说很怕承担"不安全"因素带来的后果，并且学校也出台了一系列的制度来提醒教师注意学生上科学课时的安全问题。科学教师们避免承担"不安全"风险的办法，便是尽量少让学生做实验，甚至剥夺学生做实验的权利。

SST1：科学课是以实验为主的，几乎所有的课中都有实验，既有演示实验，也有让学生探究的实验，不过现在很多实验学生都不做，实际教学中是能不让孩子去危险的地方就不让去，安全是第一位的。（安全最重要）

BHT1：我们上课时很怕学生发生危险，所以都不怎么敢让学生做实验。（学生安全第一）

SYT3：演示实验也只能挑几个孩子来做，我们上课时要保证安全性，不能给自己找麻烦。如金属的热胀冷缩，学生都需要点火，这会很危险，尽量别

让学生做。(安全最重要)

3. 完成科学课作业的学生很少

SYT2：现在的科学课设计的还行，只要按照要求做了，学生应该比较容易掌握。但实际情况是有的课需要孩子们在家里做长期观察，完成的同学极少。现在孩子们的课业负担比较重，对孩子来说完成这个作业比较困难。

4. 学生上课的纪律问题突出

对五所学校的教师们访谈时，经常听到科学教师抱怨学生上科学课时纪律问题突出，当时我想学生上课的纪律问题突出肯定是由于教师上课时在激发学生学习兴趣方面存在不足。当我真正地走进小学科学教师的常态课堂听科学课时，却发现有时并不全是教师激发学生兴趣方面存在问题，更多的问题是学生在思想上把小学科学课当成副科来对待，认为在上课时可以完全地"放松"自己，至于小学科学教师怎么想不重要，反正这个课是"副科"。学生的纪律问题突出严重地影响着教师上课时的状态。SYT5 曾对笔者讲："本来我设计得挺好的一节课，上课时总是发现学生在课堂上捣乱，总得停下来维持纪律，有时一维持纪律就得花掉许多时间。自己的教学设计被打乱后，一节课就会上得很糟。有时我想，反正学生上课时也不认真，我何必花那么多的时间来备课呢？"以下是部分教师对学生纪律问题突出的看法。

SST2：在我们学校一上科学课，孩子做实验的兴趣比较高，就是上课时学生太乱了。(有兴趣,纪律差)

SST4：在我们学校，学生虽然对科学课挺感兴趣的，但是上课状态并不好,学生的纪律差,听课质量差。人家市里的孩子估计上课习惯好，我们这里的孩子上课习惯不好，如果你要去听课的话，会发现课上学生说话能把人的耳朵给震聋了。(学生上课比较乱)

SST2：孩子们上课时只是表面地按照要求去做，学生的课堂表现差异很大，有的孩子会认真思考，有的孩子按要求去做，有的孩子你说你的，他说他的。(学生表现差异大)

研究者：今天 SYT6 给我讲了一件事，一到课堂里就有两个学生在打闹，他就问为什么在课堂里打闹，是因为我成了你们的导火索吗？学生回答："不是，老师，是因为在上别的课时我们之间就有矛盾，在别的课不敢爆发，在这个课上就爆发出来了。SYT3 上完一节课后问 SYT6，你的课上有多少学生写作业，该老师笑了笑，反正很多。(学生上课纪律差)(2013 年 9 月 14 日，

研究日志）

SYT3：在这个学校学生的条件都比较好，家长在家里都比较宠孩子，在主科课上，学生也几乎不拿老师的权威当回事，在上副科时学生就更不重视了，很难管理。如果管理过度，就会得罪家长。有时上这种学科的课还不如在普通学校上好，普通学校的学生重视老师的权威。

研究者：刘老师的课课堂氛围总的来说比较乱。牛老师也说他们班的科学课乱得他心脏难受。反正听课时，学生的无序和说话声经常让我的头嗡嗡地响。在整节课上刘老师只是让学生简单地模拟实验，也就是照着他的实验流程做。刘老师在上课时对学生说他的课，讲到哪里算哪里。在课堂上，学生做出了和热传递现象不一致的结果。（郊区学校的课堂——学生纪律不好）（2013年5月20日，研究日志）

SFT1：在我们学校，低年级学生上课状态好，高年级就很差。（年级区别）

SYT6：孩子们如果上喜欢的课，就会多听听，不喜欢听的话，只要不捣乱就行。不过上课做实验时有一半同学就是不动手。（孩子的动手能力弱）

五、学校的实验室

在小学，科学实验室具备科学和教育的双重功能，实验室是学校进行科学教学的主要阵地，学校科学实验室的配备对学校的科学教育影响很大。这五所学校基本上每所学校都有自己专用的科学实验室，但是学校间在实验室建设上也存在着很大的差异，比如SY学校有四个自己专用的科学实验室，SS小学有两个，SH小学有一个，BH小学有一个（今年刚刚建好），SF小学有一个。由于受市政府义务教育现代化建设达标工程的影响，基本上每所学校都给配备了一套用于小学科学教学的实验器材。通过对五所学校教师的访谈以及对每所学校实验室和学生所用教学材料的观察可以发现，个案学校的科学实验室状况有如下典型表现。

1. 对现有实验室资源利用不够

SS小学最近几年对科学实验室的投资比较大，学校实验室配备了用于小学科学教学的基本教学材料。在研究中发现，这些基本的教学材料都崭新地摆在仪器柜里，大部分教师上科学课时很少用到。SS小学的科学教师们认为他们是兼职教师，并不具备时间和专业的知识来利用这些材料，因此在这所学校，实验室的材料和设备都成了迎接上级检查时才拿出来的"摆设"。

SY 小学无论在师资方面还是在实验室建设方面都是位居全市首位的,学校有专门的科技馆、四个专门的实验室,拥有全市最多的专职小学科学教师。在SY 小学,目前学校教师对排下来的每周每个班有一次课在实验室上课的机会都很"头疼",经常会放弃这次让学生进入实验室进行探究的机会,究其原因主要是每个科学教师要上的科学课都比较多,如果学生去实验室上的话,课前得把学生领到实验室去,下课后得把学生送回来,教师还得收拾实验材料,准备下节课的实验,对于科学教师而言,这样多的工作任务根本就忙不过来。以下是教师们在利用学校现有课程资源方面的一些看法。

SYT1:学校现代化检查时,实验室投入了很多钱,但是我觉得利用率并不是很高,最多只能用到 30%,上课时很多材料都需要我们自己去准备,能有时间吗? 我的课根本就轮不到在实验室上,我不可能把实验材料每天推来推去的。(实验材料利用率低)

SYT2:我们学科组有明确的实验室课程使用安排,平均每个班的科学课能有一次机会使用实验室,但是大部分老师有这一次去实验室上课的机会却都不愿意去,你想啊! 去上一次课,得给学生准备学具。学生上课在四楼,得把学生从二楼领到四楼,下课后还得把学生送回来,还得收拾上课的工具啥的,得多忙啊! 忙得连去趟厕所的工夫都没有。如果平时的课那么忙,那不得忙坏吗? 而且把学生领上来有时还得班主任老师送,班主任老师也不乐意呢。(实验室利用不起来)

SYT3:科技馆仅供学生参观使用,平均每个年级每个班级的学生都参观使用过一次,学生几乎不在里面上课。(科技馆的使用)

SST4:市义务教育硬件达标工程是三年达标工程,硬件和软件都要达标。硬件能看到,因此每个学校实验室都配备了基本的教学仪器,可是软件就不好说了,老师们都不用,也没精力用。虽然学校已经对这个课投入了很多,但是教师们不用也没办法。(实验室利用率低)

SHT4:科学课非常费时费力,好多实验器材都得教师自己去准备。在学生做实验的过程中也得时刻防范学生把实验器材损坏,因为学生一旦把实验器材损坏的话,就得老师花时间花精力去采购,本来科学教师就非常忙,再去采购材料,就更忙了。因此,大家都对防范仪器损坏非常重视。(防范实验仪器损坏)

SSX1:我们学校的设备都配齐了,现代化达标时设备都配齐了,但是利用率不高,因为这些老师都把精力放在了主科上。本班的数学老师教其他班的科学课,不让本班的老师教本班的学生,因为那样就更不讲了。四年级的数学老师上五年级的科学课,还有可能讲一讲。(教师没充分利用现有设备)

2. 现有教学材料配备不足

尽管市现代化达标工程对每所学校实验室建设等硬件设施的投入支持很大,但是老师们在利用现有实验室材料时,发现用起来非常的"不方便",用一些教师的话来讲,所有的实验室材料如果能利用30%就不错了。现有实验室材料的配置与学校的小学科学课程教学的配备度很低,这些材料并不是按照教师的教学需求来配备。现有实验室仅仅是配备了一些基本的材料,如试管、烧杯、天平等,这些材料离满足教学的要求还相差很远,因此,教师上课时还是会感到不太方便。

SHY4:我们现在的实验器材并不是按照每节课来配的,只有部分材料,如果实验材料按照每节课配的话就好了,那样我们教师的工作负担就能轻松点了,现在就连上课的时候我们想给学生做个演示实验,材料都得自己去攒一些,可以说非常不方便。(实验材料不齐全)

BHT1:从学校来讲,器材的配备根本就不够用,比如你看我们现在的实验室,连上课时的投影设备都没有,有些学生平时生活中接触不到的知识我们就得拿多媒体去看。如有酒精灯但没灯芯。(材料不齐全)

SYT3:我们学校只有一个实验室,为了照顾六年级的F教师身体不好,就把实验室给了她用。F老师一周18节课,我一周20节课,你想想有多少课我们是重叠的,我上课根本就轮不上进实验室。除了上公开课学校规定必须在实验室上以外,其他时间往往没有机会。不过现在的情况也算是比以前好多了,以前实验室还经常被别的课给占去呢?现在学校出台了政策,科学实验室不让别的课占了。(科学课实验室不够用)

SYT5:我们原来学校上自然课时,每一课都给学生配备了学具袋子,现在没有了,特别不方便。(学生材料的配备)

SYT6:现代化达标时,学校配备了很多的仪器,但是不是按照一课一课配备的,老师用时,很多材料就没有。书上的很多材料都需要学生自己带来,但是现在的学生根本都不带、不配合。比如要带一些剪子啥的就更不可能了。(教学材料不全)

SST4:现在实验室的仪器设备根本就不行,有些教学材料的质量根本不行,比如说条形磁铁,磁铁两头都只有两毫米,中间都有磁性。目前实验室教学材料也不全,让教师准备还是让学生准备都不合适。(教学材料质量不好,材料不全)

研究者:课后SST7告诉我这是她最失败的一次科学课,实验器材少,学生观察不丰富,另外对一些科学概念学生难以掌握,教学效果会受到影响。(教学材料不充足)(2013年5月24日,SS小学观察日志)

SFT1:现在虽然实验用品很多,但是与每一节课的配套性不是很好,不像以前自然课的学具袋子好用。比如涉及溶解的一课,就需要学生自己带盐等东西。声音那一课中要求学生自己带金属条、木尺条等。(实验室教学材料不匹配)

SYT3:在实验用品方面,以前有和教材配套的学具袋子,很方便,现在取消了学具袋,老师上课找资料很辛苦。(学具袋的配备存在问题)

4. 学校没有专门的实验员

一个科任教师如果要按照小学科学课程标准的要求来上课的话,便得"身兼数职","忙不过来"成了教师们最真切的感受,这其中最根本的原因是目前学校中并没有专门的实验员,因此教师要想让学生做实验,所有的事情便都得自己来。在研究中发现,学校对于教师的超额工作量并没有相应的工作报酬。因此,在小学科学教学中,教师多角色的工作和一视同仁的对待影响了教师进行教学的积极性。以下是部分教师的看法。

SST4:我们学校本来配了一个管仪器的人,但现在又派去图书馆了,一个教师如果做实验的话,得干好几个人的活。(实验员缺乏)

SYT5:现在小学科学课的事情都交给我们科学教师干就不合理,人家中学做实验都有专门的实验员来负责实验室的事情,但是这些活都交给我们老师一个人干,根本忙不过来,所以做实验啥的也是能不做就不做,凭良心干的话顶多做做演示实验。(实验员缺少)

BHT1:现在小学科学实验用品的准备全部都是我们科学教师的事情,有时实在是忙不过来,如果我们有专门的实验员就好了。(实验员缺少)

4. 现有实验室不能满足教学的需要

从研究者对各所学校的观察以及和教师的交流发现,如果现在学校实验室都能得到充分利用的话,也还是不能满足学校的科学课使用。如SY小学虽然有四个实验室,但是由于学校班级人数较多,三到六年级每个年级有10个班,每周每个班有两节科学课,只能有一半的课在科学实验室上。SH 小学学校规模也比较大,全校总共 69 个教学班级,三到六年级将近 40 个班级共用一个科学实验室,学校把科学实验室的使用权交给了 SHT4,一方面由于他身体不好,另一方面他是 SH 小学科学课的学科组长,对小学科学学科教学比较认真。因此,虽然学校的实验室建设相对以前有了非常大的提高,但是现有实验室还是不能满足教学的需要。

第四节　学校外部的因素

　　许多改革的经验和教训表明,学校与教育行政部门、家长的关系会在很大程度上影响课程的实施,因此在小学科学课程实施中我们也从对学校领导和教师的访谈中间接地了解社区和家长的影响、政府部门的影响以及社会各界的理解、支持和帮助。

一、社区和家长的影响

　　从研究者对个案学校教师和校长的访谈可以了解到来自社区和家长的影响主要表现为家长对科学课的期望不高、不重视,学校对社区资源的利用很少。

　　1. 家长对科学课期望不高,不重视

　　现在大多数家长由于受传统考试制度的影响,对于不参与学生小升初评价的小学科学课的教学期望并不高,从思想上也并不重视。因此,对于小学科学教师需要家长配合的一些工作,家长支持度往往不是很大,以下是一些教师的看法。

　　SYT5:家长还是重视语数外,在上科学课时如果我们需要孩子们从家里带一些工具,有时家长也支持。但是如果让孩子们带刀子剪子等工具,家长出于安全考虑是不会让孩子带的。(家长对学校课程的配合不好)

　　SHT4:像我们科学教师与家长接触得比较少,家长对这门课的期望不是很高。不过这种状态我也理解,我也是家长,我的孩子我也让他奔着语数外学习,因为这毕竟和升学率有关系啊,谁也不能拿孩子的前途开玩笑啊。我们国家的制度和国外的制度都不一样。无论我们再怎么宣传这个事情重要,对于家长来说,仍然会有他们觉得更重要的事情去做。

SST1:现在你听说过有哪个家长给孩子报科学辅导班的吗?小学的评估制度对家长的影响太大了,必须得弱化考试,弱化成绩。(郊区学校情况,家长不重视)

BHT1:家长对科学课根本不重视,只关心语数外。(家长不重视)

SYT5:家长不重视,我们拼命地重视又有什么用。前一段时间我们学校发生过一件事情,那就是有个六年级的孩子上课写作业,被科学老师批评了,老师上来就给了一顿训,家长却说:"你这是小科,不就是样子吗?为什么管我们孩子写作业。"(家长不重视)

2. 社区资源利用很少

社区资源的充分利用可以丰富小学科学学科的课程资源。实际上,在利用社区资源方面存在的难度很大,正如一位教研员所说的那样"如果想对社区资源进行充分利用的话,牵涉的问题太多了"。以下是两位教研员的看法。

教研员1:我在多年前就倡导要利用科技馆来教学,我们也做了一些公开课,但是推广度很差。我们去科技馆时还需要组织学生,还得有教师跟去维持秩序,教师们投入的精力和承担的责任太大,根本就推广不起来。这样的课偶尔上一回还行,但如果经常上的话很难组织,孩子们带出来除了有安全问题以外,也会影响下一节课上课。(社区环境支持课程实施,但推广差)

教研员2:一个地方的经济状况对小学科学课程实施的影响比较大,其中经济就是很重要的一方面,经济好了,每所学校的实验室配备就会很好。经济好了,就可以多招一些教师来。现在学校有一些设备就是应用不起来,那还不是缺乏相应人才的缘故吗?(经济条件好,会有利于课程实施)

二、政府部门的影响

政府部门对改革的认同、关心和支持是课程实施不可缺少的因素,教育行政部门是与学校教育改革直接相关的。目前,教育行政部门对小学科学课的影响主要体现在对学校的小学科学课评价上,评价结果不纳入到学生的小学生学业质量评价中,导致许多学校对小学科学课的重视程度低于其他学科。

教研员2:科学课现在不考试,也不参与学生的小升初考试的评价,目前教育中心评价一所学校的科学教学情况就是通过素质报告单来进行的,其实

素质报告单中对每所学校的评价都一样,都一样就等于没评价。(评价缺失)

SHT1:小学科学这门课由于不参与评价,评价缺失,所以经常被忽视。(评价导致的结果)

SST4:区里根本就不重视我们的科学课,也不考试,咱这的教育局只考语数外。(不重视)

SST2:我们每次科学课考试都是从区里来一张卷子,判个成绩,学生成绩不好也没关系,反正也不公布。我们全区评估各所学校的考试不考科学,教学质量综合评估只考语数外。现在对科学课重视也没用。(不参与评价)

研究者:一位实习生说老师我们来了两周了。一周一共有两节科学课,至少有一节科学课被占。有一次准备好了去上,结果临到上课时科学课就被占了。他们感觉这里的学生也觉得科学课是副科,根本就不重视。这位实习生问我:"老师,什么时候这门课能被重视起来呢?如果能被重视起来,这门课在小学会好很多。"我无法回答实习生问我的问题,我也不知道什么时候科学课也会像数学、语文一样被当作主科一样重视。(政策上不重视)(2013 年 5 月 17 日,研究日志)

SSX1:无论是教育局还是教研室,都没有从行政的层面来检查督导科学课的教学。(缺乏关注)

三、社会各界的理解、支持和帮助

1. 对教师的培训

根据研究者对某市部分负责培训教师的了解以及对教师们的访谈可以知道,教师进修学校、市教研室是天津市小学科学教师的主要培训部门。市里的大多数科学教师都要在进修学校参加继续教育,每周区里都有教研活动,一些学科带头人还能参加市教研活动。郊区学校的教师很少参加这样的活动。访谈五所学校教师参加培训的状况以及取得的收获时,大多数教师的典型表现为:培训思路不断变化、教研效果差、郊区教师培训低效。以下是访谈教师的一些典型看法。

SYT3:每周区教研活动,我们都会去学习交流。现在上级对上科学课的要求也不一样了。一开始是让孩子按照科学家的流程来做。现在又成了把流程告诉孩子,让孩子自己去做。如果让孩子自己去设计会设计得乱七八糟的。现在也搞不清究竟孩子做实验时是让孩子自己去设计还是告诉他们就行了,

反正这些年是在逐渐变化。(培训思路变化)

SHT3：继续教育我们是被迫才去的，要不然影响评职称。去了有时候也没兴趣听。(教师参与态度)

SYT6：现在的教研员脱离教学太久了，评课时根本不联系实际，都是在挑老师的毛病，也不会给老师出一个更好的主意，我认为效果不是很好。(教研效果差)

BHT2：我觉得参与的培训带给我的效果不是很大。(教师培训效果差)

SST4：我上师范时学的是计算机专业，没有进修过关于科学课程的内容，后来学的大专大本也是计算机专业。虽然两三年前也参加过一些培训，比如参加过科技辅导员培训、学科带头人培训。这两年参加过一个265工程，但是这些工程参加就参加了，收获并不是很大，并不是对一些课的研究。(郊区教师参与培训低效)

2. 对该学科的支持

有研究表明，学校改革得到社会团体的支持也是一个重要的因素。从以下一些教师的看法、教研员的观点中我们可以了解一些这方面的影响。

教研员1：目前，全国各地都把小学科学课当副科。(社会上对该课的理解)

教研员2：其他国家对小学科学课相当重视，在国外的许多国家都把这门课当成主科。比如在加拿大，小学科学课相当重要，对小学教师的要求比对初中、高中教师还要高，启蒙教育最重要，在我们国家整个翻个了。(对该课重视程度不够)

SST4：现在社会上负面的东西太多，所以对孩子都不敢太严厉了，纪律上也不敢太管。(社会影响给的压力)

研究者：由于小学科学课在学校的弱势地位，许多师范院校学生的家长都不愿意让自己的孩子在小学教育专业的科学方向就读，害怕孩子以后不好找工作，或者工作后在学校也不受重视，这种现象不得不值得我们深思。

(2013年9月10日)

第七章　结论和建议

　　我们从前几章中了解了目前小学科学课程实施的现状,并且对影响小学科学课程实施的因素进行了分析,从对现状和影响因素分析,可以归纳出有关小学科学课程实施特征的主要结论,并在此基础上提出小学科学课程实施的建议。

第一节　小学科学课程实施的基本特征

一、实施者对文本课程的态度

1. 对课程价值的认同度高

　　小学科学课程是在我国新一轮的基础教育课程改革中诞生的,该课程充分考虑了基础教育在人的成长过程中的重要作用,把培养学生的科学素养作为科学教育的根本宗旨。研究中发现,无论是学校的校长,还是作为课程实施核心主体的小学科学教师以及教研员等都一致肯定该课程的价值,认为小学科学课程对学生素养的提升非常重要。在笔者访谈的校长、教研员、教师中,没有人认为小学科学课程的开设可有可无。这一方面说明,随着科学技术对整个社会影响的加大,人们对科学教育的重视程度也在逐渐加深,另一方面说明,随着课程改革的推进,人们对小学科学课程的主要价值以及基本理念已经普遍接受。就个案而言,个案学校的专职教师对小学科学课程都表现出了较强的责任感。目前,实施者对小学科学课程价值最关心的问题主要集中在如何能够创设适合小学科学课程实施的环境,改变小学科学课的学科地位,提高教师的专业性等方面,大家比较关心如何才能使课程方案的理想变成现实。

2. 对课程标准的清晰度低

学校在进行小学科学课程实施时依据的纲领性文件便是课程标准,教师在进行小学科学课程实施时必须依据基本的要求和规范来进行,这实质上体现的是国家对基础教育改革的要求。对于国家课程标准而言,无论是从目标、要求还是体例上都体现着素质教育的理念。本次课程改革,将我国沿用已久的教学大纲改为课程标准,反映了课程改革倡导的基本理念。小学科学是在综合原小学自然和劳动基础上整合建构起来的。《科学(3—6)年级课程标准(实验稿)》充分考虑了当代社会发展对公民素质的基本要求,依据《中共中央关于深化教育改革全面推进素质教育的决定》《国务院关于基础教育改革与发展的决定》以及《基础教育课程改革纲要(试行)》的基本精神,吸取了国内外在小学科学教育方面的研究成果,结合3—6年级学生身心的发展特点,为促进我国小学科学课程的改革和发展而制订的。在该课程标准中详细规定了小学科学课程目标以及内容标准。在研究中发现,在课程实施时大部分学校校长对小学科学课程标准并不了解,只是简单听说该课程的理念;大部分专职教师虽然接受过相关课程标准的培训,但是对于小学科学课程的文本课程并未仔细看过。在平时的教学中,教师参考的主要是教科书和教参,很少看小学科学课程标准的要求,课程实施者对课程标准的清晰度低。

3. 使用教材难度大

科学(3—6)年级课程标准是小学科学课程改革以来编写小学科学教材的依据。在基础课程改革中,最有创新性的改革就是对教材实现"一纲多本"的政策。据统计目前在全国各地,小学科学的教材版本共有10种,其中教育科学出版社的教科版教材就是其中的一种,其应用也最广,共在全国24个省150多个实验区使用。教科版的小学科学教材共有两个版本,分别是2001年的教科版教材和2007年修订版的教材。总的来说,2007年版的教材与2001年版的教材相比,并没有做太大的改动,只是基于六年的教材实验对局部内容进行了调整和完善。原来的教材内容是按照一周三课时设计的,现在的教材内容设计调整为一周两课时,4个年级8册教材由37个单元缩减到32个。3—6年级的教科版教材的单元内容是以主题单元呈现的,每一单元都强调以活动为基础,提高学生的科学探究能力。在每个单元每个课时的内容中,教材都没有对教学环节进行详细的安排,这就给教师提供了很大的自主空间。研究发现,教师在教学中,使用最多的文本课程就是教材。大多数教师在备课时都感觉难度较大,备课时不知道每一课的每一环节究竟该如何安排,培养学生哪方面的能力。虽然教材的教学环节给教师提供了非常大的自主空间,但教师们普遍认为过大的自主空间并不适合教师进行课堂教学,主要原因在于当前教师的专业局限性。研究发现,当前学校小学科学教师的专业性并不强,给教师提供过大的自主空间反而增加了教师使用教材的难度。同时由于教材上某些课时的内容过多,如果教师要在一节课的时间内按照教材的要求让学生进行探究学习的话,内容根本就进行不完。如小学科学三年级上册《哪种材料硬》,小学科学六年级上册《定滑轮与动滑轮》一课。对于教材内容的顺序安排,有教师认为教材的顺序安排应该与季节变化相符合。如小学科学五年级上册教学内容《蚯蚓的选择》,在十月份上课的时候教学材料并不好找。

二、主体认识与行为的相悖离

虽然小学科学课程改革至今已经有十余年的历程,但是课程实施主体的认识与行为存在相悖的状态。

1. 学校领导的重视度不高

有研究表明,在一所学校中改革的主要动因是校长和教师。其中校长在改革中起着至关重要的作用。在小学科学课程改革中,学校校长对该课程的重视程度会直接影响小学科学教师对该课程的态度。通过本研究得出,虽然个案学校的校长对小学科学课程的理念持认同态度,但是从每所学校校长对小学科学课程教学的支持来看,学校校长对该课程的重视程度并不高。一方面,几乎每所学校的小学科学教师队伍里都有兼职教师,这些兼职教师往往都是由学校里即将退休的教师或者在其他学科教学中表现不是很突出的教师兼任,如 BH 小学的一位科学教师是由学校一位原来教体育的教师担任。SY 小学虽然是全市专职科学教师最多的学校,也存在即将退休的教师兼任小学科学教师的现象。另一方面,面对小学科学教师在学校的超额工作量,学校领导并没有给予小学科学教师相应的奖励,导致许多教师工作的积极性并不高。研究表明,大部分专职小学科学教师的工作量都超出标准,教师不仅要承担教学任务,还要管理实验室。在教学材料的准备方面相比准备其他课程要花更大的精力。学校对科学教师探究实验的超额工作量经常处于无视态度。

2. 教师的教学精力不够

科学课程不同于语文、数学等课程的典型特征便是在科学课上学生需要在教师带领下参加各种各样的活动,在每节课上课之前,教师还必须为学生准备很多实验材料,教师自己有时还要做一些教具和学具;同时小学科学课还有专门的科学教室,科学教室里有各种实验用品和器材,科学教师必须对其进行相应的管理。因此负责对科学实验室进行管理便成了科学课教师在学校的日常工作,这些工作都占用了小学科学教师很多的时间和很大的教学精力。虽然大部分的小学科学教师都认同小学科学课在培养学生科学素养方面的重要作用,但在工作中都表示自己的教学精力根本达不到这门课的教学要求。本研究表明,个案学校专职教师的教学工作量远远超出了学校对教师工作量的要求,许多教师每周得上 20 节课。在这 20 节课中如果教师每节课上课前都给学生准备实验材料,上完课后收拾仪器,现有的教学时间和精力根本不足以完成超负荷的工作量。对于兼职教师来说,对科学课的教学精力投入少,把大部分的教学精力放在了主科教学上,根本没有过多的心思关注科学课。

3. 教师备课不充分

任何事情的实现都基于认真的准备和周密的计划,备课活动是教师最基本的教研工作。教师备课时的具体工作就体现在对教学过程的设计上,教师良好的备课态度是上好课的基础。对于小学科学学科而言,备课是保障教学质量的基础。本研究表明,个案学校的教师在备课时,大部分教师备课态度差,主要体现在以下几点:第一,不少教师的备课演变为对现成教案的"拷贝",如上课时的教案为搜索网上资源后的"拼盘资料"。这样的行为导致教学效果难以保证。第二,写教案的过程纯属为了应付检查,搞"形式主义"。教师写教案的过程仅仅是为了应付学校检查,因此教案书写形式化,一些教师的教案本上的内容都是照搬了教参上的教学要求,没有自己的教学设计思考。第三,部分兼职教师希望自己的科学课教学能够被占,备课时仅仅简单看看教材和教参。

三、实施课程与文件课程的差异明显

通过研究小学科学教师在课堂教学过程中的决策,我们可以得出实施课程与文件课程的差异明显的结论。这种差异主要体现在以下几方面。

1. 学生实验活动内容减少

课程标准指出科学学习要以探究为核心,让孩子亲身经历以探究为主的学习活动是学生学习科学的主要途径。从几所学校教师对小学科学教学内容的调整来看,大部分小学科学课存在着学生实验活动安排少,学生实践机会少的问题,大多数课堂教学中以教师演示实验代替学生分组实验的现象,剥夺了学生进行科学探究,亲历实验操作过程的权利。甚至一些兼职教师上科学课时连演示实验都没有。

2. 目标落实不全面,忽视学生的科学探究

培养学生的科学素养便是小学科学课程阶段启蒙课程的根本宗旨。因此,我们评判课堂教学目标的达成与否也应以科学素养的三维目标为依据。我国的科学课程经历了常识、科学常识、自然常识、自然、科学等一系列的变更,在这一系列的变更中对科学本质的了解以及对科学内涵的诠释更为合理。由于受我国传统的"博文广记"科学教育的影响,用知识结论代替自主探究的现象依然存在。本研究发现,在课堂教学环节,许多教师因教学精力、教学条件、学校环境等各种因素的影响在教学实施过程中,没有给学生提供亲自探究观察的机会,把这些活动的机会调整为向学生直接演示或者直接讲解,以及利用多媒体教学设备来呈现相应内容。教师教学的目的仅仅是为了完成自己的教学任务。这种教学状况很容易影响学生学习科学课的积极性,导致在培养学生过程与方法技能及情感态度价值观方面的落实效果较差。

3. 以教师为中心的教学观念占主导地位

学生是科学学习的主体,科学课程必须建立在满足学生发展需要和已有经验的基础之上。科学教师只有真正地把学生放在主体地位,教学真正实现为学生的"学"做准备才能唤起学生学习的兴趣。本研究发现,大多数教师以"演示实验"代替学生自主探究活动;大多数学生在课堂上仅仅是"看实验",在部分教师的课堂上甚至是"听实验"。学校评价教学的标准也仅仅以教师是否完成教学任务作为首要标准,以教师为中心的教学观念仍然占主导地位。

4. 科学评价方式的随意性

科学课的教学评价方式的选取是为了有利于实现对学生在学习过程中学习表现的了解,通过了解,教师可以改进自己的教学并针对学生在学习中

存在的问题促进学生学习。新课程标准无论在评价内容和评价方法方面都做了相应的要求和建议。本研究发现,目前科学课堂教学主要是以教师的口头评价为主,教师的口头评价存在随意性强、针对性差的问题。比如教师评价学生科学课堂学习表现仅以学生回答问题的积极性以及课堂纪律情况为主。学生科学学习缺乏明确的评价指标,在学期末有个别学校仍然沿用传统的纸笔测验,大部分学校用素质报告单评价学生的科学学习,评价缺乏依据且评价结果唯一化。

5. 科学课教学方法落后

教学方法是为了实现相应的教学目标而由师生共同采用的办法措施。课标指出,科学课的教学方法应赋有儿童的情趣和符合儿童的认知规律。小学科学教育应强调以学生参与丰富多彩的活动为主要的教学形式,通过活动教学,让学生亲身体验科学发现、科学探究、科学创造的过程。从几所学校教师上课所使用的教学方法来看,讲授法、提问法、讨论法、演示法是教师经常使用的方法。虽然课标强调科学学习要以探究为核心,教师也比较认同探究式的教学方法在科学课教学中的重要作用,但在实际的教学中只有少数教师在课堂中使用探究式的教学方法。如本来课上有些活动需要教师采用让学生自主探究的方式才能实现相应的目标,教师因为缺乏资源不得不放弃这一方法。更有大部分兼职教师存在课堂教学结构不合理,教师以简单的知识讲解代替学生的自主探究,讲完之后让学生对实验结果进行记忆。可见在实践的过程中还存在很多问题阻碍这种教学方法的顺利推行。

6. 科学探究活动中存在低效现象

新课标提出的科学学习要以探究为核心,探究既是科学学习的途径,又是科学学习的方法的理念。目前,探究式的教学方法已被大多数教师接受,并且有部分教师已实践于自己的课堂。在研究中发现,部分教师虽然克服了各种因素把以学生的探究活动为主的探究式教学方法融入了自己的课堂教学中,但是探究活动中低效现象依旧存在,具体表现为以下几点:第一,重学生活动轻计划。如教师在探究课上安排了许多学生的探究活动,整个课堂气氛特别活跃,但活动开展的步骤都是由教师告知的,学生只是在执行教师的意图。如果离开了教师,学生便不会主动地探究,这违背了让学生探究的初衷。如SHT4要上的《轮轴的秘密》一课。第二,重视学生的活动过程,忽视了学生学习的结果。如有些探究课上发现学生们的热情非常高,对实验材料比较感兴趣,学生探究的次数也比较多,但探究结束后问学生探究的结果时发现学生并没有得出什么科学结论,教师只好自己说出结论,这种探究只是重视了探究的"形",忽视了学生研究的"质",主要原因可能在于教师对学生的探究目标没有讲清。如SFT1的《蜗牛》一课。第三,对学生课外探究活动缺乏了解。课标提出,教师要重视引导学生在课后开展后续活动。但对于要求学生在课外进行的探究活动,教师只是做了轻描淡写的要求,对于学生的完成情况,教师缺乏了解,并不关心。这非常容易影响学生探究的积极性。如SYT2讲的《温度与气温》一课,教师提到会在课后让学生观察每天气温的变化,但是对于这一活动学生的具体完成情况教师并没有关注。

四、实施的环境不能满足课程需要

研究表明,虽然小学科学课程改革已经历了十余年的历程,小学科学课程的实施环境相对于以前已经改善了不少,如学校对实验室建设投入比较大,部分学校也开始拥有小学科学学科的专职教师。但从目前的小学科学课程的实施环境来看,距离小学科学课程的需要还有很远。目前,学校层面的实施环境问题主要来自教师队伍状况、教学资源、学校文化等方面。

1. 教师队伍的困境

(1) 专职教师数量不能满足教学需要

研究发现,大部分学校的小学科学教师数量并不能满足实际教学需要。从每所学校小学科学教师的每周工作量来看,远远超出了每周要求教师完成的基本工作量,教师们普遍反映从事小学科学课教学累,教学精力不足。比如,SH小学的科学教师每周小学科学课时便有20多节。学校的专职科学教师普遍不能满足科学课教学需要,每所学校都有兼职的科学教师,其中郊区学校的科学教师竟然全部都是兼职。SY学校的科学教师队伍最强,全校有五位专职科学教师,两位兼职科学教师。

(2) 学校科学教师的专业性不强

小学科学课程能否顺利实施,科学教师的素质起着非常重要的作用,教师必须具有坚定的事业心、丰富的学科知识以及扎实的教学理论知识。在这五所学校中,我们从教师的学科背景来看,没有科学学科背景的教师占了绝大多数。许多科学教师教科学都是半路出家,在教学方面面临着很大的压力。对专职科学教师来说,虽然经过几年的小学科学教学,能够掌握胜任小学科学教学所需的基本科学知识,但这些教师并不具备科学课程教学所需的基础知识,还不能够对教材内容知识做到融会贯通,具体表现为教师对教材上的内容环节不能灵活处理。在研究中发现,部分学校的兼职教师把过多的精力放在主科上,没时间和精力钻研每一课基本的科学知识,在讲课时经常照本宣科。

2. 学校条件资源困境

科学课硬件设施是保障小学科学教学顺利进行的重要条件。科学课程实施的水平高低与课程的条件资源关系密切。研究个案所表现出的学校条件资源问题。主要集中在实验室数量配备以及学校校园环境的创设等方面。研究发现,目前在某市的学校里几乎每所学校都有自己的科学教室,科学教室配置率达到 100%,目前存在的主要问题有以下几点:第一,科学教学基本设备的配置适用性较差,实验室材料并不是根据小学科学课的教学需要来配置,导致教师使用起来很不方便。第二,现有实验室的数量并不能够满足教学的需要,学校的实验室不能满足所有年级的使用。如 SH 小学 36 个班级只有一个实验室。SY 小学是硬件配置最好的学校,学校有四个实验室,但也只能满足学校一半学生使用。第三,学校的校园环境并没有为学生的科学探究提供便利,几乎没有一所学校建有实践基地。

3. 副科文化严重影响教师心理

本研究表明,在小学科学课程实施过程中几乎每所学校都存在着副科文化的问题,由于小学科学课不参加升学考试,对学生的升学并没有影响,无论是学校领导、学生、家长都对该课不够重视。小学科学学科在学校中的地位低下严重影响了教师小学科学课程教学的积极性,学校教师普遍感觉自己教的科目是副科,在学校的地位低,对科学教学缺乏足够的热情。例如许多兼职教师都把教科学课当成是自己的负担,总是期待着自己的科学课的授课时间被主科占用。SY 学校是拥有专职科学教师最多的学校,其中的两位教师是有着科学教育背景的专职教师,经历过几年的教学后,他们对科学课教学的热情逐渐减弱——副科文化严重地影响了教师的心理。

五、影响小学科学课程实施的主要因素

本研究发现,小学科学课程实施与文件课程存在着很大的差异。通过第五章对影响小学科学课程实施因素的各个方面的了解和认识,我们可以发现

影响小学科学课程实施的因素是来自多方面多角度的。从不同角度对小学科学课程实施影响因素的分析,我们不可能一一列举。但我们可以把个案学校中凸显出来的影响小学科学课程实施的主要因素进行大致归类,按不同的类别和从不同的维度去认识这些因素。如图 7-1 所示,我们把小学科学课程实施的环境分为内部环境和外部环境。小学科学课程实施的内部环境因素主要为实施主体(小学科学教师)的内在因素,如教师的个人特征、教师知识、教学信念、教学态度、教学精力等。小学科学课程实施的外部环境因素我们可以再做一下分类,可分为系统内因素和系统外因素。根据对影响小学科学课程实施因素的研究,我们可以把系统内因素界定为学校范围内的环境因素,主要为学校校长对小学科学课的重视程度、学校文化、教师队伍配备等因素。系统外因素主要为与小学科学课程实施密切相关的社会因素和文本因素。在这里,社会因素我们主要指的是来自社区和家长的影响、政府部门的影响、教师

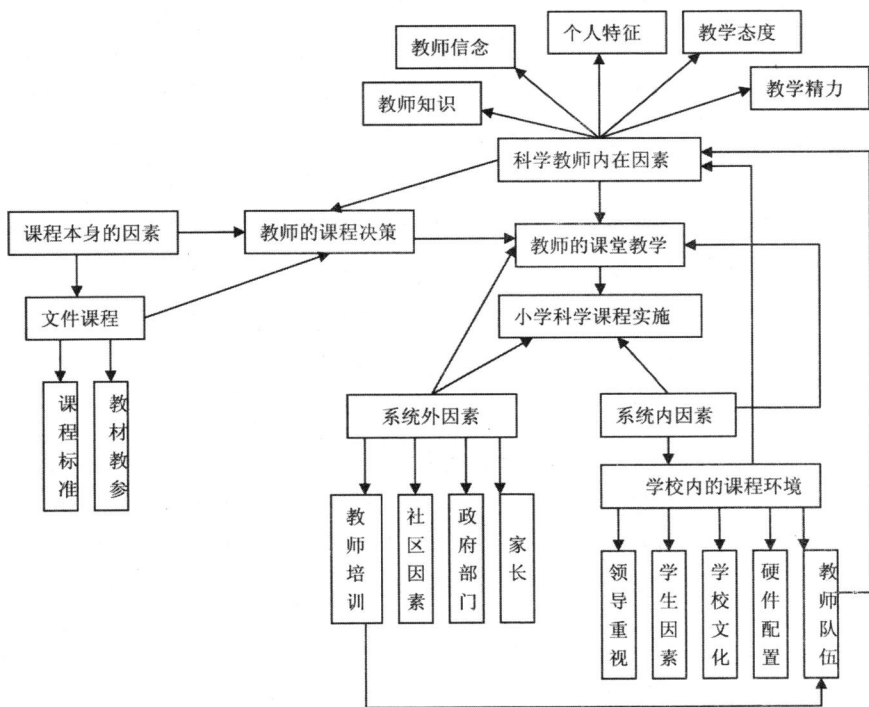

图 7-1 个案学校影响小学科学课程实施因素图

的培训支持等因素,文本因素主要指的是课程方案和教材的质量的实用性。小学科学课程实施受到多种因素的相互作用、相互影响,这些因素直接或间接地影响小学科学教师的课堂教学,影响教师的课程决策,使得小学科学课程在实施过程中与课标中的理念偏离。通过对这些影响因素的进一步分析,我们可以从小学科学课程实施的内部环境和外部环境中归纳出影响小学科学课程实施的最核心因素。

1. 校长对该课程的重视程度

校长作为关键人物在课程实施过程中起着重要的作用。校长自身对改革的态度决定着学校成员对改革的态度。有学者指出,校长在课程改革中通常担当着改革发起者的角色,校长的作用不仅体现在对学校教育组织内部环境的影响上,而且可以支持参与改革的人投入到改革中去。通常在一所学校中,学校领导的风格对学校良好工作氛围和关系的创设都能起到不可估量的作用,因为良好的氛围可以促使教师在进行课程开发和推广时心甘情愿地承担改革的风险,这样就离变革的成功实施越来越近。[①]在本书中,校长的课程权力主要体现在对学科教师队伍的安排、对科学教师工作的理解、对学校硬件设备的投入以及对教师工作的支持等方面。从个案学校校长对小学科学课的重视程度来看,大多都表现为对小学科学课的硬件投入比较少。小学科学课程在学校学科教学中处在尴尬地位,学校副科文化严重影响着教师教学的积极性。虽然校长在学校中的课程决策也会受很多因素的制约,如行政部门对学校教学质量考核的影响,但是校长对小学科学课程的重视程度直接决定了每所学校的课程实施环境,比如在研究中有兼职教师表示他们工作的中心必须放在自己学校的主科教学上,如果偏离轨道,领导便会找他们谈话。

2. 小学科学教师的专业性

小学科学课程是一门综合课程,融合了物质世界、生命世界、地球与宇宙领域中最基本的知识内容。在小学科学课程标准中把科学探究作为学生进行科学学习的中心环节,同时对学生进行探究时的具体内容要求也有相应规定。教师使用的科学教材内容只有一些活动提示,开放性比较高,对教师的素

---

① 艾伦.C.奥恩斯坦·费郎西斯.P.汉金斯.课程:基础、原理和问题 [M].南京:江苏教育出版社,2002(9):335.

质要求也比较高。因此,专业素质过硬的小学科学教师队伍是小学科学课程实施效果的保证。然而目前的小学科学教师专业素质存在着很大的问题,教师的专业素质不高是制约小学科学课程实施效果提高的根本原因,部分学校的兼职教师甚至都是一些即将退休或者胜任不了其他学科教学的教师。科学课难教已经成了许多教师的共同感受,大部分专职教师都表示在指导学生探究活动方面存在着低效现象,这与教师的专业素质有很大的相关性。小学科学教师的专业素质强弱是影响小学科学课程实施的核心因素。

3. 小学科学教师的培训支持

目前,小学科学教师在专业素质方面存在着很多的问题,只有针对小学科学教师在科学课堂教学中存在的主要问题展开有针对性的培训才能逐步提高小学科学教师的专业能力。某市针对小学科学教师的培训形式,主要有继续教育、区市教研活动。本研究发现,某市对于小学科学教师的培训支持存在着培训效果不佳、教研指导性弱、部分学校培训缺失的现象。造成这种现象的原因主要是培训的针对性不强、培训形式单一。小学科学教师的培训支持不足是影响小学科学课程实施的又一核心因素。

4. 小学科学社会评价的导向

小学科学的学科地位尴尬有着深刻的社会原因。首先,社会对小学科学教育的价值认识存在着误区,很多人都不理解小学科学教育对学生科学素养提高的重要价值。有不少人把在小学阶段进行科学教育的价值仅仅理解成是为了掌握一些简单的科学知识,这些科学知识可以在中学以后再学。其次,受到应试教育指挥棒的影响,小学科学学科被家长、学生边缘化。数学、语文、外语是应试教育的核心课程,便成了家长、学生最为重视的科目。小学科学社会评价的导向间接影响到小学科学学科在学校中的地位。许多学生因此不重视科学课,在科学课上纪律意识差成了影响小学科学教师课堂教学效果的一个很重要因素。

5. 课程本身的因素

通过对小学科学课程标准出台过程的了解可以看到课程标准的制订者在对小学科学课程标准进行制订时充分考虑了我国国内的教学现状和实际需要,课程标准和方案也得到了课程实施主体的认同。但是由于小学科学教师专业水平的限制,导致先进的课程理念实施起来非常困难。课程标准中规定的小学科学课程的评价建议、课程资源的开发和利用建议以及对教师的要求在实际情况中很难落实,教师在适应小学科学课程改革要求方面面对的压力过大,这也在一定程度上影响了教师在从事小学科学教学方面的自信心,甚至有部分教师对当前的小学科学课程改革采取消极对待态度。在实际教学中,受各种因素的限制,教师主要以教材为主要的课程资源。个案学校在使用教材时,对于教材内容的自主空间太大、内容太多与当地季节不符表现出很大的不适应,教师在将教学内容进行教学转化时感到难度很大,这些来自课程本身的因素对小学科学课程实施学校层面的运行构成了一定程度的影响。

第二节　建议与思考

联合国教科文组织在 2000 年的巴黎会议上就指出了科学教育对于人的发展的重要作用。各国政府高度重视改进各级的科学教育,提高公众对科学的认识,促进科学的普及。一个国家公民整体的科学素养决定了该国的科技创新能力,而基础教育阶段科学教育的质量对一个国家公民科学素养的整体水平起着决定作用。要想真正提升我国基础教育阶段的科学教育质量,我们必须对当前小学科学课程实施问题进行关注,对目前小学科学课程实施中存在的问题采取正视的态度。在本研究中,我们仅仅是对某市部分学校小学科学课程实施的样态进行了抽样研究,因此,研究的结果还不能充分地把我国小学科学课程实施的整体情况反映出来,但是从目前研究者对一些影响小学科学课程实施因素的分析来看,无论是内部环境因素还是外部环境因素,都具有普遍意义。因此研究者从本研究中所得出的小学科学课程实施的特征出发,思考了如何进一步推进小学科学课程改革,促进学校层面的课程实施状况改善的相关问题。对进一步推进我国基础教育阶段小学科学课程实施的顺利进行提出了一些建议。

一、加强科学教育的政策法规建设

随着全球范围内新科学教育运动的深入开展,中国教育科学研究院也组织有关专家对我国的科学教育问题进行了研究,对在我国如何建立科学教育体系、科学教育的价值取向以及如何实施科学教育等问题都进行深入思考,把科学教育摆在了非常重要的位置。科教兴国政策实施以来,我国颁布了关于科技教育的政策文件。例如《关于进一步加强青少年科学教育工作的通知》(1998)、《2049 行动计划》(1999)、《中华人民共和国科学技术普及法》(2002)、《国家中长期科学和技术发展规划纲要》(2006)、《全民科学素质行动计划纲要 (2006—2010—2020)》(2006) 等。①这些政策文件在一定程度上都强调了中小学科学教育的重要作用,然而从目前影响小学科学课程实施的因素分析来看,这些政策文件对促进中小学科学教育的实施的作用有限,缺乏约束力。如《2049 行动计划》中提出中小学基础教育是培养公民科学素质的主渠道,在未来 50 年中,各种中小学校和幼儿园要力争尽早使在校学生达到全民科学素质标准要求。因此,我们必须进一步加强科学教育法规建设,制定相关法律,充分肯定科学教育重要性,并且对如何培养小学科学教师、如何进行小学科学教育的经费投入、如何进行小学科学教育的理论研究、如何进行学校小学科学课程实施的监督和管理、如何提出学校小学科学课程实施的师资要求等问题制定出相应规定,明确规定政府部门应该承担的责任,把科学教育的重要性落到实处,力图通过系统外环境的改善来促进小学科学教育的顺利发展,提升小学科学教育的学科地位。

二、努力解决小学科学教师专业化问题

小学科学教师的专业化问题是小学科学课程实施中的最迫切问题。目前,大部分学校都存在着专职科学教师不能满足教学需要,且现有小学科学教师专业化水平与小学科学课程实施要求严重脱节的问题。大部分的专职小学科学教师都是非专业出身,他们在职前教育阶段没有科学教育的背景。可以说,拥有小学科学教师必备的专业特质且相对稳定的小学科学教师队伍还很难形成。因此,作为一个非常关键因素的小学科学教师专业化问题直接影响着小学科学课程实施的质量。我们要提升小学科学课程实施的成效必须努力解决小学科学教师专业化问题。

1. 加强小学科学教师的职前培养

长期以来,小学科学教师的培养主要由原来的中师承担。但中师阶段对

---

① 李玉芳. 韩国中小学科学教育经验及启示 [J]. 教学与管理,2011(7):88.

培养小学科学教师重视不够,大都不分学科、专业进行综合性培养。目前我国已经有部分高师院校注意到了小学科学专业化教师紧缺的现象。全国已经有几十所院校设置专门的科学教育专业来培养专职的综合科学教师,我们要通过这几十所高校逐步带动其他师范学校来普及小学科学教师专业化培养。同时,小学科学教育专业的建设在我国才刚刚开始,许多学校的专业设置还比较模糊,主要在理科的方向开设,理科方向的学生主要把精力放在了数学方向,对科学方向的重视程度不够。因此,我们要改变科学教育专业方面的课程设置,加强学科建设,从学科建设上重视科学教育。结合课程改革对小学科学教师的素质要求,培养具有较高科学素养的小学科学教师,使得未来的教师具有丰富的科学知识、学科教学知识和理论知识,为小学科学教师专业化水平的提升提供后备力量。

2.进行有针对性的职后培训

有研究发现,针对目前小学科学教师的专业水平不高而进行的培训,效果却不是很理想。因此,在职培训的各个部门应该积极调适培训内容,密切结合一线教师遇到的问题,帮助在职教师有效地提升教学能力。目前,教师参加的继续教育培训大都是以讲授科学内容为目标或是以教育技术为主要内容的培训,收效甚微。各个培训部门应逐步采取新的培训模式,使培训内容与实践接轨,加强培训者同培训教师的交流和对话。具体可以从以下几方面考虑:第一,针对在职教师专业知识贫乏的现状,注重对教师专业知识结构的培训;第二,要针对教师在探究教学方面存在的问题进行针对性的训练,让教师对科学探究的方法和原理充分了解,让教师在探究实验技能训练中提高自身的动手实验能力,改变指导课堂探究活动的低效行为;第三,对于当前在职科学教师工作积极性不高,对科学教育兴趣低下、备课不充分等态度问题,相关培训部门要注重对小学科学教师进行相应专业思想教育,使教师有一颗热爱科学教育的事业心,把教师的内在动力发挥出来。

3.树立终身学习的理念

小学科学教师的工作是与大量的可以直接展示给孩子们的科学内容直接相关的。因此,一位高素质的小学科学教师需要拥有的科学知识和能力必须在学习中不断提升和发展。面对人类掌握的科学知识不断地增加和内容的不断变化,教师必须跟得上时代发展的步伐。因此,教师必须要梳理和更新学习的理念,对自己的专业知识和技能进行及时更新。

三、增强学校校长对小学科学课程的重视度

作为新课程改革最终实施场所的学校,能否在实质上接受新课程理念,把理念落实到课堂教学的行动上,校长和教师对小学科学课程的指导意识起着非常重要的作用。[①]有研究发现,目前在学校中副科文化严重影响着教师的教学积极性,多数领导并不能很好地意识到科学课程对于学生科学素养培养的重要意义。校长在学校中对小学科学课程实施的硬件投入大,教学关注少,这直接导致了科学课在学校日常教学中的弱势地位。因此增强学校校长对该课程的重视程度无疑会增强教师教学的积极性。增强校长对科学课的重视程度可以从以下几方面做起:首先,校长要对小学科学课程的学科特点比较熟悉,同时能够充分理解小学科学教师的工作,对于教师的超额工作量应该给予相应的物质鼓励和精神支持。其次,学校要对小学科学教师的选任做出要求,严格挑选优秀教师、有计划招聘有科学教育专业背景的教师加入到学校科学教师队伍中来。再次,要进一步加强对学校科学实验室的投入和建设,实验室建设和设备配备时要充分考虑到现有教师的需求,学校领导要充分为教师课堂教学中教具和学具的需要提供物力和财力支持。最后,进一步加大学校科技活动场所及实验室的使用力度,注重对社会资源的整合。科学教育的课程资源无处不在,无处不有,从空间上可以分为学校资源、家庭资源和社区资源三类。学校领导要尽可能地充分利用和整合资源,为小学科学课程实施环境的改善创造条件。

四、改进现有小学科学课的评价体系

众所周知,我国传统的考试评价体系对课程改革的影响非常深远,遍及许多领域。教育行政部门、学校领导还有教师、家长和学生都只关注考试,紧盯着分数,与考试升学无关的课程只能乖乖让道,从一定程度上说,在变与不变的博弈中,应试教育的强大势力不动声色地销蚀了课程改革的美好愿望。[①]受应试教育的影响,小学科学在教师、学生、家长心目中被边缘化,要想改变这种局面,必须改变以应试教育为主的评价模式,评价方式要全面客观,把科

---

① 邢和祥. 课程实施影响因素:一种分析的框架 [J]. 当代教育科学,2010(18):22.

学素养列为学生综合评价的指标。同时我们应该积极探索,改革小学科学的
课评价方式,体现对学生科学探究能力的关注。

五、文件课程的修订要提高与教师课程实施的适切性

如果我们重新审视课程实施的过程能够发现,课程改革从理想的蓝图
变为现实的过程,必须要经过以下路径:课程改革纲要—课程标准—教材—
教案—教师讲课,也就是说,如果我们想要实现课程改革的目标,必须依托
各学科的课程标准把《基础教育课程改革纲要(试行)》的精神现实化,各学
科根据学科标准编写相应的教材,教师再通过教案把自己对教材的理解和
接受呈现出来,随后我们再通过教学的过程把目标的实现指向学生,最后的
实际效果从学生身上得以体现,最终通过学生学习可以将一系列的要求,即
教师对教学的理解、教材对教学的要求、课程标准对教学的要求内化为自己
的素质。[②]在这一系列的转化过程中,对课程文本理解的异变与失真随时都可
能发生。研究表明,我国课程标准的文本课程理念已经得到课程实施主体的
认同,我国教材制度已经走向了一纲多本,无论是课程资源还是教师配备在有
些学校已经在逐步改善,但是教师在课程实施过程中,普遍还是感到课标操作
性差,教材应用难度大等问题,在本研究中能够看到教材自主空间过大带给教
师们的困扰,有些教材内容也由于学校师资问题和学校教学资源等方面的问
题不能够落实。因此,文件课程的进一步修订必须充分考虑与教师课程实施的
适切性。我们要进一步加强小学科学教材和教学资料的开发:第一,我们可以
调整编写人员的职业构成,其成员的专业背景要保持一定比例,确保课程实施
的主体中小学教师能够参与教材的编写。第二,教材的编写方法要多样化,内
容要可读性强,浅显易懂。第三,教材教学资料的配备应该考虑一线教师教学
的实际,为其教学提供便利,降低其备课难度,增强其教学信心。第四,建立有
效的长期交流机制。文本课程设计好之后需要打开信息交流渠道,课程设计
者、教师、学生之间要经常保持交流和沟通,努力提高课程实施过程中文本的
转化率。

---

① 史史晖. 课程实施落差的表现,成因和消解 [J]. 中国教育学刊, 2010(4):43.
② 刘丽群. 课程实施过程中的变异及其原因分析 [J]. 天津市教科院学报, 2005(6):33.

六、通过多方力量合作提升课程实施水平

尽管科学教育的重要性已经得到有关教育专家和社会上相关人士的呼吁，如东南大学校长韦钰认为一个国家科学课的质量决定了国家竞争力。然而由于受各种原因的影响，在大多数人心目中科学课仍然处于副科地位，小学科学教育并没有取得大家的重视。小学科学课对于培养国民综合素质的重要意义与当前学科的尴尬地位以及社会对小学科学教育的认识偏差存在着强烈的反差。相当多的人并没有对科学课重视起来。目前小学科学课程的实施现状，必须引起全社会的关注。课程实施的环境不仅包括学校内环境也包括学校外环境及社会环境。课程在实质意义上是一个公众话题，并不仅仅是教育本身应该"所为"的事情，也不能把课程仅仅当作学校内的事情。课程实施的顺利与否在很大程度上受整个社会上所有力量的影响。[①]因此，在课程实施时，调动社会上多方力量参与显得尤为重要，如新闻媒体的宣传、社会团体的支持、家长的赞同都可以很好地对课程实施起到推动作用。资深的教育专家富兰曾经提到了变革在社会维度上的复杂性，尽管在技术路线上我们有时认为可能是简单的，因为变革包含了许多复杂而又相联系的任务，要出色地完成这些任务，就需要整合各种不同群体的力量广泛参与，唯有通过这些力量的整合我们才能最终实现新课程的实施。因此为保证小学科学课程实施的顺利进行我们必须整合社区、家长、学校资源形成合作共同体，共同应对在小学科学课程实施中出现的众多问题，对当前小学科学课程地位的尴尬进行破解，使小学科学课程实施的整体水平得到提高，在小学科学课程实施合作共同体的建立过程中，学校要积极采取措施争取家长和社区的合作，让合作主体能够正确了解小学科学教育的价值，理解基础教育阶段提升学生科学素养的重要意义，基于一定的合作任务共同为小学科学课程实施承担责任，在合作中逐步促进小学科学教育质量的提升。

---

① 邢和祥．课程实施影响因素：一种分析的框架［J］. 当代教育科学，2010（18）：23.

参考文献

一、中文参考文献

（一）著作

[1] 陈菊,徐学福.小学科学课程实施与案例分析 [M].桂林：广西师范大学出版社，2005.

[2] 刘德华.小学科学课程与教学 [M].北京：中国人民大学出版社，2009.

[3] 小威廉姆 E.多尔.后现代课程观 [M].王红宇译.北京：教育科学出版社,2000.

[4] 郭华.静悄悄的革命——日常教学生活的社会建构 [M].北京：北京师范大学出版社，2003.

[5] 马云鹏.课程与教学论 [M].北京：中央广播电视大学出版社，2005.

[6] 刘德华.小学科学课程与教学 [M].北京：中国人民大学出版社，2006.

[7][美]理查德.D.范斯科德.美国基础教育——社会展望 [M].北京师范大学外国教育研究所译.北京：教育科学出版社，1984.

[8] 施良方.课程理论——课程的基础、原理和问题 [M].北京：教育科学出版社，1996.

[9] 上海师范大学《教育学》编写组.教育学 [M].北京：人民教育出版社，1979.

[10] 吴杰.教学论 [M].长春：吉林教育出版社，1986.

[11] 马云鹏．课程实施探索——小学数学课程实施的个案研究 [M]．长春：东北师范大学出版社，2001.

[12] 黄政杰．多元社会课程取向 [M]．台北：师大书苑，1995.

[13] 陈侠．课程论 [M]．北京：人民教育出版社，1989.

[14] 鲍宗豪．决策文化论 [M]．上海：上海三联书店，1997.

[15] 杨明全．革新的课程实践者 [M]．上海：上海科技教育出版社，2003.

[16] 李琼．教师专业发展的知识基础——教学专长研究 [M]．北京：北京师范大学出版社，2009.

[17] 余国良，辛自强．社会性发展心理学 [M]．合肥：安徽教育出版社，2004.

[18] 富兰．教育变革新意义 [M]．赵中建，陈霞，李敏译．北京：教育科学出版社，2005.

[19] 亨德森．革新的课程领导 [M]．李静译．杭州：浙江教育出版社，2005.

[20] 钟启泉，崔允漷，张华．基础教育课程改革纲要（试行）解读 [M]．北京：教育科学出版社，2002.

[21] 汪山野．简明国际教育百科全书——课程 [M]．北京：教育科学出版社，1991.

[22] 汪山野．英国学校课程 [M]．石家庄：河北教育出版社,2001.

[23] 蔡其勇．小学科学课程的科学哲学研究 [M]．北京：教育科学出版社，2011.

[24] 严先元．课程实施与教学改革 [M]．成都：四川大学出版社，2002.

[25] 陈向明．质的研究方法与社会科学研究 [M]．北京：教育科学出版社，2002.

[26] 黄政杰．课程设计 [M]．台北：台湾东华书局，1991.

[27] 马云鹏．课程实施探索——小学数学课程实施个案研究 [M]．长春：东北师范大学出版社，2000.

[28] 郑金洲．质的研究指导 [M]．北京：教育科学出版社,2000.

[29] 赵才欣，韩艳梅．如何备课 [M]．武汉：华东师范大学出版社，2009.

[30] 张红霞．小学科学课程与教学 [M]．北京：高等教育出版社，2006.

[31] 中华人民共和国教育部．科学（3—6 年级）课程标准 [M]．北京：北京师范大学出版社，2005.

[32] 顾明远．教育大辞典增订合订本：下册 [M]．上海：上海教育出版社，1998.

[33] 艾伦．C. 奥恩斯坦．费郎西斯．P 汉金斯．课程：基础、原理和问题 [M]．柯森主译．南京：江苏教育出版社，2002.

[34] 黄甫全．课程与教学论 [M]．北京：高等教育出版社，2003.

[35] 斯宾塞．教育论 [M]．胡毅译．北京：人民教育出版社，1962.

[36] [美] 国家科学资源中心国家科学院史密森协会．面向全体儿童的科学——改进小学科学教育的指南 [M]．北京：科学普及出版社，2005.

[37] 刘德华．小学科学课程与教学 [M]．北京：中国人民大学出版社．2009.9.

[38] 贾海菊．课程实施的价值取向研究 [J]．贵阳：贵州教育学院学报，2008 (5).

[39] 小威廉姆 E. 多尔著．王红宇译．后现代课程观 [M]．北京：教育科学出版社，2000 (1).

[40] 郭华．静悄悄的革命：日常教学生活的社会建构 [M]．北京：北京师范大学出版社，2003.

[41] 尹弘飚，李子健．再论课程实施取向 [J]．北京：高等教育研究．2005 (1).

[42] 马云鹏．课程与教学论 [M]．北京：中央广播电视大学出版社，2005.

[43] 车伟艳．教师课程决策：教师专业发展的内在机理 [J]．厦门：集美大学学报，2011 (2).

[44] [新加坡] 陈允成，[美] 理查德．e. 帕森斯 [M]．何洁，等译．上海：世纪出版集团，上海人民出版社，2007.

[45] 林崇德，申继亮，辛涛．教师素质的构成及其培养途径 [J]．北京：中国教育学刊，1996 (6).

[46] 钟启泉，崔允漷，张华．基础教育课程改革纲要（试行）解读 [M]．上海：华东师范大学出版社，2001.4.

[47] 刘德华.小学科学课程与教学 [M].北京：中国人民大学出版社，2009.

[48] 钟媚,高凌飚.西方小学科学课程发展的历史回顾与展望 [J].北京:比较教育研究，2007(6).

[49] 叶立群.日本的教育改革（一）[J].北京：课程·教材·教法，1994(7).

[50] 中华人民共和国教育部.全日制义务教育科学 (3—6 年级）课程标准（实验稿）[M].北京:北京师范大学出版社，2007.3.

（二）期刊论文

[1] 李臣之.课程实施:意义与本质 [J].北京：课程·教材·教法，2001(9).

[2] 贾海菊.课程实施的价值取向研究 [J].贵阳:贵州教育学院学报，2008(5).

[3] 陈桂生."课程"辨 [J].北京:课程·教材·教法,1994(11).

[4] 汪霞.课程实施:一个值得关注的问题 [J].北京：教育科学研究，2003(3).

[5] 尹弘飚,李子健.再论课程实施取向 [J].北京：高等教育研究.2005(1).

[6] 王成云.课程实施策略的比较研究 [J].吉林:松江学刊（人文社会科学版），2011(2).

[7] 彭虹斌,程红.课程实施的特点及必要条件分析 [J].广州：广州广播大学学报，2003(7).

[8] 车伟艳.教师课程决策:教师专业发展的内在机理 [J].厦门:集美大学学报，2011(2).

[9] 陈木兰,何冰,郑民.农村小学科学课程实施现状及其改进措施 [J].安庆:安庆师范学院学报（社会科学版），2011(2).

[10] 刘景光.配备专职科学教师是开齐开好科学课程最基本的保证 —— 小学科学教育现状的调查报告 [J].福州：福建教育学院学报，2011(2).

[11] 胡卫平.小学科学新课程实施现状的调查与思考 [J].太原：教育

理论与实践，2007(3).

[12] 蔡万玲. 新疆小学科学课程实施的现状与对策研究 [J]. 重庆：重庆文理学院学报，2009(12).

[13] 贾海菊. 课程实施的价值取向研究 [J]. 贵阳：贵州教育学院学报，2008(5).

[14] 李玉芳. 韩国中小学科学教育经验及启示 [J]. 太原：教学与管理，2011(7).

[15] 邢和祥. 课程实施影响因素：一种分析的框架 [J]. 济南：当代教育科学，2010(18).

[16] 史晖. 课程实施落差的表现、成因和消解 [J]. 北京：中国教育学刊，2010(4).

[17] 刘丽群. 课程实施过程中的变异及其原因分析 [J]. 天津：天津市教科院学报，2005(6).

[18] 郑振勤. 初中科学教育课程实施策略的抉择 [J]. 石家庄：教育实践与研究，2005(10).

[19] 唐芬芬. 教师的课程实施取向及影响因素探析 [J]. 桂林：广西师范大学学报，2002(s1).

[20] 谢翌，马云鹏. 关于课程实施几个问题的思考 [J]. 上海：全球教育展望，2004(4).

[21] 叶丽新. "课程实施"的三维理解 [J]. 广州：现代教育论丛，2000(6).

[22] 姜荣华，马云鹏. 关注为本采纳模式：课程实施程度评价的一种工具 [J]. 上海：教育发展研究，2008(5-6).

[23] 林淑媛. 对新课改中课程实施问题的反思 [J]. 广州：教育导刊，2006(12-1).

[24] 王守纪. 教师的课程理解对课程实施的影响 [J]. 太原：教学与管理，2002(2).

[25] 于海波. 教师课程实施能力研究 [J]. 济南：当代教育科学，2011(12).

[26] 刘云生，张鸿. 课程实施：整合与优化 [J]. 北京：中国教育学刊，2003(3).

[27] 王路路. 标准化实验室, 科学家的摇篮——小学科学试验室标准化管理与使用 [J]. 北京:中国现代教育装备, 2010(10).

[28] 宋丙莹, 刘欲伟.《摆》的教学案例集反思 [J]. 北京:希望月报, 2007(9).

[29] 田守春, 郭元婕. 中小学科学学习环境问题分析与建议 [J]. 北京:中国教育学刊, 2009(11).

[30] 王刚. 中西方小学科学教师培养策略比较 [J]. 太原:教学与管理, 2009(6).

[31] 胡胜平, 干文婷. 中美小学科学教师专业化培养与之比较 [J]. 重庆:科学教育, 2009(4).

[32] 孙晋杰. 增效减负的思考与实践 [J]. 重庆:科学教育, 2009(4).

[33] 沈敏. 中国近代小学科学教材的发端和变迁 [J]. 武汉:华中师范大学学报, 2010(3).

[34] 陈学辉. 找回属于儿童的科学课 [J]. 北京:人民教育, 2005(3-4).

[35] 李进起. 怎样理解小学科学教材 [J]. 石家庄:教育实践与研究, 2009(12-A).

[36] 忠学. 一门重要学科的尴尬处境 [J]. 北京:中国教育学刊, 2006(10).

[37] 谢小立. 要警惕小学科学教育的过度学术化倾向 [J]. 北京:中国教育学刊, 2005(12).

[38] 丁邦平. 国际小学科学教育的发展趋势——兼谈我国小学自然科学课的若干问题 [J]. 武汉:教育研究与实验, 1998(3).

[39] 李万涛. 新加坡小学科学教育给我们的启示 [J]. 北京:中国教育学刊, 2006(10 上).

[40] 顾凡凡. 小学生科学实验能力薄弱的原因及对策 [J]. 太原:教学与管理, 2010(11).

[41] 胡卫平, 韩琴, 刘建伟. 小学科学新课程实施现状的调查与思考 [J]. 太原:教育理论与实践, 2007(3).

[42] 马春华. 小学科学探究活动低效现象分析及其对策 [J]. 上海:教育科研论坛, 2011(1).

[43] 王俊卿. 小学科学课中实验仪器的使用 [J]. 北京：中国现代教育装备，2012(4).

[44] 蔡海军，谢强. 小学科学课程资源的开发与利用 [J]. 长沙：湖南第一师范学院学报，2012(6).

[45] 忠媚，高凌飚. 小学科学课程改革中的问题与分析 [J]. 北京：课程·教材·教法，2007(6).

[46] 邓祥俊. 小学科学多元评价的内容与方法 [J]. 北京：中国教育学刊，2005(9 上).

[47] 李玲. 小学科学教师专业化现状及对策研究 [J]. 淄博：淄博师专学报，2011(3).

[48] 刘美娟，刘美凤，吕巾娇. 我国小学科学教师专业素质现状调查 [J]. 秦皇岛：教学研究，2010(3).

[49] 赵彦美. 论小学科学课程有效教学策略 [J]. 咸阳：咸阳师范学院学报，2012(4).

[50] 杨承莉. 科学课堂教学低效问题及其对策探讨 [J]. 西南农业大学学报，2012(9).

[51] 赵彦美. 论小学科学课程有效教学策略 [J]. 咸阳：咸阳师范学院学报，2012(4).

[52] 钟媚，高凌飚. 西方小学科学课程发展的历史回顾与展望 [J]. 北京：比较教育研究，2007(6).

[53] 赵彦美. 论小学科学课程有效教学策略 [J]. 咸阳：咸阳师范学院学报，2012(4).

[54] 李玉芳. 韩国中小学科学教育经验及启示 [J]. 太原：教学与管理，2011(7).

[55] 丁春林. 改进科学教育方法提升学生科学素养 [J]. 北京：中国教育技术装备，2012(9 上).

[56] 李迎春. 对《小学科学课程标准》学习的几点思考 [J]. 兰州：甘肃教育学院学报，2001(17).

[57] 吴建国. 当前农村小学科学教学存在问题及解决策略 [J]. 上海：教育科研论坛，2010(9).

[58] 董静，马云鹏. 课程实施的实践困境与出路 [J]. 呼和浩特：内蒙

古师范大学学报，2009(4).

[59] 崔允漷. 课程实施的新取向:基于课程标准的教学 [J]. 北京:教育研究，2009(1).

[60] 杨明全. 课程实施的学理分析:内涵、本质与取向 [J]. 上海:全球教育展望，2001(1).

[61] 刘丽群. 课程实施过程中的变异及其原因分析 [J]. 天津:天津市教科院学报，2005(3).

[62] 鲍银霞. 课程实施及其影响因素分析 [J]. 广州:广东轻工职业技术学院学报，2007(4).

[63] 卢立涛. 课程实施及其影响因素分析 [J]. 哈尔滨:继续教育研究，2008(8).

[64] 史晖. 课程实施落差的表现、成因及其消解 [J]. 北京:中国教育学刊，2010(4).

[65] 孟凡丽，于海波. 课程实施研究:历程、问题与走向 [J]. 宁波:宁波大学学报，2002(6).

[66] 李子建."课程改革中的障碍、风险与其未来发展的空间"笔谈 [J]. 长沙:湖南大学学报，2005(7).

[67] 孟凡丽，于海波. 课程实施研究二十年 [J]. 兰州:西北师大学报，2003(3).

[68] 霍翠芳. 课程实施研究理论综述 [J]. 太原:山西科技，2007(3).

[69] 黄小莲. 课程实施研究谱系 [J]. 上海:教育发展研究，2011(8).

[70] 卢立涛. 课程实施及其影响因素分析 [J]. 哈尔滨:继续教育研究，2008(8).

[71] 邢和祥. 课程实施影响因素:一种分析的框架 [J]. 济南:当代教育科学，2010(18).

[72] 陈华聪. 课程实施中的教师改变 [J]. 遵义:遵义师范学院学报，2007(8).

[73] 宋晔，李华. 课程实施中教师的困惑于愿景 [J]. 长沙:当代教育论坛，2008(9).

[74] 郑志辉，刘祖勤. 课程实施主体探究 [J]. 内蒙古:内蒙古师范大学学报，2009(1).

[75] 张香兰. 略论新课程实施的教学理念 [J]. 北京：学科教育，2003(6).

[76] 范兆雄. 论教师课程实施观念与行为变革 [J]. 兰州：西北师大学报，2005(11).

[77] 翟艳. 论教师文化对课程实施的影响 [J]. 长春：现代中小学教育，2004(6).

[78] 靳玉乐，董小平. 论学校课程的规划与实施 [J]. 重庆：西南大学学报，2007(9).

[79] 潘洪建，王洲林. 论课程实施中的七大关系 [J]. 太原：教育理论与实践，2007(27).

[80] 袁志芬. 农村新课程实施：现状、影响因素及改进策略 [J]. 广州：教育导刊，2005(12 上).

[81] 解月光，马云鹏. 普通高中技术课程实施的问题与对策 [J]. 北京：教育研究，2008(2).

[82] 姜勇. 实践取向的课程实施刍议 [J]. 北京：比较教育研究，2002(6).

[83] 夏雪梅. 四十年来西方教师课程实施程度研究的回顾与评论 [J]. 上海：全球教育展望，2010(1).

[84] 林崇德，申继亮，辛涛. 教师素质的构成及其培养途径 [J]. 北京：中国教育学刊，1996(6).

[85] 叶立群. 日本的教育改革（一）[J]. 北京：课程·教材·教法，1994(7).

（三）学位论文

[1] 谢月光. 普通高中技术课程实施个案研究——学校水平的特征和归因 [D]:[博士学问论文]. 长春：东北师范大学，2007.

[2] 蒋永贵. 初中科学新课程实施现状影响因素及环境研究 [D]. [博士学问论文]. 上海：上海师范大学，2008.

[3] 郝琦蕾. 初中综合科学课程的实施——基于两个地区、两种模式的

调查研究 [D].［博士学问论文］. 兰州：西北师范大学，2009.

二、外文文献

[1] Patton.M.Qualitative Evaluation and Research Methods [M]. London : Sage, 1990, 53-54.

[2] GoodLlad J I. The Scope of Curriculum Field. In:Goodlad J I et al, Curriculum Inquary : The Study of Curriculum Practice. New York : McGraw-Hill, 1979.

[3] Fullan M. and pomfret, A.(1977). Research on curriculum and instruction implementation. Review of Educational Research. 47(1) : 335-397.

[4] SnyderJB,Zumwalt K. Curriculum Implementation. In : Iackson P W, ed. Handbook of Research on curriculum. New York : Macmillan Publishing Company, 1992. Charpt15. pp. 404-418 .

[5] SnyderJB, Zumwalt K. Curriculum Implementation. In : Iackson P W, ed. Handbook of Research on curriculum. New York : Macmillan Publishing Company, 1992. Charpt15. pp. 412.

[6] CarsonR.B., Friesen. J.W. Teaccherparticipation : ASecondLook [M]. Washington. D.C : University Press of American. Inc, 1978.

[7] Peterson, P.L.&Clark, C.M. Teachers Reports Rof their cognitive processes during teaching.[J]. American Educational Research Journal, 1978(15).

[8] Shulman, L. (1987). Knowledge and teaching : Foundation of the new reform. Harward Educational Review, 57, 1-22.

[9] Elbaz, F. L. (1983). Teaching thinking:a study of practical knowledge. Londou : Croom Helm.

[10] ClandininD.J. , &Connelly, F. M. (1995). Teachers, professionalknowl edgelandscapes. New York : Teacher College Press.

[11] Pajares, M.F,Teachers beliefs and educational research : clearing up a messry construst[J]. Review of Educational research, 1992, 62 (3).

[12] Kagan, D.M., Implications of Research on teacher belief, Review of Educational Psychologist, 1992,27, pp65-90.

[13] Borg. M. ,Teachers Beliefs[J],ELT Journal. 2001, 55 (2).

[14] Kagan, D.M(1995). Resrarch on teacher cognition. In A.C. Ornstein . Teaching: Theory into Practice. Bsoston:Allyn and Bacon.

[15] Woods, D (1996) . Teacher Cognition in language Teaching. New York: Cambridge University Press, p. 196.

[16] Hargreaves A. Culutures of teaching:A focus for changes [C] // Hargreaves A, FullanM G. Understanding teaching development, Cassell, 1992.

[17] Stake, R.E.(1995). The Art of Case Study Research. Thousand Oaks: SAGE Publications.

[18] Stake,R. E. The Art of case study Research [M]. Thousand Oads: Sage Publecations, 1995. 4.

[19] Patton,M. Q qualitative Evaluation and Research Methods [M]. London: Sage, 1990, 169.

附录一 教师访谈提纲

小学科学课程实施——教师访谈提纲（一）

所调查学校：＿＿＿＿＿＿＿

访谈对象：＿＿＿＿＿＿＿

访谈时间：＿＿＿＿＿＿＿

访谈地点：＿＿＿＿＿＿＿

访谈人：＿＿＿＿＿＿＿＿

（一）对课程地位、作用等的认识和看法

1.谈谈您心目中的小学科学课？

2.您对小学科学课未来发展有什么看法？

3.您对科学课程的独特性是怎么看的？

4.小学科学课程实施以来最大的变化是什么？原因是什么？

5.您对小学科学教师自己开发课程资源怎么看？

（二）对课程资源的认识和看法

1.对文件课程（课程标准、课程方案等）的感受和看法？

2.对所用教材的感受和看法？

3.对其他课程资源的看法？

4.对小学科学教师队伍有什么样的看法？

（三）对学生学习小学科学课程时的看法？

1.在小学科学课程学习中，学生的表现如何？

2.学生在上小学科学课时形成目前状态的原因？

3. 谈谈您对学生目前学习状态改善的建议？

（四）关于小学科学教师目前教学状态的感受

1.您对自己成为一名小学科学教师怎么看,感受怎么样？

2.谈谈您在进行小学科学教学时的体会？

3.小学科学教师在小学科学课教研方面表现如何？

4.谈谈您对目前小学科学教师队伍状态的看法？未来我们可以采取什么样的方法改善这种情形？

（五）关于小学科学课一些热点问题的观点

1.您对当前小学科学课的评价方法有什么认识？

2.您认为本地的经济情况对小学科学课程实施有什么影响？

3.您是如何看待本地的地域文化特点的？这种地域文化特点对小学科学课程实施的影响您有什么看法？

小学科学课程实施教师访谈提纲二

所调查学校：_____

访谈对象：_____

访谈时间：_____

访谈地点：_____

访谈人：_____

一、个人基本情况

第一类:开放式问题

1. 谈一谈对小学教育和科学学科教学的总体认识。

2. 从事小学教育（科学教学）的一般感受。

第二类:半结构式问题

1. 谈一谈备课的一般形式和方法。

2. 你的科学教学计划和科学教案中一共都包括哪些内容？

3. 一般来说,每节课的基本结构和时间分配是什么样的？

4. 你怎么样管理班级？

5. 你用什么方法评估学生的学习？

6. 在平时的教学中你都采用哪些教学方法？哪种方法你用得最多？

7. 在制订教学计划或教案时，你会考虑哪些因素？

8. 你认为教师在科学教学中起什么作用？

9. 你认为学生学习完科学课后应该掌握一些什么？

10. 你认为影响学生达到科学课的教学目标的主要因素是什么？

11. 你是如何看待探究在小学科学课中的作用的？

12. 学生在学习科学时是否有明显的差异，你在教学中是如何处理的？

13. 科学课的哪些内容是学生比较难以掌握的？

14. 你对现在使用的小学科学教材有什么想法？

15. 你能说一说教学参考中规定的小学科学教学目标和内容吗？

16. 教学参考在知识和技能方面有哪些不同层次的要求？

17. 你在科学教学中，可以用的资料和材料有哪些？

18. 你感到小学科学课，还需要一些材料和设备吗？如果是，需要什么？

19. 你是否知道你的同事对科学教学的一些想法？

20. 你知道其他同事一般怎么样教学吗？

21. 你过去经历的哪些事情对你的教学最有影响？

22. 有没有一些教学理论、方法或经验对你的科学教学产生很大的影响？

23. 你在教学中是否模仿、参考了一些人的教学经验？

24. 是否有机会和同事一起研究小学科学教学问题？

25. 是否有机会了解其他所学校教师的教学经验？

26. 家长对学生的态度和对教学的期望如何？

第三类：结构式问题

1. 你现在的学历，哪所学校毕业，进修过什么课程？

2. 什么时候开始小学教育工作？

3. 你同时还教过哪些学科？

4. 什么时候开始教科学，曾教过哪些年级？

5. 什么时候来到这所学校？

6. 每周用在小学科学教学上的时间大致是多少？（包括备课、上课、批改、辅导等）

附录二 教学主任访谈提纲

小学科学教学主任访谈提纲

所调查学校：_____

访谈对象：_____

访谈时间：_____

访谈地点：_____

访谈人：_____

一、个人基本情况

1.性别、年龄、教龄；2.专业。

问题：

（一）对课程地位、作用等的认识和看法

1.谈谈您心目中的小学科学课。

2.您对小学科学课程未来发展有什么建议？

3.您对科学课程的独特性怎么看？

4.小学科学课程改革以来，最大的变化是什么？原因是什么？

（二）对课程资源的认识和看法

1.对文件课程（课程标准、课程方案等）的感受和看法。

2.对所用教材的感受和看法。

3.对其他课程资源的看法。

4.对小学科学教师队伍有什么样的看法？

（三）对学生学习小学科学课程的看法

1.在小学科学课程学习中,学生的表现如何?

2.学生在上小学科学课时形成目前状态的原因。

3.谈谈您对学生目前学习状态改善的建议。

（四）关于小学科学教师目前教学状态的感受

1.谈谈您对目前小学科学教师教学状态的体会。

2.小学科学教师在小学科学课教研方面表现如何?

3.谈谈您对目前小学科学教师队伍状态的看法。未来我们可以采取什么样的方法改善这种情形?

（五）关于小学科学课一些热点问题的观点

1.您对当前小学科学课的评价方法有什么认识?

2.您认为本地的经济情况对小学科学课程实施的影响有哪些?

3.您是如何看待本地的地域文化特点的,这种地域文化特点对小学科学课程实施的影响有哪些?

附录三　校长访谈提纲

小学科学课程实施校长访谈提纲

所调查学校：_____

访谈对象：_____

访谈时间：_____

访谈地点：_____

访谈人：_____

一、个人基本情况

1.性别、年龄、教龄；

2.专业。

问题：

（一）对课程地位、作用等的认识和看法

1. 谈谈您心目中的小学科学课？

2. 您对小学科学课程未来发展有什么建议？

3. 您对科学课程的独特性怎么看？

4. 小学科学课程改革以来，最大的变化是什么？原因是什么？

（二）关于课程资源的认识和看法

1.对文件课程（课程标准、课程方案等）的感受和看法。

2.对所用教材的感受和看法。

3.对其他课程资源的看法。

4.对小学科学教师队伍有什么样的看法？

（三）对学生学习小学科学课程的看法

1.在小学科学课程学习中,学生的表现如何?

2.学生在上小学科学课时形成目前状态的原因。

3.谈谈您对学生目前学习状态改善的建议。

（四）关于小学科学教师目前教学状态的感受

1.谈谈您对目前小学科学教师教学状态的体会。

2.小学科学教师在小学科学课教研方面表现如何?

3.谈谈您对目前小学科学教师队伍状态的看法? 未来我们可以采取什么样的方法改善这种情形?

（五）关于小学科学课一些热点问题的观点

1.您对当前小学科学课的评价方法有什么认识?

2.您认为本地的经济情况对小学科学课程实施的影响有哪些?

3.您是如何看待本地的地域文化特点的,这种地域文化特点对小学科学课程实施的影响有哪些?

附录四　教研员访谈提纲

小学科学课程实施——教研员访谈提纲

（一）对课程地位、作用等的认识和看法

1. 谈谈您心目中的小学科学课？

2. 您对小学科学课程未来发展有什么建议？

3. 您对科学课程的独特性怎么看？

（二）关于课程资源的认识和看法

1.对文件课程（课程标准、课程方案等）的感受和看法。

2.对所用教材的感受和看法。

3.对其他课程资源的看法。

4.对小学科学教师队伍有什么样的看法？

（三）对学生学习小学科学课程的看法

1.在小学科学课程学习中，学生的表现如何？

2.学生在上小学科学课时形成目前状态的原因。

3.谈谈您对学生目前学习状态改善的建议。

（四）关于小学科学教师目前教学状态的感受

1.谈谈您对目前小学科学教师教学状态的体会。

2.小学科学教师在小学科学课教研方面表现如何？

3.谈谈您对目前小学科学教师队伍状态的看法。未来我们可以采取什么样的方法改善这种情形？

（五）关于小学科学课一些热点问题的观点

1.您对当前小学科学课的评价方法有什么认识？

2.您认为本地的经济情况对小学科学课程实施的影响有哪些？

3.您是如何看待本地的地域文化特点的,这种地域文化特点对小学科学课程实施的影响有哪些？

附录五 教师课堂教学观察表

教师课堂教学观察表

学校 _____ 教师 _____ 课名 _____ 年级 _____

教学环节	教学活动	教学内容	教学方法	教学目标	对学生评价	教学时间
环节一						
环节二						
……						

附录六　课外观察项目情况表

课外观察项目情况表

学校 _____　教师 _____　课名 _____　年级 _____

观察项目	基本情况描述
教室环境	
教学设备	
实验室情况	
课堂气氛	
教师备课	
教师交流	
学术活动	
其他	

附录七　部分学校研究日志

2013 年 5 月 2 日　　　　　　　　　　　　　　　　　晴

今天上午第一次来到 SS 小学是为了学生的实习事宜与学校的沟通。因为今天是 SS 小学五一三天假期结束后的第一天上课,校长说我今天可以来找她。第一次真正地看到 SS 小学的校园,觉得校园的环境挺好的,面积也很大,给人一种辽阔的感觉。门房大爷在我进入校园前把电话打给了 SSX1 校长,得知我是师大学生实习的带队老师后,允许我进入了校园。门房大爷告诉我 SSX1 在四楼教务处,我走进教学楼沿着一楼的楼梯上到四楼,很容易找到了 SSX1。SSX1 很热情地接待了我,我们交流的大部分内容还是本次大学生实习的内容,在聊学生实习的情况时,SSX1 简单给我介绍了 SS 小学的情况。我通过 SSX1 的介绍简单地了解了 SS 小学的情况:建校五年,教师的师资整体水平不高,有很多老师都是以前民办转正过来的,学历不是很高,但是这所学校的教师工资很高,SSX1 很自豪地说在这所学校里小学中级就可以拿到七八千左右。我借机向 SSX1 了解一下这所学校小学科学课教学的情况。SSX1 说这所学校的科学课都是数学教师兼任。这所学校一共有三十多位兼职教科学的教师,这三十多位教师大多都不知道怎么教科学课。SSX1 热情地向我介绍了 SSJZ1,SSJZ1 是数学教研主任,同时他也负责科学课的事情。我又向 SSJZ1 说了一下自己的论文选题以及想了解一下学校小学科学课程实施的情况。SSFZ1 很爽快地同意了我的请求,也许是实习带队教师的身份让我很容易征得了这些守门人的同意。(顺利进入研究现场)

2013 年 5 月 6 日　　　　　　　　　　　　　晴

　　今天是实习生到学校报到的日子,我七点二十出发带领三十三名同学一起开往了 SS 小学,大概八点钟已经到达了学校的大门口。今天早上趁着周一学生升国旗的机会,该小学安排了和实习生的简单的见面会。见面会后三十三位同学都来到了教务处,在教务处,所有的实习生都很快被安排跟着指导教师去实习了。今天安排实习生工作的还有一位 SSJZ2。等到所有的学生都被安排妥当之后,我终于有机会和 SSJZ2 他们再次谈到我做论文的事情,SSJZ2 听说我要听他们学校的小学科学课,向我介绍了管科学课的主任三楼的 SST3。SSJZ2 亲自给 SST3 打了电话,说 SST3 就在三楼,让我有什么事情去三楼找 SST3。我在 SSJZ2 的指引下来到了三楼,见到了 SST3。SST3 说他手里有一些教师的录像课,可以给我。我让 SST3 帮我引见一些老师,让我能够听听老师们的课, SST3 面露难色,提议我最好去找教务处。可见要真正地听科学课,在这所学校还真是一件很难的事情。看来想要真正地走进老师我还得多努力啊! (老师们不太欢迎听科学课)

2013 年 5 月 10 日　　　　　　　　　　　　晴

　　虽然这所学校的小学科学兼职教师都不愿意接受我的访谈,但是我想这最根本的原因有两个。一是老师们对于我的研究有防备心理。二是他们对小学科学课大多是应付状态,没有上课的热情。这一点从我们实习生的听课状态就能够看出来。大多数教科学的老师,一见到我们实习生来到学校,许多教师便把上课的任务都教给了实习生来上。(不愿意教科学课的情绪)

2013 年 5 月 10 日　　　　　　晴　　　　　　上午八点半

　　在周二调研盲目的情况下,周三我重新设计了访谈提纲,确定了访谈对象,然后计划逐步放松老师的戒备心理,融入老师的生活中,收集到我想要的资料。今天是周五,我早早来到四年级办公室,向 SST3 要了上回他要给我的录像课的资料,并且约好了待会访谈一下 SST3,SST3 说他还有一点数学作业需要批,他说十点二十可以接受我的访谈。我们约好了十点二十我在五楼的会议室见面。(重新设计计划)

2013 年 5 月 10 日　　　　　　　晴　　　　　上午十点半

　　我提前来五楼会议室等 SST3，我早早地提前拿出了访谈提纲，SST3 也在差不多快十点半的时候应约来到了五楼会议室。一开始我们先寒暄了几句，接着我说明了我的访谈意图。SST3 接着问我这访谈记录以后写论文时会不会以真名字出现，我赶忙说明了这些资料只是用作研究之用，不会对他个人以及学校造成任何的影响。这似乎打消了 SST3 的顾虑，SST3 跟我说起了他们学校小学科学课程实施的情况，总体时间大概有一个半小时的样子，并且我们约好了下周五听刘老师的一节课，SST3 还为我访谈别的老师可能遇到的问题，出了很多主意。我从内心里非常感谢 SST3，他让我第一次对教师的访谈变得很顺利。（研究开始获得部分教师支持）

2013 年 5 月 10 日　　　　　　　　　　　　　　11 点半

　　我访谈结束之后，来到了四楼的教务处，想和 SSX1 约好访谈时间的，但是看到 SSX1 正在和一位老师谈话，我就又来到了三楼的四年级数学办公室。正好我们的实习生上完课回来，他们问我上午做了什么，我说访谈 SST3 了。由于我们的实习生已经和这些老师生活在一起几天了，我问其他老师的性格是什么样子的，这些学生凭着他们这几天对这些老师的了解，认为四年级的数学老师都比较好说话。这更坚定了我以这些老师为对象进行研究的想法。我与每次见到我都特别热情的 SST3 打了招呼，同时也了解到 SST3 教科学课一年多了，SST3 也表示非常愿意接受我的访谈。（和教师逐渐熟悉起来）

2013 年 5 月 10 日　　　　　　　晴　　　　　上午十点半

　　我从对 SST3 老师的访谈中，知道了该学校科学课教学的整体情况。该学校是四年级数学组教师教五年级的科学课，三年级的语文老师教四年级的科学课，五年级的数学老师教三年级的科学课，六年级的科学课老师自己带。SST3 说学校这样安排各年级交叉带科学课，是为了保证科学课的正常进行，一般一个班一周有两节科学课。如果让每个年级的老师都带本年级的科学课的话，那么他们就把科学课的课时占用了。SST3 跟我说这所学校能保证科学课正常上，"开齐"已经算是很不容易的了。这所学校在郊区学校里算是做得很好的了，有些学校的科学课根本就不开。SST3 说的这种情况还是让我很吃惊，在我们日益重视学生科学素养培养的今天，没想到这些国家课程

的实施在下面的执行竟是如此这般。这究竟是什么原因引起的呢？这是我下一步要探究的问题。（科学课"开齐"已经是不容易了）

2013 年 5 月 13 日　　　　　星期一　　　　　晴

上一周大概知道了 SS 小学科学课开设的大致情况，并且访谈了 SST3 在该校从事小学科学课教学的情况。这个周一早早地来到了 SS 小学，我想只有每天和这些老师上下班都在一起，真正地融入老师们的生活，才能真正地了解这所小学老师们上课的真实状况。所以今天早上七点多就来到了四年级办公室。虽然作为实习教师我被安排在了五楼会议室休息办公，但是我觉得这样脱离了了解老师们生活的机会，所以就和学生一起在四年级办公室办公，这样也有充分的机会和时间和老师们接触。坐在我旁边的老师，是 SST5，她快五十岁了，教五年七班的科学课。听别的老师说，SST5 无论是从备课还是讲课来说，都是一位非常认真的老师，从和 SST5 的闲聊中我知道 SST5 是来到这个学校第一年教科学课，之前她一直教数学课。这个办公室兼职教科学的七位老师都是我重点想访谈和听课的对象。所以我也一直也想访谈一下 SST5。我问了一下 SST5 这周是否有科学课，SST5 告诉我这周三上午要给五年七班上《我的水钟》。我跟 SST5 表达了我想去听课的打算，SST5 直摇头。她说每次上科学课我都会被学生给气死，建议我别去听她的课，听课也是浪费时间。她说我们都是跨年级教学生科学课，管不了班级里的孩子，上课的时候特别乱。SST5 经常是备好课后，到班级里被孩子气得课都上不下去了。她认为班级里的孩子乱是不值得我听课的原因，可是我却非常好奇 SST5 班级的科学课的状态究竟是什么样子的，这是我上午和 SST5 老师的谈话。下午的时候我和 SST5 聊起了家常，我知道了我和她住在一个小区里，这又暗暗拉近了我和 SST5 之间的关系。（上科学课时，教师对学生的"乱"很头疼）

2013 年 5 月 13 日　　　　　星期一　　　　　晴

坐在我左手旁边的老师是 SST8，SST8 和 SST3 是同学，中师毕业，也是后来进修的本科。已经带课十五年了。在年级组总是看到 SST8 老师在批改数学作业，看数学教参等。从 SST8 对进来学生的态度上，我能感觉到 SST8 是一位性格非常开朗的男老师。对很多事情，SST8 有自己独到的看法，我想听一节 SST8 的科学课，SST8 非常爽快地答应了，说下午第一节他上科学课，我赶忙问 SST8 讲课的内容，SST8 告诉我他还没确定讲哪一课，我说讲科学课不是跟着教学进度走就行了吗？SST8 笑了，说学校的科学课是想讲哪里就讲哪里。我问 SST8 那要讲不完咋办，SST8 说那没有关系。我和 SST8 是上午十点多钟确定的听课。快十一点时，SST8 批改了点数学作业，拿起了五年级下册的科学课本看了看，告诉我下午他想讲《金属的热胀冷缩》这一课，简单看了看教材，SST8 就去实验室拿出了酒精灯、铜球等实验仪器，提前准备着给学生的演示实验要用的实验器材。我们还一起商量了怎么样能够在铁架台下用酒精灯的外焰给酒精灯加热。SST8 想了想就去拿了几块橡皮把酒精灯给垫了一下，这下总是能用酒精灯的外焰给铜球加热了。SST8 提前演示了一下这个实验，最后看实验用品差不多准备好的时候，SST8 才又去干别的事情。不知道 SST8 平时都是这么认真还是这次是由于我听课才这么认真的，相对来说我感觉 SST8 对科学课教学还是比较用心的。下午一点10 分，我和实习生们准备一起去听 SST8 的课，SST8 先出去了一会，回来后，SST8 告诉我这节课上不了了，这节课又被班主任老师占了。不知 SST8 是一种什么样的心情，我有点失落，有一种即将上战场又被告知不用去的感觉。为了能够弥补这次没听 SST8 课的遗憾，我和他约定去五楼会议室进行访谈。（科学课又被占了）

2013 年 5 月 14 日 　　　　　　晴　　　　　星期二

今天早上也是早早来到了学校，听了实习生的两节课后，来到了四年办公室，正好碰见 SST3 在指导 SST4 上科学课，在讨论科学课的教学设计与思路。SST4 在认真地听着 SST3 的上课思路，那种认真程度好像他是 SST3 的是指导教师一样。我也坐在旁边听了起来。好像 SST4 第三节课讲的也是金属的热胀冷缩。SST4 要给五年一班讲。我赶忙详细看了教材和教参，和实习生来听一节 SST4 上的科学课，金属的热胀冷缩。课堂实录我已经录下来了。总的来说，SST4 这节课讲得比较流畅，学生出乎意料地活泼。我去听课时，一位男同学非常热情地示意我坐在他的身旁，为了不伤害孩子的热情，我坐到了这个小男孩身边。上完课后我问小男孩喜欢这个课吗，孩子说非常喜欢。

2013 年 5 月 14 日 　　　　　晴 　　　　　上午

上课时，一位学生问血管可以热胀冷缩吗？老师说这不属于我们这节课的研究范围。

这个对我印象比较深。（对学生提问的回应）

2013 年 5 月 14 日 　　　　　晴 　　　　　上午 12：00

下课后，SST4 意犹未尽，大家都觉得她这节课讲得比较成功。SST4 也向我问了上课时学生问的问题，她说一听到学生那么问她，她就觉得有点蒙，不知道该怎么引导学生。我告诉她在课堂中学生问的问题有我们所不知道的很正常，要学会保护孩子的好奇心。我问了 SST4 备课的时间，她说她花在这节课上的时间不多。她认为这节课大多都是按照她的教学设计进行的。回头找时间我得访谈一下她。

2013 年 5 月 14 日 　　　　　晴 　　　　　下午一点多

由于两天来和 SST2 老师熟悉了很多。大家也都告诉我 SST2 对待科学课挺认真的，经常上网查一些科学知识，SST2 笑着说："我啥也不知道，还不查。" SST2 由衷地对我说，上科学真是费劲，真应该专职的老师来上，这个课太花时间了，我们也根本没时间。（兼职教师上科学课难度大）

2013 年 5 月 14 日 　　　　　晴 　　　　　星期三

昨天得知 SST6 今天上午第四节课上科学课《我的水钟》这一课，早早地推掉了其他实习老师的听课任务，在办公室等着和 SST6 一起去五年七班上课。临到上课时，SST6 对我说："我的课，你还是别去听了，你去听了也白搭，学生根本就不听，每节课都气得我心脏突突的难受。""没关系，我和您一起去感受一下那个班乱的情况。"我开玩笑地说。SST6 说这节课本来计划讲《我的水钟》，但是由于早上走得急，自己做的水钟也没带来，学生做的水钟也没提前带来，她觉得我根本没必要听。听到 SST6 再三地不想让我去听这节课了。为了尊重 SST6 的决定，她的这一节课我没听。但是想到自己把所有的计划都推掉专门来听 SST6 的课，结果这课却没听成，心里还是有一些微微不舒服。中午十二点多钟，SST6 上课回来了，我问 SST6 课上怎么样，SST6 说："太乱了，太乱了，这帮学生太难管理了。"后来 SST6 又说这可能和她自己也

有关系,如果她讲的这课特别好的话,也不至于这样子。(学生太难管理)

2013 年 5 月 15 日　　　　　　　　　　　　　　晴

SST5 是这个办公室里的一位年经教师,虽然比较年轻,可是看起来做事情却非常干净利落。她教数学课,同时也教着五年级一个班的科学。我对她产生好感是因为一个女生的家庭作业没做好,她亲自在办公室打电话给家长,要求这个家长对孩子上点心。因此,SST5 给我留下了对学生非常负责的印象。学校周五有学访活动,抽了 SST5 出来做一节数学课,可见 SST5 还是一位在学校颇受重视的老师。一上午 SST5 都在准备着她即将要讲的数学课,下午第一节是 SST5 负责的五年级一个班的科学课,快上课了,就听见 SST5 在说:谁能帮我带一节科学课呢?如果有谁能替我上科学课,那我就太开心了"。"每天能不上科学课,是我人生最幸福的事情。"这个教研组没有老师(包括实习生)有时间去替 SST5 上科学课。突然,SST5 接到一个电话,能不能占一下这一节科学课。"SST5 放下电话,显得特别高兴。"太好了,太好了,科学课终于送人了。"SST5 好像自己这节课解脱了一样。"我又没备课,又不想上科学课,怎么上。"(教师备课不认真)

2013 年 5 月 15 日　　　　　　　　晴　　　　　中午十二点

SST2 好像今天下午还有一节科学课,我看见 SST2 中午的时候拿着一本科学教材在看,看完教材又看的教参。后来又找了几个做单摆实验的仪器。SST2 好像要上《单摆的运动》这一节课。SST2 看来是相对备课比较认真的老师了。(只有少数教师备课认真)

2013 年 5 月 15 日　　　　　　　　晴　　　　　上午九点

上午没事,就来到五年级组办公室。因为五年级数学组在教三年级的科学课,我想了解一下三年级的科学课情况。正好,我在这里碰见了昨天堵在我车外面的 SST1。原来 SST1 也教科学,因此我决定访谈一下 SST1。SST1 说课他已经上完了,他可以让我访谈一下。因此,我和 SST1 约好了访谈时间和地点,下午第二节课,五年级教室。

2012 年 5 月 15 日　　　　　　　晴　　　　　　下午两点

　　由于两点钟要对 SST1 进行访谈,因此一点四十分我就在 SST1 的办公室等她。SST1 很热情,说他一定如实告诉我。SST5 让我惊讶的是他的课早已经上完了,我对 SST1 的访谈时间是 40 分钟。(课为什么会早上完了)

2012 年 5 月 15 日　　　　　　　晴　　　　　　下午三点钟

　　和 SST3 聊起来,好多老师课已经上完了,SST3 说据他对别的老师的了解,好多科学课都是应付。坐在旁边的 SST6 说:"科学课,我什么也不知道,我只是跟学生读一读。"(上科学课,只是让学生读读)

2013 年 5 月 15 日　　　　　　　晴

　　这几天学校在迎接其他兄弟学校的校长的学访活动,学校整体出动,每个班都做了好多漂亮的班级墙的设计。同时学校这周不断地有教师做公开课。可是这些活动的课里面好像都没有科学课的影子。(学校对科学课并不重视)

2013 年 5 月 17 日　　　　　　　晴

　　这几天上午还是像往常一样来到了 SS 小学,所不同于往常的是 SS 小学的大门外早早已站了我们的实习生来迎接今天来校际互访的郊县校长们。听说学校为了这次学访还让学生为这些校长准备了节目。我和实习生们昨天中午还在德育室看了校队孩子们表演的《童心是小鸟》的节目。学校还为了这次活动特意安排了几个老师做课,各个教室的板报都在前几天做得非常漂亮。5 月 6 日来这所学校的时候,教室的走廊中的板报几乎没什么新意。短短十多天的时间,整个面貌焕然一新。当然这也离不开我们实习生的帮忙和设计。所有的这些准备活动都是为了今天的校长间的学访活动。这一切都表明了 SS 小学对这次兄弟学校来参观的重视。(学校对学访活动的重视)

2013 年 5 月 17 日　　　　　　　上午十点钟

　　可能是我最近老问老师们科学课教学的事情吧!四年级办公室的老师们好像也比以前重视这个课了,尤其是 SST3 和坐在我身旁的 SST8。SST8 下午有一节《金属的热胀冷缩》的课,所以我准备和 SST8 提前交流一下这节课的备课思路。SST8 说这节课的开始是先教孩子们学会操作酒精灯,因为如果不会操作酒精灯的话,学生做实验的安全性就得不到保证,掌握酒精灯的使用会便于学生以后的学习。在教学中主要想以演示实验为主,因为让学生做实验没法做,学生摸铜球不安全。(铜球加热一会就不能摸了)。SST8 认为钢条的热胀冷缩没办法讲,因为这个离学生的生活太远。水的热胀冷缩最后只是点到为止,SST8 认为有些东西在小学里没有必要详细讲,因为必须留给孩子们一点想象的空间。SST8 提到这里时想到小时候数学老师讲课没讲透,他还挺有兴趣的。(课前和教师的讨论)

2013 年 5 月 17 日　　　　　　下午第四节　　　　　三点四十分

　　SST8 的课大体如 SST8 设计的一样。这节课比 SST8 在实验室上的课稍微好了一些。课堂气氛刚开始还可以,但是 SST8 在上课时也不时地在维持纪律。SST8 在课前告诉我,这节课估计上半节,不一定能上完,我还不明白是什么意思。等到来到五四班上第四节课的科学课时,我终于明白了 SST8 的意思。SST8 的课上到大约 25 分钟时,四班的班主任老师推门而入,直接进入SST8 的课堂,对 SST8 说:"给我留十几分钟时间,我还要指导几位学生写作业。"SST8 说"好",但是 SST8 还在问着刚才的问题。四班的班主任老师已经等不及了,在 SST8 还没结束课时已经对学生布置起了作业。从一个旁观的听课者的身份来看,SST8 的课还正处在意犹未尽的阶段,可是这节课无论精彩与否,无论学生是否还想继续上下去,无论这节课备得有多好,被班主任老师无情地打断了。SST8 匆匆地结束了课,我们也听结束了这次听课。我还有幸拍到了一张班主任教师和 SST8 同在教室的照片,SST8 当时正在上课。(课上到一半,就被占了)

2013 年 5 月 17 日　　　晴　　　上午十一点　　　四年办公室

　　和 SST8 一起下楼回到了四年办公室,一路上 SST8 还意犹未尽地和实习生讲着这节课的内容。我回到办公室后就刚才班主任老师突然占少半节课的情况问 SST8 的感受。SST8 的回答出乎我的意料,SST8 说他并不在乎别的老师占课。他说他自己也很喜欢被别人占课,这样子自己可以轻松些,本来他也不怎么愿意上科学课。如果自己不乐意让班主任占也可以,但是可能次数多了,班主任就会把这种情况汇报给领导,领导也会找他谈话的,因此他们要占

课，自己就赶快给。（学校支持其他教师占课）

　　2013 年 5 月 17 日　　　　　　　　晴　　　　　　　上午十点半

　　在 SST3 上课前，我就 SST3 的备课思路进行了访谈。SST3 这节课要讲的内容是《热是怎么样传递的》，SST3 大体是按照教材上讲的做的，先让学生做一下玻璃棒在水中的传递实验。然后让学生做一下加热凡士林火柴棒脱落的实验。但是这节课是用凡士林粘的蜡烛。对于教材上要求的另两个实验，SST3 说没有实验材料就不做了。SST3 给我看了他的教案，我问 SST3 这节课是否写教案或者写个教学设计思路。SST3 说根本没时间写教案，他只是看看教材，大概想想就去给学生上课了。即使写了教案，也只是照着教参大概应付一下。SST3 认为造成这种现象的原因是自己工作太忙了。另外学生根本就不重视这课，学生在这个课中也只是玩，学生虽然有考试，但是对于考多少分他们根本不在乎，因为这门课考多少分对于学生没有任何影响。所以在课堂上就连平常别的科目学习好的同学也开始淘气起来了，他认为一个科学老师课前要准备实验，要备课，同时也要去实验室准备器材，等学生实验完了之后还得帮学生收拾器材，因此花的时间挺长的。SST3 说反正他是把学生该做的实验都尽量让学生做了。别的老师会嫌麻烦的，根本就不去实验室。（科学课能上已经很不错）

　　2013 年 5 月 17 日　　　　　　　　　　　　　　　　下午一点钟

　　SST3 的课就课堂氛围来说，比较的乱。SST3 说他们班的科学课乱得他心脏难受。反正听着课，学生的无序和说话声经常让我的头脑嗡嗡响。在整节课上，SST3 只是简单地让学生做模拟实验，也就是照着他的实验流程做。SST3 在上课时对学生说他的课，讲到哪里算哪里。在课堂上，学生做出了和热传递现象不一致的结果。（可能是教师指导和实验规范的问题）（SST3 的课堂秩序好乱）

　　2013 年 5 月 17 日　　　　　　　　　　　　　　　　下午两点钟

　　上完课后，我参观了该校的科学实验室，出乎我意料的是该校的实验室竟然是那么好。基本的器材都有。我也同时拍了好多照片。讲完课后 SST3 在从科学实验室回来的路上边走边和我说，这个课从上到下都不重视，没办法啊！在办公室里，SST3 在和我聊天时，又再一次地和我谈起了他的感受，学生不重视，考试分数不公布，学生拿这个课当玩。当我问到实验室为什么那么好时，SST3 说这是 T 市义务教育硬件达标工程。是三年达标工程，硬件和软件都要达标。硬件能看到，软件就不好说了。SST3 认为他们学校已经对这个课够重视了，但是领导对这个课也不能硬来吧！否则也会影响别的课。家长、学校、学生都不重视这个课，这个课也就这样了。我问到 SST3 做实验时用热水是否不安全，SST3 说不能因为不安全就不让学生做了。但是 SST3 做的生物标本，全球自然日却获得了三等奖。根本没有时间写教案，事情太多。（学校的实验室硬件条件不错）

2013 年 5 月 17 日　　　　　　　　　　　　　　　上午十一点半

实习生在三附小已经有两周的时间了，由于她们也带了这里的科学课，跟着指导教师学习，所以对这所学校的教学情况也比较熟悉。SST4 向我说起了她们眼中 SS 小学科学课教学情况。SST4 说老师我们来了两周了。一周一共有两节科学课，至少有一节科学课被占。有一次准备好了去上，结果临到上课，科学课就被占了。他们感觉这里的学生也觉得这个课是副科，根本就不重视。有位实习生问我："老师，什么时候这门课可能从政策上重视起来呢？如果能从政策上重视起来，这门课在小学会好很多。"我无法回答实习生问我的问题，我也不知道什么时候科学课也会像数学、语文一样被当作主科一样重视。（什么时候该课会得到重视）

2013 年 5 月 17 日　　　　　　　　晴　　　　　　下午两点钟

SST6 今天下午要给五年五班的学生讲《太阳钟》这一课。在讲这一课之前，我和她讨论了这节课的内容。本来以为这节课主要讲《我的水钟》的，但是和她一交流，才知道这节课安排了两节课的教学内容《太阳钟》和《我的水钟》，她大体跟我说了这节课的整体思路。她计划给学生讲太阳钟时按照教材上的思路给学生讲，给学生讲解水钟的时候制作了一个水钟，让学生上来做几次实验，了解水钟怎么记时间。一会两点四十这节课时间到了，我们一起来听这节课。总的来说我感觉这节课上课时学生的纪律不那么乱，讲解太阳钟的时候主要讲了太阳怎么记时间，内容也比较多，不知道学生是否真的听懂了，做水钟的时候，学生非常感兴趣，好多孩子都争着上前面去看水流的刻度和时间的关系。四十分钟很快就过去了,这堂课结束了。课后我和 SST6 又讨论了这节课的效果,我问她是否达到了这节课的教学目标,她觉得讲太阳钟的时候发现学生不太明白光和影的关系。坐在一旁的 SST3 笑了笑说:"四年级的时候学生应该上过的。"但是他的笑隐含着可能这节课学生就没懂,可能是老师讲的问题……

        2013 年 5 月 20 日   晴

今天上午在学校有一天的课,给新疆班上完小学科学教学论,中午回家休息了一下。SST1 给我发短信,说她下午第三节有一节课,我可以去听一下。我开车来到了 SS 小学。听了 SST1 讲的《磁铁的相互作用》。在上课时有的学生的磁铁没有吸引到一起,是由于实验器材的问题,学生做出了相反的结论。我不明白为什么老师在课前知道这个磁铁这个样子,还要拿去给学生,结果给上课造成了一定的难度。(学生上课时得出了相反的结论)

        2013 年 5 月 21 日   晴

今天上午第三节听了 SST3 的科学课,关于热的传导内容,总的来说 SST3 的科学课总体还算是不错的,但是一些科学概念的得出如果能够让学生自己体会,更便于学生主动地建构科学概念。

        2013 年 5 月 23 日   晴

今天下午 SST2 给四年级讲《认识几种常见的岩石》。在上课之前 SST2 跟我说了她这节课的教学设计,这节课主要让学生认识各种岩石的特点。目前实验器材只有一套,让学生认识岩石的特点,必须把填岩石那个表中说的一些科学概念给学生说清楚。比如说岩石的纹理是什么、斑点是什么等,之后让学生观察岩石,因为这节课的岩石只有一盒,她还不知道应该如何让学生观察。该在这个阶段怎么上,她还不是十分清楚。我和她讨论了一下,让学生把不同种类的岩石一个小组一块。让学生分组观察,然后讨论实验结果,最后再集体看其他种类的岩石。这节课她主要参考了网上一些别人的教案,她认为教材比较简单,教参很重要。一会课开始了,SST2 去上课了,但不到一会回来了,学生告诉她这节课可能被语文老师占掉。具体是什么情况还不知道呢?一会语文老师来了,看到我们都搬着凳子准备听课的样子,又建议还是上科学课吧！就这么由上到不上，由不上到上，走了一圈后，来到教室里，四十分钟已经过去了几分钟了。上课了，这节课老师的声音不大，学生的说话声一直有，老师不停地维持纪律。简单用 ppt 给学生讲了岩石的特点是什么后。让学生观察岩石，给学生展示观察结果时有些学生看不清岩石的样子，总的来说这节课的课堂效果不是特别好，下课后 SST2 告诉我这是她最失败的一次科学课，实验器材少，学生观察不充分，另外对一些科学概念学生难以认识全，教学效果会受到影响。我建议她把学生要填的表做成实验记录单会更好一些。（实验器材少，学生观察不充分）

2013 年 5 月 24 日　　　　　　　　　　　　　　周五

下午第一节是 SST4 的《制作保温杯》。不知道为什么每次在实验室上课，都很乱。可能这和教室的位置也有点关系吧。教室里很空旷，教室总有一种嗡嗡嗡的声音。这节课过后，SST4 主动和我谈起了上这一节课的情况，光这节课维持纪律就用了十分钟，在做实验之前，SST4 给学生讲了做实验的要求，但是每当 SST4 讲实验要求的时候，学生都在下面小声嗡嗡地说话，SST4 不时地停下来维持着纪律。老师边维持纪律边给学生讲完了实验要求。学生开始了制作保温杯。这次制作保温杯是根据各个小组的兴趣制作的，有的小组是做盖上盖，有的小组做包上毛巾无盖，有的做包上毛巾盖盖，有的做放入泡沫盖上盖。过了二十分钟，让学生汇报实验结果的时候，好多学生不知道还需要测一下加上保温设计之前的温度，这样有个对比，也不知道中间要间隔几分钟后再测。上完这节课后，老师非常生气。她生气学生做实验前不好好听老师的实验要求，实验时又不怎么会做。老师本来还安排了其他内容的，但是这节课并没有时间上完。乱乱的闹闹哄哄一节课就这样结束了。（上课时，学生为什么这么乱）

2013 年 5 月 24 日　　　　　　　　晴　　　　　　周五

本来今天要听 SST6 上《太阳钟》这一课的，结果这一课又被占了。只能等到下一节了。

2013 年 5 月 28 日　　　　　　　　晴　　　　　　周二

上午听了 SST6 讲的《昼夜交替现象》。当问到 SST6 老师这节课备了多长时间时，SST6 说上课时是参考了上一些现成的教案，没有过多地准备。上课时间到了，SST6 的课令我诧异的是先给学生在讲单摆的实验，讲完半节课后，讲了昼夜交替现象的四种假设，这四种假设的情形都是 ppt 上展示给学生的，然后学生按照老师的指令来"模拟"实验。在听课中间，我问了一位学生是否听懂了老师上课的内容，坐在我旁边的小女孩非常小声而胆怯地说没有。课还在继续进行着，学生还在做着老师让做的实验，昼夜交替现象的四种假设差不多都做完了，这节课就结束了。下课后，我问 SST6，这节课为什么又讲单摆，SST6 告诉我这是由于上节课没上完，所以这节课前半节课讲了上节课剩下的内容，接着才讲昼夜交替现象。

　　　　　2013 年 5 月 28 日　　　　　晴　　　　　周二

　　本来计划今天下午听 SST4 的课的，也是讲的《昼夜交替现象》。中午留下来特意听这节课，谁知道，这节课快上时，SST4 回来告诉我，这节课又被语文老师占了。

　　　　　2013 年 5 月 29 日　　　　　晴　　　　　周三

　　今天第三节课的《单摆运动》是在实验室上的，单摆的运动与什么因素有关系。总的来说，这节课是一个控制变量的实验。老师一上课就告诉了学生这节课实验用到的器材，以及怎么让学生做实验。这节课是测的摆长的大小与单摆运动的关系。老师告诉了学生摆的长度一条是另一条的二倍，让学生做单摆运动的规律。这节课本来想做摆的运动和两个变量的关系的，但是由于学生在调节摆线的时候花的时间过长，纪律相对来说也比较乱，SST7 花了好长的时间来维持秩序。课上到中间时，老师让所有的学生都站了起来，很生气地给学生讲了不守纪律的大道理。学生集体站起来后，SST7 看哪些学生安静下来了，就给哪个小组的同学发了秒表，让安静下来的同学先做实验。老师按学生的守纪情况先后发完了实验器材，最后所有学生都有了实验器材。学生们开始按照老师的"指令"去做对比试验。不一会，所有的学生都做完了实验。在这次对比实验中，学生普遍出现的问题是分工不明确，在小组实验时，学生不知道在实验中自己该以哪种分工做实验，比如谁看秒表、谁数摆数、谁测摆幅。实验结束了，各个小组都汇报了自己的实验结果。第一个变量的实验结束了。老师批评了大家由于纪律不好，只做了一个实验，还有两个实验没有做好。上完这节课后，SST7 的心情也不是太好，本来我想要这节课的视频资料的，但是 SST7 不愿意给，我也只好尊重老师的意思了。

    2013 年 5 月 29 日   晴   周三

  实习就快结束了，在这三周的时间里我每天和老师们生活在一起，感悟着这所学校小学科学课的实施状况。非常想有个机会访谈一下 SSX1 校长，今天上午鼓起勇气来到 SSX1 校长的办公室，向 SSX1 校长说明了我的来意。由于实习的机会和 SSX1 校长比较熟了，SSX1 校长非常热情地接待了我，答应和我聊一会。SSX1 校长个人认为小学科学课是一门培养学生动手能力的重要科目。可是目前在郊区小学根本就没有小学科学教师的编制，已经有十多年没有过小学科学科的编制了，如果有编制教师来到学校后，学校也没有条件让他们全职教科学，也得让这些老师带点数学课啥的。现在她们学校的情况是能开齐科目就不错了，在郊区其他学校更多的是开不齐全这门课。在学校里，科学课的位置排在语数外、音、品、社后面。用 SSX1 校长的话来说，目前是排在第七位。由于实习四周的时间很快就结束了。我和 SSX1 校长做了简短的告别，非常真心地感谢 SSX1 校长在四周的时间里给我的调研提供的便利。

后 记

  在博士求学生涯即将结束之时，种种思绪涌入心头，虽然有高兴、有欣喜，但是更多的是不舍和难忘。做博士论文的过程就像一个人去旅行，在旅行的过程中孤独、困难、美景总是交替出现。此时此刻，我更加深刻地认识到博士阶段的学习不仅仅是博士论文的完成，更重要的是对人生旅程的体悟，是对自己意志的磨练。尽管博士论文的写作经过了许多的不眠之夜，但仍有许多遗憾之处。我知道，博士毕业仅仅是自己学术生涯的开始，我将带着博士期间自己关于人生、学业的感悟开始新的旅程。

  回顾这几年的博士期间的学习，我需要感谢太多太多的人，是他们给了我求学的机会、前进的动力，成为我人生中需要用一生来感激的人。首先要感谢我的导师熊梅教授！感谢导师给了我进入师门学习的机会！感谢导师从开题到论文的撰写、修改对我一次次的指导！感谢导师对我慈母般的关爱！感谢导师在读博期间对我的包容……我知道需要感谢导师的地方太多太多！导师对学术的执着、渊博的知识、治学的严谨、睿智的理念、对学生的关爱、高尚的人品、大海般的胸怀是我人生中最好的榜样！

  感谢在开题阶段给我指导的马云鹏教授、陈旭远教授、孔凡哲教授、杨兆山教授、吕立杰教授，你们对学术的严谨，充满智慧的建议总是能让我豁然开朗。感谢预答辩的李广教授、于海波教授对论文的修改提出的宝贵建议，感谢答辩组的各位专家和外审专家对我论文提出的珍贵建议。

  感谢我硕士生导师杨宝忠教授对我学业、工作和生活的关心和帮助，您在我工作和学习期间遇到困惑之时，您的句句叮咛和嘱托时常温暖着我，您的支持和鼓励给了我读博期间克服困难的动力和勇气！同时我要感谢我的师母张放老师对我的关心和帮助，张老师总是带给我许多感动，您的细心周到的关怀,在我伤心之时的开导将永远珍藏在我的内心深处。

感谢在调研期间给了我很大支持的在基础教育一线工作的五所学校的校长和科学教师们!没有你们的支持我的调研工作将难以进行下去,你们在百忙之中抽出时间接受我的访谈,允许我走进你们的学校生活,了解真实的课堂情境,为我的研究的顺利进行提供了条件。在此,向天津市实验小学的王万江老师、翟轶民老师、李娅南老师、孙宝旺老师,向滨湖小学的李老师、丁老师,向天津师范大学第一附属小学的严老师、宋老师,上海道小学的付军老师,天津师范大学第三附属小学的刘新军老师以及所有参与本研究的老师表达我最真挚的感谢!

感谢同窗学友,脱中菲博士、王中华博士、易娜伊博士,在论文写作过程中我们相互鼓励,互相督促,风雨同舟,一起体会着酸甜苦辣!感谢师兄李洪修博士、张立忠博士,师姐王红岩博士、李云霞博士,以及王廷波博士、刘新生博士、卜庆刚博士、王艳玲博士对我在读博期间在不同方面提供的支持和帮助,在此一并表示感谢!

感谢我的亲人!最最感谢的是我的母亲,当我遇上困难之时,母亲那质朴的话语总能照亮我前进的方向!由于博士期间的学习占用了自己过多的时间,远离家乡的我不能时常回到家里看望您,可是您一句怨言没有,总是鼓励着我要把学业顺利完成。您在生活中的坚强和对女儿的爱意永远包围着我,成为我最强大的精神支柱!感谢我的父亲,虽然我们天人永隔,但是您对女儿的影响已经深深地植入我心中,您对女儿的教育和嘱托我将铭记于心,在这里,只想对您说声,我永远爱您!我为成为您的女儿而骄傲!感谢我的哥哥和嫂子,来自亲人最真切的关爱时常让我感到自己是如此的幸福,在我求学期间,哥哥和嫂子照顾母亲,让我的学习无后顾之忧!

感谢我的小家庭里的成员,丈夫李惠元在我读博期间给予了我很大的支持和鼓励,总是鼓励我把论文做好,倾听我读博期间的酸甜苦辣,与我一起分担着快乐和忧愁!感谢我读博期间上天赐给我的生命中最宝贵的礼物——我的女儿李奕彤,女儿的出生让我的人生更加完整,生活更加多彩!无论多累,看到女儿的笑容我觉得生活是如此的美好!女儿在我不能经常陪伴她时表现出的乖巧和懂事,让为人母的我总是感觉亏欠女儿很多。我还要感谢我的公公婆婆,在我繁忙之时,帮我照顾家庭和孩子,给我的论文写作提供了时间的支持。

　　我最亲爱的导师,所有至亲至爱的人,未来的旅程我会更加努力,用来回报你们对我付出的一切! 我将带着你们对我的满满的祝福,踏上新的旅程!

2014 年 5 月 2 日于天津